普通高等学校工程财务系列教材

Gongcheng Xiangmu Tourongzi Juece
Anli Fenxi

工程项目投融资决策案例分析

王 治 张鼎祖 编著

人民交通出版社

内容提要

本书为普通高等学校工程财务系列教材之一。本书共分上下两篇，上篇主要介绍和分析工程项目投资决策案例，涉及工业工程建设项目、公路工程项目、水利工程项目和地铁建设项目等；下篇主要介绍和分析工程项目融资案例，涉及水利工程项目、公路工程项目、交通基础设施项目和其他公共设施项目。

本书选取案例注重典型性和代表性，经典案例与最新案例相结合，体现工程项目特色和时代特征，对所选案例均依据最新颁布的相关文件规定进行分析与评价，注重现实指导性。

本书可作为普通高等学校工程管理专业、会计学专业以及工商管理专业本科生教材，也可供相关专业研究生及工程财务人员学习参考。

图书在版编目（CIP）数据

工程项目投融资决策案例分析/王治，张鼎祖编著.—北京：人民交通出版社，2012.6
普通高等学校工程财务系列教材
ISBN 978-7-114-09901-4

Ⅰ.①工… Ⅱ.①王…②张… Ⅲ.①基本建设项目—投资—经济决策—高等学校—教材②基本建设项目—融资—经济决策—高等学校—教材 Ⅳ.①F830.55

中国版本图书馆 CIP 数据核字（2012）第 141401 号

普通高等学校工程财务系列教材

书　　名：	工程项目投融资决策案例分析
著 作 者：	王　治　张鼎祖
责任编辑：	刘永超
出版发行：	人民交通出版社
地　　址：	（100011）北京市朝阳区安定门外外馆斜街 3 号
网　　址：	http://www.ccpress.com.cn
销售电话：	（010）59757973
总 经 销：	人民交通出版社发行部
经　　销：	各地新华书店
印　　刷：	大厂回族自治县正兴印务有限公司
开　　本：	787×1092　1/16
印　　张：	17
字　　数：	393 千
版　　次：	2012 年 6 月　第 1 版
印　　次：	2019 年 8 月　第 3 次印刷
书　　号：	ISBN 978-7-114-09901-4
定　　价：	35.00 元

（有印刷、装订质量问题的图书由本社负责调换）

出版说明

长沙理工大学会计学专业具有50多年的办学历史,经过几代会计学人默默耕耘、扎实工作、无私奉献,会计学专业已成为一个特色鲜明、管理科学、蓬勃发展的优势专业,学生规模不断扩大,办学实力不断增强,赢得了社会的广泛赞誉。在交通行业,长沙理工大学会计学专业享有"南路桥,北财会"的美誉;在电力行业,该校会计学专业也享有"黄埔军校"的美称。

经过多年的建设,长沙理工大学在会计学专业结构调整、人才培养模式改革、教学团队建设等方面努力探索,不断夯实会计学专业建设平台。2002年,经湖南省教育厅批准,会计学专业成为湖南省重点专业;2008年,经教育部批准,会计学专业成为国家第三批高等学校特色专业;2010年,会计学专业成为长沙理工大学"卓越会计人才培养计划"的首批试点专业之一。

为了彰显长沙理工大学会计学专业特色,进一步提升会计学专业教材建设水平,人民交通出版社公路中心与长沙理工大学经济与管理学院组织有关专家、学者经充分论证,精心规划了本套"普通高等学校工程财务系列教材",首批推出《工程会计学》、《工程财务管理》、《工程项目融资》、《工程项目投融资决策案例分析》、《工程项目成本管理学》、《工程项目审计学》和《工程财务经济分析》,以展示"国家高等学校特色专业"建设和"卓越会计人才培养计划"的最新教学研究成果,也是对"本科教学质量与教学改革工程"建设的阶段性总结。

本系列教材以工程项目为主要研究对象,阐述工程项目建设周期(包括工程项目策划和决策阶段、工程项目准备阶段、工程项目实施阶段、工程项目竣工验收和总结评价阶段)中的财务与会计问题,充分体现了长沙理工大学会计学专业建设的特色之所在。

《工程会计学》以新《中华人民共和国会计法》、《企业会计准则》和《国有建设单位会计制度》为依据,紧密结合工程项目建设周期中的各个环节,分别从建设单位和施工单位两个维度全面、系统地阐述了工程会计的基本理论和方法。《工程财务管理》以工程项目为载体,全面阐述工程项目理财主体如何有效组织财务活动,正确处理财务关系。《工程项目融资》的主要内容包括工程项目融资基础,工程项目融资的组织与实施,工程项目融资渠道和方式,工程项目融资结构,工程项目融资风险管理等。《工程项目投融资决策案例分析》以工业工程建设项目、公路工程建设项目、电力工程建设项目以及其他公共建设项目为依托来阐述工程项目投融资决策。《工程项目成本管理学》以工程项目为成本管理对象,对工程项目实施过程中的成本预测、决策、概预算、核算、控制、分析与考核以及工程项目成本管理的前沿领域问题进行了全面阐述。《工程项目审计学》以工程项目基本建设程序为主线,参考《内部审计实务指南第1号——建设项目内部审计》部分内容,阐述了工程项目审计的基本理论与方法。《工程财务经济分析》以财务经济分析的基本理论为基础,以工程项目建设周期为基本环节,对工程项目建设各环节的财务经济活动进行了系统阐述。

本系列教材以"应用型"定位为出发点,针对目前我国高等院校会计学等相关专业教学偏重公司财务的现状,从工程项目财务工作所需掌握的专业技能角度出发,结合工程项目财务实际编写。本系列教材具有以下鲜明的特色:(1)**先进性**。本系列教材力求反映国内外会计、财务改革和发展的最新成果,突出了系列教材内容上的先进性。(2)**完整性**。本系列教材遵循由浅入深、循序渐进的认识规律来编排内容,结构清晰明了,同时注重相关教材之间内容的衔接,减少和避免了不必要的重复,体现了系列教材体系上的完整性。(3)**可操作性**。本系列教材配备了相关的思考题、习题和相应的教学课件,易教易学,具有很强的可操作性。(4)**适用性**。本系列教材在出版前,相关讲义已在教材主编单位进行了试用和修改完善,具有较强的适用性,不仅可以作为工程会计学专业的教学用书,也可供工程项目管理者参考。(5)**实践指导性**。本系列教材注重实践教学,书中引入了大量工程财务的实际案例,使学生在学习基本理论、基本知识的同时,提高解决实践问题的能力。

教材建设是教学改革的重要环节之一,全面做好教材建设,是提高教学质量的重要保证。本系列教材的编写,凝结了相关参编人员的心血,相信本系列教材的出版,对高等院校会计学专业教材的建设将起到有力的促进作用,同时,也可使各高等院校,特别是具有工程背景的高等院校在教材选用方面具有更大的空间。

向所有关心、支持本系列教材编写和出版的各级领导、专家和师生致以诚挚的谢意。

人民交通出版社公路出版中心
长沙理工大学经济与管理学院
2012 年 5 月

前　言

　　工程项目投融资决策是一门实践性很强的课程，也是一门艺术。它综合性强，注重实战，要求决策者有超凡的战略眼光和应变能力。每一个成功的项目都是一个经典案例，最好的学习就是向实际项目学习，它使学习者直接接触现实，引发思考，印象深刻，这也正是案例教学的初衷。然而，目前国内鲜见关于工程项目投融资案例分析方面的教材，基于上述原因，我们汇编了本书。

　　本书上篇介绍和分析工程项目投资决策案例。案例涉及工业工程建设项目、公路工程项目、水利工程项目和地铁工程项目。所选案例既有适用于一般工业企业工程建设项目的，也有针对交通、水利等大型工程建设项目的，具有典型性和代表性。这些案例以实际项目为背景，按照《建设项目经济评价方法与参数》(第三版)的分析思路与要求，根据项目所在行业特点，投资决策分析各有侧重点。工业工程建设项目投资决策分析重点是财务效益分析和不确定性分析，公路工程建设项目投资决策分析重点则包括财务效益分析、经济费用效益分析和项目投资风险分析，水利工程建设项目投资决策分析重点则是项目费用与效益的估算，地铁工程建设项目投资决策分析重点则从项目财务效益和国民经济效益方面进行评价。

　　本书下篇介绍和分析工程项目融资案例。案例涉及五种主要的工程项目融资模式：BOT、PPP、ABS、信托融资和杠杆租赁。本篇所选案例涉及公路工程项目、铁路工程项目、水利工程项目、交通基础设施项目和其他公共设施项目，在保留少量经典项目融资案例的基础上，重点选择了近年来国际国内代表性较强、影响力较大的项目融资案例，特别是选择了一些有中方公司参与投资的案例，以启发读者。

　　本书的特点在于：(1)选取的案例具有典型性和代表性，都是典型的工程建设项目。(2)经典案例与最新案例相结合，体现工程项目特色和时代特征。(3)均依据国家颁布的最新文件规定要求进行分析，使之具有现实指导意义。(4)为便于读者更好地掌握案例的精髓，本书在每一类案例前，指出了学习目的；在案例介绍之后，布置了思考题，读者可以通过思考、回答问题，加强对本类案例涉及的项目融资模式的理解。

　　具体项目具体分析是工程项目投融资决策的灵魂，本书提供了分析问题的框架，实际工作中，必须针对具体项目所处的环境，依靠项目评价人员的分析和判断，做出合理的分析,得出正确的结论。因此,不能机械地模仿案例的计算步骤或简单套用案例的融资模式。要举一反三,灵活地运用,根据经济学的基本原理、项目的实际情况加上评价人员主观分析判断得出正确的结论。

本书的编写得到人民交通出版社和长沙理工大学经济与管理学院财务与会计系的大力支持;本书涉及的案例凝聚着案例原作者的辛勤劳动和心血;研究生刘芯兰、郭浪兵为案例的整理和排版工作也付出了辛勤劳动。编者在此一并表示感谢。

本书适合于工程管理、项目管理、财务管理以及工商管理等相关专业的本科生和研究生使用,也可供政府、银行、投资、法律、工程和管理等机构相关人员学习工程项目投融资决策作参考。

王　治　张鼎祖

2012 年 3 月于长沙理工大学

目 录

上篇　工程项目投资决策案例

第一章　工业工程建设项目投资决策分析
　　　　——某拟建投资项目经济评价案例 3
　学习目的 3
　案例资料 3
　思考题 18

第二章　公路工程建设项目投资决策分析
　　　　——某高速公路建设项目经济评价案例 19
　学习目的 19
　案例资料 19
　思考题 47

第三章　水利工程建设项目投资决策分析
　　　　——某综合利用水利枢纽项目经济评价案例 70
　学习目的 70
　案例资料 70
　思考题 86

第四章　地铁建设项目投资决策分析
　　　　——上海地铁9号线二期工程建设项目经济评价案例 118
　学习目的 118
　案例资料 118
　思考题 130

下篇　工程项目融资决策案例

第五章　BOT融资 153
　学习目的 153
　案例1　马来西亚南北高速公路项目BOT融资 153
　案例2　中国台湾某高速铁路项目BOT融资方案 156

案例3　某东南亚国家电站项目 BOOT 融资 ·············· 165
　　案例4　北京地铁奥运支线 BT 融资 ···················· 174
　　案例5　四川省宜泸渝高速公路 ························ 188
　　思考题 ·· 191

第六章　PPP 融资 ·· 192
　　学习目的 ·· 192
　　案例1　北京国家体育场("鸟巢")项目 ················ 192
　　案例2　北京地铁4号线 B 部分项目融资 ················ 205
　　案例3　深圳地铁3号线融资模式 ······················ 211
　　思考题 ·· 222

第七章　ABS 融资 ·· 223
　　学习目的 ·· 223
　　案例1　珠海市公路交通收费资产证券化案例 ············ 223
　　案例2　莞深高速公路案例——ABS 融资模式 ············ 236
　　思考题 ·· 241

第八章　信托融资 ·· 242
　　学习目的 ·· 242
　　案例1　京沪高速公路天津段项目股权投资信托融资 ······ 242
　　案例2　四川高速优质债权受让项目集合资金信托融资 ···· 248
　　案例3　浏阳制造产业园基础设施信托融资 ·············· 251
　　思考题 ·· 257

第九章　杠杆租赁融资 ···································· 258
　　学习目的 ·· 258
　　案例　法国迪斯尼乐园项目融资 ························ 258
　　思考题 ·· 263

参考文献 ·· 264

上篇 工程项目投资决策案例

第一章 工业工程建设项目投资决策分析

——某拟建投资项目经济评价案例

学习目的

通过本案例掌握工业工程建设项目投资决策的基本程序和主要内容。包括费用与效益估算、资金来源与使用计划、财务分析、不确定性分析;能熟练掌握《建设项目经济评价方法与参数》(第三版)所要求的盈利能力分析、偿债能力分析、财务生存能力分析、盈亏平衡分析、敏感性分析等财务分析内容;掌握项目融资前分析和融资后分析中编制财务报表与指标的方法。

案例资料

一、概述

(一)项目概况

该拟建投资项目是新建项目,且其经济评价是在可行性研究报告阶段(即完成市场需求预测,生产规模选择,对工艺技术方案,原材料、燃料及动力的供应,建厂条件和厂址方案,公用工程和辅助设施,环境保护,企业组织和劳动定员以及项目设施规划等多方面进行研究论证和多方案比较,最终确定了最佳方案)进行的。

该拟建投资项目生产的产品在国内外市场上比较畅销,且该项目投产后可以产顶进(替代进口)。

该项目拟占地(农田)250亩(1亩≈666.7m^2),且交通较为便利。其原材料、燃料、动力等的供应均有保证,该拟建投资项目主要设施包括生产车间,与工艺生产相适应的辅助生产设施、公用工程以及有关的管理、生活福利设施。

该拟建投资项目的年设计生产能力为23万件。

(二)编制依据

本经济评价的编制依据为项目可行性研究报告推荐的技术方案、产品方案、建设条件、建设工期、《建设项目经济评价方法与参数》(第三版)及国家现行财税政策、会计制度与相关法规。

(三) 计算期

计算期包括建设期和生产经营期。该拟建投资项目的建设期为3年,从第4年开始投产,其中第4年的达产率为80%,第5年的达产率为90%,第6年及以后均为100%,项目的生产经营期为15年,则项目计算期为18年。

二、费用与效益估算

(一) 总投资估算

1. 固定资产投资估算

(1) 固定资产投资额估算是根据概算指标估算法进行的。根据概算指标估算法估算的固定资产投资额为40 200万元。

(2) 建设期利息按投资借款计划及估算公式估算为4 550万元。即:

建设期第一年的投资借款利息 = $10\,000 \div 2 \times 10\% = 500$(万元);

建设期第二年的投资借款利息 = $(10\,500 + 9\,000 \div 2) \times 10\% = 1\,500$(万元);

建设期第三年的投资借款利息 = $(10\,500 + 10\,500 + 9\,000 \div 2) \times 10\% = 2\,550$(万元)。

固定资产投资估算见表1-1。

固定资产投资估算表(万元)　　　　　　　　　　表1-1

序 号	工程或费用名称	估 算 价 值				
		建筑工程	设备购置	安装工程	其他费用	总值
1	固定资产投资	3 400	22 300	8 600	5 900	40 200
1.1	第一部分　工程费用	3 400	22 300	8 600		34 300
1.1.1	主要生产项目	1 031	17 443	7 320		25 794
1.1.2	辅助生产车间	383	1 021	51		1 455
1.1.3	公用工程	383	2 488	956		3 827
1.1.4	环境保护工程	185	1 100	225		1 510
1.1.5	总图运输	52	248			300
1.1.6	厂区服务性工程	262				262
1.1.7	生活福利工程	1 104				1 104
1.1.8	厂外工程			38		38
1.2	第二部分　其他费用				1 200	1 200
	合计(1.1 + 1.2)	3 400	22 300	8 600	1 200	35 500
1.3	预备费用				4 700	4 700
1.3.1	基本预备费				3 500	3 500
1.3.2	涨价预备费				1 200	1 200
2	建设期利息				4 550	4 550
	合计(1 + 2)	3 400	22 300	8 600	10 450	44 750

2. 无形资产投资的估算

该拟建项目无形资产投资主要是取得土地使用权所需支付的费用,并在项目建设期的第1年中投入。其估算额为1 800万元(假设其全部用自有资金投入,其摊销期与项目的生产期一致)。

3. 流动资金估算

流动资金的估算,按分项详细估算法进行(估算表中的有关数字做了必要的调整),估算总额为7 000万元。

流动资金估算见表1-2。

$$总投资 = 固定资产投资 + 建设期利息 + 无形资产投资 + 流动资金$$
$$= 40\ 200 + 4\ 550 + 1\ 800 + 7\ 000 = 53\ 550(万元)$$

(二)总成本费用的估算

全厂定员为1 000人,工资及福利费按每人每年11 400元估算(其中工资为10 000元/年,福利费按工资的14%计提),全年工资及福利费为1 140万元(其中生产性工人的工资为920万元,其他为220万元,在后面的分析中假设生产工人的工资是变动成本,即工资数额与项目的达产率保持一致)。

经估算,拟建项目产品的单位变动成本(假设其单位成本即为单位变动成本)为840元,其单位成本估算见表1-3。另不包括固定资产折旧、无形资产摊销及借款利息的年固定成本为2 000万元。

另外,固定资产年折旧为2 800万元,无形资产摊销为120万元[二者均按使用年限法平均计提,且考虑固定资产的残值为2 750万元。即固定资产年折旧 = (44 750 – 2 750) ÷ 15 = 2 800(万元),无形资产摊销为1 800 ÷ 15 = 120(万元)]。总成本费用估算见表1-4。

(三)年销售收入及年税金的估算

经预测该项目产品的销售单价(不含增值税)为1 600元,在正常年份年销售收入估算值为36 800万元。

年销售税金及附加按国家有关规定计提缴纳。估计销售税金及附加在正常年份为2 500万元(其中第4年、第5年的销售税金及附加为2 000万元、2 250万元)。所得税税率为33%。

(四)利润总额及其分配

$$利润总额 = 产品销售收入 - 总成本费用 - 产品销售税金及附加$$
$$净利润 = 利润总额 - 应交所得税$$
$$应交所得税 = 利润总额 \times 所得税税率$$

利润分配按有关财务会计制度进行,且假设在项目的还款年份不进行向投资者支付利润等有关利润分配业务。即项目在还款年份可先以提取的固定资产折旧和无形资产摊销偿还投资借款,不够部分可以用项目实现的净利润在进行法定的提取扣除后(即需先提取法定盈余公积金)偿还。利润与利润分配见表1-5。

流动资金估算表（万元）　　　　　　表1-2

序号	项目	最低周转天数(d)	周转次数(次)	投产期			达到设计能力生产期											
				4	5	6	7	8	9	10	11	12	13	14	15	16	17	18
1	流动资产			6 440	7 425	8 050	8 050	8 050	8 050	8 050	8 050	8 050	8 050	8 050	8 050	8 050	8 050	8 050
1.1	应收账款	18	20	1 600	1 800	2 000	2 000	2 000	2 000	2 000	2 000	2 000	2 000	2 000	2 000	2 000	2 000	2 000
1.2	存货	18	20	4 800	5 400	6 000	6 000	6 000	6 000	6 000	6 000	6 000	6 000	6 000	6 000	6 000	6 000	6 000
1.3	现金	18	20	40	45	50	50	50	50	50	50	50	50	50	50	50	50	50
2	流动负债			840	945	1 050	1 050	1 050	1 050	1 050	1 050	1 050	1 050	1 050	1 050	1 050	1 050	1 050
2.1	应付账款	18	20	840	945	1 050	1 050	1 050	1 050	1 050	1 050	1 050	1 050	1 050	1 050	1 050	1 050	1 050
3	流动资金(1-2)			5 600	6 300	7 000	7 000	7 000	7 000	7 000	7 000	7 000	7 000	7 000	7 000	7 000	7 000	7 000
4	流动资金增加额			5 600	700	700	0	0	0	0	0	0	0	0	0	0	0	0

单位生产成本估算表　　　　　　表1-3

序号	项　目	单　位	消耗定额	单价(元)	金额(元)
1	原材料、化工料及辅料				
	A	件	1	450	450
	B	件	1	160	160
	C	件	0.8	20	16
	D	件	0.1	240	24
	小计				650
2	燃料及动力				
	水	t	150	0.40	60
	电	度	100	0.20	20
	煤	t	0.05	200	10
	小计				90
3	工资及福利费				40
4	制造费用				60
5					
6	单位生产成本(1+2+3+4+5)				840

第一章 工业工程建设项目投资决策分析

总成本费用估算表（万元） 表1-4

序号	费用名称	4	5	6	7	8	9	10	11	12	13	14	15	16	17	18
1	年经营成本	17 456	19 388	21 320	21 320	21 320	21 320	21 320	21 320	21 320	21 320	21 320	21 320	21 320	21 320	21 320
2	年折旧费	2 800	2 800	2 800	2 800	2 800	2 800	2 800	2 800	2 800	2 800	2 800	2 800	2 800	2 800	2 800
3	年摊销费	120	120	120	120	120	120	120	120	120	120	120	120	120	120	120
4	建设投资借款利息	3 255	2 755.025	2 138.794	1 399.295	615.21										
5	流动资金借款利息	360	430	500	500	500	500	500	500	500	500	500	500	500	500	500
6	总成本费用	23 991	25 493	26 879	26 139	25 355	24 740	24 740	24 740	24 740	24 740	24 740	24 740	24 740	24 740	24 740

利润与利润分配表（万元） 表1-5

序号	项目	合计	投产期		达到设计能力生产期												
			4	5	6	7	8	9	10	11	12	13	14	15	16	17	18
	生产负荷（%）		80	90	100	100	100	100	100	100	100	100	100	100	100	100	100
1	产品销售收入	540 960	29 440	33 120	36 800	36 800	36 800	36 800	36 800	36 800	36 800	36 800	36 800	36 800	36 800	36 800	36 800
2	销售税金及附加	36 750	2 000	2 250	2 500	2 500	2 500	2 500	2 500	2 500	2 500	2 500	2 500	2 500	2 500	2 500	2 500
3	总成本费用	375 257.33	23 991	25 493.03	26 878.79	26 139.30	25 355.21	24 740	24 740	24 740	24 740	24 740	24 740	24 740	24 740	24 740	24 740
4	利润总额（1-2-3）	128 952.67	3 449	5 376.97	7 421.21	8 160.70	8 944.79	9 560	9 560	9 560	9 560	9 560	9 560	9 560	9 560	9 560	9 560
5	所得税（33%）	42 554.38	1 138.17	1 774.40	2 449.00	2 693.03	2 951.78	3 154.8	3 154.8	3 154.8	3 154.8	3 154.8	3 154.8	3 154.8	3 154.8	3 154.8	3 154.8
6	税后利润（4-5）	86 398.29	2 310.83	3 602.57	4 972.21	5 467.67	5 993.01	6 405.2	6 405.2	6 405.2	6 405.2	6 405.2	6 405.2	6 405.2	6 405.2	6 405.2	6 405.2
7	提取法定盈余公积金（10%）	8 639.83	231.083	360.26	497.22	546.77	599.30	640.52	640.52	640.52	640.52	640.52	640.52	640.52	640.52	640.52	640.52
8	应付利润	59 808.46					2 161.66	5 764.68	5 764.68	5 764.68	5 764.68	5 764.68	5 764.68	5 764.68	5 764.68	5 764.68	5 764.68
9	未分配利润	20 111.66	2 079.747	3 242.31	4 474.99	4 920.90	5 393.71	0	0	0	0	0	0	0	0	0	0
10	息税前利润	146 406	7 064	8 561.995	10 060	10 060	10 060	10 060	10 060	10 060	10 060	10 060	10 060	10 060	10 060	10 060	10 060
11	息税折旧摊销前利润	190 206	9 984	11 482	12 980	12 980	12 980	12 980	12 980	12 980	12 980	12 980	12 980	12 980	12 980	12 980	12 980

三、资金来源与使用计划

项目使用自有资金 16 000 万元,其余全部为借款。其中,第 1 年投入自有资金 3 000 万元,借入投资借款 10 000 万元;第 2 年投入自有资金 8 000 万元,借入固定资产投资借款 9 000 万元;第 3 年投入自有资金 3 000 万元,借入投资借款 9 000 万元;第 4 年投入自有资金 2 000 万元,借入流动资金借款 3 600 万元;第 5 年、第 6 年借入流动资金借款均为 700 万元。其中固定资产投资借款、流动资金借款的年利率均为 10%,以年为计息期。固定资产投资借款的偿还,指项目预计生产年份所实现的净利润在扣除必要的留存后(即需提取 10% 的盈余公积金),及项目所提取的固定资产折旧和无形资产摊销额,且先用固定资产折旧和无形资产摊销偿还,不够部分以可用来偿还投资借款的净利润抵偿。流动资金借款假设在项目结束时归还。固定资产投资借款还款情况见表 1-6。

固定资产投资还本付息表(万元)　　　　表 1-6

年　份	年初借款余额	当年借款本金	当年借款利息	当年应还本金	年末借款余额
第 1 年		10 000	500		10 500
第 2 年	10 500	9 000	1 500		21 000
第 3 年	21 000	9 000	2 550		32 550
第 4 年	32 550		3 255	4 999.747	27 550.253
第 5 年	27 550.253		2 755.025 3	6 162.313	21 387.94
第 6 年	21 387.94		2 138.794	7 394.99	13 992.95
第 7 年	13 992.95		1 399.295	7 840.9	6 152.05
第 8 年	6 152.05		615.205	6 152.05	0

借款偿还期为 7.74 年。即:[(8-1)+6 152.05/(5 393.71+2 800+120)](年)。

四、基准收益率的确定

采用加权平均资本成本法确定项目的基准收益率。总投资中资本金占 32.65%,资本金成本为 8%,债务资金占 67.35%,债务资金成本为 10%,则所得税前加权平均资本成本为 9.347%,所得税后加权平均资本成本为 6.262 5%。则当所得税前项目投资财务内部收益率大于 9.347%、所得税后项目投资财务内部收益率大于 6.262 5%、项目资本金财务内部收益率大于 8% 时,项目即可以被接受。

五、财务分析

(一)盈利能力分析

1. 融资前分析

融资前分析是指在考虑融资方案前就开始进行的财务分析,即不考虑债务融资条件下进行的财务分析。项目投资财务现金流量表是融资前财务分析报表,就是通常所说的全部投资都认为是自有资金(资本金)。融资前分析只进行盈利能力分析,计算项目投资内部收益率、净现值指标和投资回收期指标。各项融资前盈利能力分析指标见表 1-7。

所得税后项目投资财务内部收益率为15.11%,大于设定的基准收益率6.2625%,所得税前项目投资财务内部收益率为20.31%,大于设定的基准收益率9.347%,项目在财务上可以被接受。

2. 融资后分析

在融资前分析结论满足要求的情况下,初步设定融资方案,再进行融资后分析。项目资本金现金流量表是融资后财务分析报表,既包括盈利能力分析,又包括偿债能力分析和财务生存能力分析等内容。融资后盈利能力分析指标见表1-8。

项目资本金财务内部收益率为19.62%,大于设定的基准收益率8%,项目在财务上可以被接受。

(二)偿债能力分析

各年利息备付率与偿债备付率见表1-9,各年资产负债率见表1-10。通过计算,项目综合利息备付率为8.39,综合偿债备付率为2.68,均大于1,并随借款本金的偿还而逐年上升,借款偿还期末利息备付率和偿债备付率达到20.12和19.65,项目利息保证程度较高。

计算期内项目资产负债率最高为77.78%,并随着长期借款的偿还而逐年下降,长期借款偿清后降到13.63%,以后各年资产负债率进一步下降。

(三)财务生存能力分析

根据项目资金来源与运用(表1-11),项目在偿还清建设贷款以后各年盈余资金都为正,表明项目具备财务生存能力。

六、不确定性分析

(一)盈亏平衡分析

以产量表示的盈亏平衡点(BEP),其计算公式为:

BEP = 年固定成本/(单位产品的售价 - 单位产品的变动成本 - 单位产品的销售税金及附加)
　　 = 5 420 ÷ 651.3
　　 = 8.321 8(万件)

达到盈亏平衡时的产销量占项目年设计生产能力的比率(或生产能力利用率)为:

$$8.3218 \div 23 \times 100\% = 36.18\%$$

计算结果表明,该项目只要达到设计生产能力的36.18%,也就是年产量达到8.3218万件,就可以保本,由此可见该项目风险较小。

盈亏平衡图见图1-1。

(二)敏感性分析

项目建设投资、经营成本、销售价格等数据来源于预测,存在变化的可能,具有一定的不确定性,其发生变化对所得税后项目投资财务内部收益率的影响程度见表1-12,敏感度系数见表1-13。

从表1-12和表1-13中可以看出,各种不确定性因素中,产品销售价格的上下波动对指标影响最大,售价降低时,敏感度系数平均为 -9.8344。其次是经营成本的影响,经营成本降低时,敏感度系数平均为 -5.4967。对指标影响最小的因素是建设投资。

表 1-7

项目投资现金流量表（万元）

序号	项目	合计	建设期			投产期		达到设计能力生产期										
			1	2	3	4	5	6	7	8	9	10	11	12	13	14	15	16	17	18
	生产负荷（%）					80	90	100	100	100	100	100	100	100	100	100	100	100	100	100
1	现金流入	550 710				29 440	33 120	36 800	36 800	36 800	36 800	36 800	36 800	36 800	36 800	36 800	36 800	36 800	36 800	46 550
1.1	产品销售收入	540 960				29 440	33 120	36 800	36 800	36 800	36 800	36 800	36 800	36 800	36 800	36 800	36 800	36 800	36 800	36 800
1.2	回收固定资产余值	2 750																		2 750
1.3	回收流动资金	7 000																		7 000
2	现金流出	399 754	13 000	17 000	12 000	25 056	22 338	24 520	23 820	23 820	23 820	23 820	23 820	23 820	23 820	23 820	23 820	23 820	23 820
2.1	固定资产投资	40 200	11 200	17 000	12 000															
2.2	无形资产投资	1 800	1 800																	
2.3	流动资金	7 000				5 600	700	700												
2.4	经营成本	314 004				17 456	19 388	21 320	21 320	21 320	21 320	21 320	21 320	21 320	21 320	21 320	21 320	21 320	21 320
2.5	销售税金及附加	36 750				2 000	2 250	2 500	2 500	2 500	2 500	2 500	2 500	2 500	2 500	2 500	2 500	2 500	2 500
3	所得税前净现金流量	150 956	−13 000	−17 000	−12 000	4 384	10 782	12 280	12 980	12 980	12 980	12 980	12 980	12 980	12 980	12 980	12 980	12 980	12 980	22 730
	累计税前净现金流量		−13 000	−30 000	−42 000	−37 616	−26 834	−14 554	−1 574	11 406	24 386	37 366	50 346	63 326	76 306	89 286	102 266	115 246	128 226	150 956
4	调整所得税	48 314				2 331	2 825	3 320	3 320	3 320	3 320	3 320	3 320	3 320	3 320	3 320	3 320	3 320	3 320	3 320

第一章 工业工程建设项目投资决策分析

续上表

序号	项目	合计	建设期			投产期						达到设计能力生产期							
			1	2	3	4	5	6	7	8	9	10	11	12	13	14	15	16	17	18
6	所得税后净现金流量	102 642	−13 000	−17 000	−12 000	2 053	7 957	8 960	9 660	9 660	9 660	9 660	9 660	9 660	9 660	9 660	9 660	9 660	9 660	19 410
7	累计所得税后净现金流量		−13 000	−30 000	−42 000	−39 947	−31 991	−23 030	−13 370	−3 710	5 950	15 610	25 271	34 931	44 591	54 251	63 911	73 572	83 232	102 642

计算指标:
所得税前:项目投资财务内部收益率 = 20.3 + (20.4 − 20.3) × [20.3/(39.588 + 127.431)] = 20.31%;
项目投资财务净现值(i = 9.347%) = 37 250.7137(万元);
项目投资回收期(静态) = 7 − 1 + (1 574.73/12 980) = 6.12(年);
所得税后:项目投资财务内部收益率 = 15.1 + (15.2 − 15.1) × [15.1/(45.58 + 166.22)] = 15.11%;
项目投资财务净现值(i = 6.262 5%) = 35 135.8(万元);
项目投资回收期(静态) = 8 − 1 + (3 709.98/9 660.2) = 7.384(年)。

表 1-8 项目资本金现金流量表(万元)

序号	项目	合计	建设期			投产期						达到设计能力生产期							
			1	2	3	4	5	6	7	8	9	10	11	12	13	14	15	16	17	18
1	生产负荷(%)					80	90	100	100	100	100	100	100	100	100	100	100	100	100	100
1.1	现金流入	550 710				29 440	33 120	36 800	36 800	36 800	36 800	36 800	36 800	36 800	36 800	36 800	36 800	36 800	36 800	46 550
	产品销售收入	540 960				29 440	33 120	36 800	36 800	36 800	36 800	36 800	36 800	36 800	36 800	36 800	36 800	36 800	36 800	36 800
1.2	回收固定资产余值	2 750																		2 750
1.3	回收流动资金	7 000																		7 000
2	现金流出	464 312	3 000	8 000	3 000	31 209	32 760	36 303	36 253	34 039	27 475	27 475	27 475	27 475	27 475	27 475	27 475	27 475	27 475	32 475
2.1	自有资金	16 000	3 000	8 000	3 000	2 000														
2.2	借款本金偿还	37 550				5 000	6 162	7 395	7 841	6 152	0	0								5 000

续上表

达到设计能力生产期

序号	项目	合计	建设期 1	2	3	投产期 4	5	6	7	8	9	10	11	12	13	14	15	16	17	18
2.3	借款利息支出	17 453				3 615	3 185	2 639	1 899	1 115	500	500	500	500	500	500	500	500	500	500
2.3.1	建设投资借款利息支付					3 255	2 755	2 139	1 399	615	0									
	流动资金借款利息支付					360	430	500	500	500	500	500	500	500	500	500	500	500	500	500
2.3.2																				
2.4	经营成本	314 004				17 456	19 388	21 320	21 320	21 320	21 320	21 320	21 320	21 320	21 320	21 320	21 320	21 320	21 320
2.5	销售税金及附加	36 750				2 000	2 250	2 500	2 500	2 500	2 500	2 500	2 500	2 500	2 500	2 500	2 500	2 500	2 500
2.6	所得税	42 554				1 138	1 774	2 449	2 693	2 952	3 155	3 155	3 155	3 155	3 155	3 155	3 155	3 155	3 155
3	净现金流量	86 398	−3 000	−8 000	−3 000	−1 769	360	497	547	2 761	9 325	9 325	9 325	9 325	9 325	9 325	9 325	9 325	9 325	14 075
4	累计净现金流量		−3 000	−11 000	−14 000	−15 769	−15 409	−14 911	−14 365	−11 604	−2 279	7 047	16 372	25 697	35 022	44 347	53 673	62 998	72 323	86 398

计算指标:项目资本金财务内部收益率=19.62%

借款还本付息计划表(万元)

表 1-9

达到设计能力生产期

序号	项目	合计	建设期 1	2	3	投产期 4	5	6	7	8	9	10	11	12	13	14	15	16	17	18
1	建设投资借款		10 500	21 000	32 550	27 550	21 388	13 993	6 152											
1.1	期初借款余额																			

续上表

序号	项目	合计	建设期			投产期					达到设计能力生产期									
			1	2	3	4	5	6	7	8	9	10	11	12	13	14	15	16	17	18
1.2	当期借款本金	28 000	10 000	9 000	9 000															
1.3	当期借款利息	4 550	500	1 500	2 550															
1.4	当期还本付息	42 713				8 255	8 917	9 534	9 240	6 767										
1.4.1	其中：还本	32 550				5 000	6 162	7 395	7 841	6 152										
1.4.2	付息	10 163				3 255	2 755	2 139	1 399	615										
2	期末借款余额		10 500	21 000	32 550	27 550	21 388	13 993	6 152	0										
2.1	流动资金借款																			
2.2	期初借款余额						3 600	4 300	5 000	5 000	5 000	5 000	5 000	5 000	5 000	5 000	5 000	5 000	5 000	5 000
2.3	当期借款本金	5 000				3 600	700	700												
2.4	当期借款利息					360	430	500	500	500	500	500	500	500	500	500	500	500	500	5 500
2.5	当期还本付息	12 290																		
2.5.1	其中：还本	5 000																		5 000

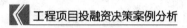

续上表

序号	项目	合计	建设期			投产期					达到设计能力生产期								
			1	2	3	4	5	6	7	8	9	10	11	12	13	14	15	16	17	18
2.5.2	付息	7 290				360	430	500	500	500	500	500	500	500	500	500	500	500	500	500
3	期末借款余额					3 600	4 300	5 000	5 000	5 000	5 000	5 000	5 000	5 000	5 000	5 000	5 000	5 000	5 000	0
	计算指标:																			
	利息备付率	8.39				1.95	2.69	3.81	5.30	9.02	20.12	20.12	20.12	20.12	20.12	20.12	20.12	20.12	20.12	20.12
	偿债备付率	2.68				1.03	1.04	1.05	1.06	1.38	19.65	19.65	19.65	19.65	19.65	19.65	19.65	19.65	1.79

表1-10 资产负债表（万元）

序号	项目	建设期			投产期					达到设计能力生产期									
		1	2	3	4	5	6	7	8	9	10	11	12	13	14	15	16	17	18
1	资产	13 500	32 000	46 550	50 301.08	48 546.34	46 928.56	44 555.33	44 396.29	50 801.49	57 206.69	63 611.89	70 017.09	76 422.29	82 827.49	89 232.69	95 637.89	102 043.09	113 198.29
1.1	流动资产																		
1.1.1	应收账款				1 600	1 800	2 000	2 000	2 000	2 000	2 000	2 000	2 000	2 000	2 000	2 000	2 000	2 000	2 000
1.1.2	存货				4 800	5 400	6 000	6 000	6 000	6 000	6 000	6 000	6 000	6 000	6 000	6 000	6 000	6 000	6 000
1.1.3	现金				40	45	50	50	50	50	50	50	50	50	50	50	50	50	50
1.1.4	累计盈余资金				231.08	591.34	1 088.56	1 635.33	4 396.29	13 721.49	23 046.69	32 371.89	41 697.09	51 022.29	60 347.49	69 672.69	78 997.89	88 323.09	102 398.29
1.2	在建工程	11 700	32 000	46 550															
1.3	固定资产净值				41 950	39 150	36 350	33 550	30 750	27 950	25 150	22 350	19 550	16 750	13 950	11 150	8 350	5 550	2 750
1.4	无形资产净值	1 800			1 680	1 560	1 440	1 320	1 200	1 080	960	840	720	600	480	360	240	120	0
2	负债及所有者权益	13 500	32 000	46 550	50 301.08	48 546.34	46 928.56	44 555.33	44 396.29	50 801.49	57 206.69	63 611.89	70 017.09	76 422.29	82 827.49	89 232.69	95 637.89	102 043.09	108 448.29
2.1	流动负债				840	945	1 050	1 050	1 050	1 050	1 050	1 050	1 050	1 050	1 050	1 050	1 050	1 050	1 050

第一章 工业工程建设项目投资决策分析

续上表

序号	项目	建设期			投产期				达到设计能力生产期									
		1	2	3	4	5	6	7	8	9	10	11	12	13	14	15	16	17	18
2.1.1	应付账款				3 600	4 300	5 000	5 000	5 000	5 000	5 000	5 000	5 000	5 000	5 000	5 000	5 000	5 000	5 000
2.1.2	流动资金借款																		
2.2	投资借款（固定资产、无形资产）	10 500	21 000	32 550	27 550.25	21 387.94	13 992.95	6 152.05	0	0	0	0	0	0	0	0	0	0	0
2.3	负债小计	10 500	21 000	32 550	31 990.25	26 632.94	20 042.95	12 202.05	6 050	6 050	6 050	6 050	6 050	6 050	6 050	6 050	6 050	6 050	6 050
2.4	所有者权益	3 000	11 000	14 000	18 310.83	21 913.40	26 885.61	32 353.28	38 346.29	44 751.49	51 156.69	57 561.89	63 967.09	70 372.29	76 777.49	83 182.69	89 587.89	95 993.09	102 398.29
2.4.1	资本金	3 000	11 000	14 000	16 000	16 000	16 000	16 000	16 000	16 000	16 000	16 000	16 000	16 000	16 000	16 000	16 000	16 000	16 000
2.4.2	累计公积金				231.083	591.34	1 088.56	1 635.33	2 234.63	2 875.15	3 515.67	4 156.19	4 796.71	5 437.23	6 077.75	6 718.27	7 358.79	7 999.31	8 639.83
2.4.3	累计未分配利润				2 079.747	5 322.06	9 797.05	14 717.95	20 111.66	25 876.34	31 641.02	37 405.70	43 170.38	48 935.06	54 699.74	60 464.42	66 229.10	71 993.78	77 758.46
	计算指标																		
	资产负债率（%）	77.78	65.63	69.92	63.60	54.86	42.71	27.39	13.63	11.91	10.58	9.51	8.64	7.92	7.30	6.78	6.33	5.93	5.34

注：流动资产中累计盈余资金中包括"资金来源与运用表"中的"盈余资金"和"提取法定公积金、公益金"项目。

表 1-11 资金来源与运用表（万元）

序号	项目	合计	建设期			投产期			达到设计能力生产期										
			1	2	3	4	5	6	7	8	9	10	11	12	13	14	15	16	17	18
1	生产负荷（%）					80	90	100	100	100	100	100	100	100	100	100	100	100	100	100
	资金来源	193 498.29	13 500	18 500	14 550	10 830.83	7 222.57	8 592.21	8 387.67	8 913.01	9 325.2	9 325.2	9 325.2	9 325.2	9 325.2	9 325.2	9 325.2	9 325.2	9 325.2	19 075.2
1.1	净利	86 398.29				2 310.83	3 602.57	4 972.21	5 467.67	5 993.01	6 405.2	6 405.2	6 405.2	6 405.2	6 405.2	6 405.2	6 405.2	6 405.2	6 405.2	6 405.2
1.2	折旧费	42 000				2 800	2 800	2 800	2 800	2 800	2 800	2 800	2 800	2 800	2 800	2 800	2 800	2 800	2 800	2 800
1.3	摊销费	1 800				120	120	120	120	120	120	120	120	120	120	120	120	120	120	120
1.4	长期借款	32 550	10 500	10 500	11 550	3 600	700	700												
1.5	流动资金借款	5 000																		

续上表

序号	项目	合计	建设期			投产期					达到设计能力生产期									
			1	2	3	4	5	6	7	8	9	10	11	12	13	14	15	16	17	18
1.6	其他短期借款																			
1.7	自有资金	16 000	3 000	8 000	3 000	2 000														
1.8	其他																			
1.9	回收固定资产余值	2 750																		2 750
1.10	回收流动资金	7 000																		7 000
2	资金运用	99 739.83	13 500	18 500	14 550	10 830.83	7 222.57	8 592.21	8 387.67	6 751.35	640.52	640.52	640.52	640.52	640.52	640.52	640.52	640.52	640.52	5 640.52
2.1	固定资产投资	40 200	11 200	17 000	12 000															
2.2	建设期利息	4 550	500	1 500	2 550															
2.3	无形资产投资	1 800	1 800																	
2.4	流动资金	7 000				5 600	700	700												
2.5	长期借款本金偿还	32 550				4 999.75	6 162.31	7 394.99	7 840.9	6 152.05	0	0								
2.6	流动资金借款偿还	5 000																		5 000
2.7	提取法定公积金	8 639.83				231.08	360.26	497.22	546.77	599.30	640.52	640.52	640.52	640.52	640.52	640.52	640.52	640.52	640.52	640.52
3	盈余资金	93 758.46	0	0	0	0	0	0	0	2 161.66	8 684.68	8 684.68	8 684.68	8 684.68	8 684.68	8 684.68	8 684.68	8 684.68	8 684.68	13 434.68
4	累计盈余资金									2 161.66	10 846.34	19 531.02	28 215.70	36 900.38	45 585.06	54 269.74	62 954.42	71 639.10	80 323.78	93 758.46

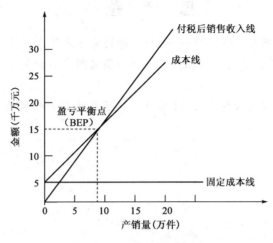

图 1-1　盈亏平衡分析图

所得税后项目投资财务内部收益率敏感性分析表（%）　　　表 1-12

序号	变化因素	变动幅度						
		-30%	-20%	-10%	基本方案	+10%	+20%	+30%
1	建设投资				15.1	13.8	12.6	11.5
2	经营成本				15.1	12.6	9.85	6.8
3	销售价格	0.25	6.2	11.0	15.1			

敏感度系数表　　　表 1-13

变动趋势	变动区间	变动因素		
		建设投资	经营成本	销售价格
增加	0 ~ +10%	-0.861	-1.655 6	
	+10% ~ +20%	-0.869 6	-2.182 5	
	+20% ~ +30%	-0.873	-3.096 4	
	0 ~ +30% 平均	-0.794 7	-5.496 7	
减少	0 ~ -10%			-2.715 2
	-10% ~ -20%			-4.363 6
	-20% ~ -30%			-9.596 8
	0 ~ -30% 平均			-9.834 4

七、评价结论

所得税后项目投资财务内部收益率为 15.11%，大于设定的基准收益率 6.262 5%，所得税前项目投资财务内部收益率为 20.31%，大于设定的基准收益率 9.347%，项目资本金财务内部收益率 19.62%，大于设定的基准收益率 8%。偿债分析指标较好，偿债能力较强，并且财务生存能力较强，所以项目在财务上是可以接受的。

思 考 题

1. 对于工业工程建设项目投资决策,你认为分析的重点是什么?

2.《建设项目经济评价方法与参数》(第三版)将项目财务分析划分为融资前分析和融资后分析,这种划分的意义何在?

3. 一般工业工程建设项目投资决策,对其财务效益影响最大的风险因素是什么?如何进行有效防范?

第二章 公路工程建设项目投资决策分析

——某高速公路建设项目经济评价案例

学习目的

通过本案例掌握公路工程建设项目投资决策的特点和主要内容。包括公路工程建设项目经济费用效益分析与财务分析的范围、内容与方法；采用"有无对比"方法分析计算项目直接与间接影响相关路网的经济费用与效益；分析公路工程建设项目在不同融资模式下的财务生存能力；掌握公路工程建设项目投资风险分析与控制方法。

案例资料

一、概述

（一）项目背景

1. 概况

拟建公路隧道项目（含紧邻隧道洞口的路基部分）位于我国西部某省的 A 城至 B 城公路上 A 城至 M 县路段上，项目全长 21.185km，其中主隧道长 18.02km。隧道为上、下行线双洞双车道。项目位于 A 城一侧的隧道进口高程为 896m，位于 M 县的隧道出口高程为 1 026m。隧道内设人字形纵坡，最大纵坡为 1.1%，最大埋深为 1 640m。

2. 区域公路规划与相关公路状况

拟建项目是《国家高速公路网规划》中某某~某某高速公路上的特大控制性工程，是沟通不同经济圈的交通枢纽，同时也是项目所在省规划公路网主骨架中 A 城至 B 城公路的重要组成部分。该项目建成对促进我国西部大开发战略的实施和加快 B 城及其周边县市经济的快速发展具有十分重要的意义。

该项目的关联项目（这里的关联项目是指由于本项目的建设必须配套建设的项目）为 A 城至隧道北口和隧道南口至 M 县的两侧接线高速公路。从路网相关关系看与拟建项目相关平行公路主要为公路 I（山岭区二级公路 80km）和公路 II（山岭区二级公路 65km），两条公路在路网上为串联关系。项目经济评价中财务主体为拟建项目21.185km,经济费用效益分析的主体包含拟建项目21.185km和关联项目43.8km。

现有A城至M县公路翻越崇山峻岭,技术标准低,行车条件差,交通事故多,运输效率低。特别是冬季积雪严重,经常阻断交通、引发事故。该项目的建成使A城至B城行驶里程可以缩短约50km,并且大幅度提高技术标准,受自然条件影响的程度大为降低,改善行车条件、提高运输效率的效果十分显著。

3. 技术标准和建设规模

(1)技术标准。综合考虑本项目沿线地形条件以及在国道、省道干线公路网中的功能与作用,结合项目远景交通量预测,按照交通部颁布实施的《公路工程技术标准》(JTG B01—2003)确定拟建项目技术标准为:

公路等级:一次建成四车道高速公路;

计算行车速度:80km/h;

路基宽度:整体式路基24.5m;

路面宽度:整体式路基20.5m;

行车道:2×7.5m;

硬路肩:2×2.75m;

最大纵坡:5%;

桥涵设计荷载:汽车—超20级,挂车—120;

隧道:双洞四车道,隧道净宽10.5m,限高5m。

(2)建设规模。本项目按一次建成四车道高速公路标准设计,路线总长21.185km,其中隧道建设规模为双洞四车道。隧道长度18.02km。总投资约为26.6841亿元。

4. 项目特点

拟建项目是当时我国最长的公路隧道。该隧道地形地质条件复杂,工程设计和施工难度大,运营管理至关重要,无论是设计、施工方面,还是运营管理方面,不确定因素很多,工程风险大,具体表现在:

(1)地质、水文条件复杂:隧道所在区域内有5条横贯全区东西走向的大断层,多条规模较小的断层,地质条件将对项目竖井的设计与施工产生较大影响。

(2)缺乏设计规范和标准:目前国内公路隧道设计规范对特长隧道通风中的基准排放量和换气频率、监控系统规模和标准等的规定还不完善,需进行专项研究后才能确定。这些标准选用的合理性直接关系到工程造价高低和运营期的服务水平、安全性能和运营成本。

(3)施工难度大:隧道属狭长、封闭的地下管状构造物,空间环境狭窄,地质条件不断变化可能需要不断变更设计,竖井深达700m,直径较大,其施工方法、施工设备的选择难度较大。

(4)运营管理难度大:与一般隧道相比,拟建隧道在运营期间防灾、救援等方面存在较大的难度和风险,国内还没有可以借鉴的经验。

(二)编制依据

(1)《建设项目经济评价方法与参数》(第三版)。

(2)《公路建设项目可行性研究报告编制办法》(讨论稿),1996年。
(3)《高速公路财务管理办法》(财工字[1997]59号)。
(4)国家现行相关财税政策。

(三)计算期

本项目建设期4年,经营期20年,计算期24年。

二、交通量预测

本项目采用"四阶段"法在区域公路网总体背景下进行交通量预测,预测交通量有趋势交通量(趋势交通量主要是指区域公路系统趋势增长进行路网分配得到的交通量)、诱增交通量组成项目总交通量。拟建项目以及主要相关平行公路历年交通量预测结果见表2-1,无拟建项目情况下相关平行公路交通量预测结果见表2-2,年车型比例见表2-3。

拟建项目及相关平行公路交通量预测结果(标准小客车/日) 表2-1

年份	拟建项目			相关公路	
	趋势交通量	诱增交通量	总交通量	公路 I	公路 II
2006	5 383	297	5 680	1 608	1 316
2007	6 028	346	6 375	1 778	1 451
2008	6 751	403	7 155	1 965	1 599
2009	7 560	469	8 030	2 173	1 763
2010	8 466	546	9 012	2 402	1 944
2011	9 267	616	9 884	2 582	2 030
2012	10 143	696	10 841	2 775	2 119
2013	11 102	785	11 890	2 983	2 213
2014	12 152	887	13 040	3 206	2 310
2015	13 301	1 001	14 302	3 446	2 412
2016	14 223	1 096	15 322	3 642	2 687
2017	15 209	1 201	16 415	2 848	2 751
2018	16 263	1 315	17 586	4 067	2 938
2019	17 390	1 441	18 840	4 298	3 138
2020	18 595	1 578	20 184	4 542	3 351
2021	19 884	1 729	21 623	4 800	3 579
2022	21 262	1 893	23 165	5 072	3 822
2023	22 735	2 074	24 818	5 360	4 082
2024	24 311	2 271	26 588	5 664	4 360
2025	25 996	2 488	28 484	5 986	4 556

"无项目"相关平行公路交通量预测结果(标准小客车/日)　　　　　表2-2

年份	相关公路 I	相关公路 II	年份	相关公路 I	相关公路 II
2006	6 427	6 135	2016	17 044	15 976
2007	7 213	6 887	2017	18 208	17 106
2008	8 095	7 730	2018	19 451	18 316
2009	9 086	8 677	2019	20 780	19 612
2010	10 197	9 740	2020	22 199	20 999
2011	11 152	10 607	2021	23 715	22 485
2012	12 196	11 552	2022	25 335	24 076
2013	13 339	12 580	2023	27 066	25 779
2014	14 588	13 700	2024	28 914	27 603
2015	15 954	14 920	2025	30 889	29 556

车型比例预测结果(%)　　　　　表2-3

年份	小客车	大客车	小货车	中货车	大货车
2006	26.00	19.00	19.30	19.90	15.70
2007	26.07	19.05	18.86	20.50	15.87
2008	26.15	19.10	18.43	20.20	16.05
2009	26.22	19.15	18.01	20.35	16.22
2010	26.30	19.20	17.60	20.50	16.40
2011	26.34	19.22	17.27	20.62	16.54
2012	26.38	19.24	16.94	20.74	16.68
2013	26.42	19.26	16.62	20.86	16.82
2014	26.46	19.28	16.31	20.98	16.96
2015	26.50	19.30	16.00	21.10	17.10
2016	26.54	19.34	15.63	21.21	17.24
2017	26.58	19.38	15.28	21.32	17.37
2018	26.62	19.42	14.93	21.42	17.51
2019	26.66	19.46	14.59	21.53	17.65
2020	26.70	19.50	14.25	21.64	17.79
2021	26.74	19.54	13.93	21.75	17.93
2022	26.78	19.58	13.61	21.86	18.07
2023	26.82	19.62	13.30	21.98	18.21
2024	26.86	19.66	13.00	22.09	18.35
2025	26.90	19.70	12.70	22.20	18.50

三、费用效益估算

(一) 建设投资估算

1. 投资估算

根据工程技术方案的比选,提出拟建项目投资估算,结果见表2-4。

拟建项目投资估算表　　　　表2-4

序 号	投资分项	投资估算(万元)	占建设投资百分比(%)
1	建筑安装工程费	204 674	76.72
2	设备及工具器具购置费	25 906	9.71
3	其他工程建设费用	14 129	5.28
4	预备费用	22 132	8.28
建设投资合计		266 841	100

2. 投资使用计划

根据项目实施情况,建设期各年度投资如表2-5所示。

拟建项目建设期年度投资比重　　　　表2-5

年份	2002	2003	2004	2005	合计
投资比例(%)	20.00	30.00	30.00	20.00	100.00

(二) 经营成本费用

1. 费用组成

(1) 管理费用。本项目设置管理人员115人,包括项目公司管理人员、收费站人员、路政人员。人均综合管理成本(含工资、福利和办公费用等)按2万元/年计,则通车年管理费用为230万元。

(2) 养护费用。特长隧道部分养护费用按20万元/(年·km)计列(包括机电维修),两短引线按3万元/(年·km)计。经计算本项目通车年养护费用为369.9万元。

(3) 机电系统运营费用。拟建项目机电系统运营费用主要是隧道通风、照明、监控以及通信等,用电价格按国家核定价格0.5元/(年·km)计算。2006~2015年根据交通量情况通风总功率为7 855kW/d,随着交通量的增长,隧道通风设备开启的数量增加,隧道通风功率2020年达到9 343kW/d,2025年达到15 625kW/d,其余机电系统主要指照明、监控和通信运营期间总功率均按照762kW/d计算。

(4) 大中修费用。拟建项目按照5年进行中修一次、10年进行大修一次,则中修的年份分别为2010年、2015年和2020年,大修年份分别为2015年和2025年。根据《高速公路公司财务管理办法》以及其他财务相关规定,大中修费用可以按照预提或者分摊的方式计入成本,也可以在大中修年份集中处理,考虑到本项目前期财务收入相对较少,案例分析中按照大中修费用当年集中支出处理。各年度的大中修费用详见表2-6。

运营费用表 表2-6

年份	机电运营费用		管理费	养护费	大中修费	合计
	电量	费用				
	(万 kW·h)	(万元)	(万元)	(万元)	(万元)	(万元)
2006	4 776	2 341	230	370		2 941
2007	4 776	2 341	235	377		2 953
2008	4 776	2 341	239	385		2 965
2009	4 776	2 341	244	393		2 978
2010	4 776	2 341	249	400	2 403	5 393
2011	4 776	2 341	254	409		3 004
2012	4 776	2 341	259	417		3 017
2013	4 776	2 341	264	425		3 030
2014	4 776	2 341	269	434		3 044
2015	4 776	2 341	275	442	5 306	8 364
2016	4 918	2 412	280	451		3 143
2017	5 064	2 485	286	460		3 231
2018	5 216	2 561	292	469		3 322
2019	5 373	2 639	298	479		3 416
2020	5 536	2 721	303	488	2 929	6 441
2021	6 053	2 979	310	498		3 787
2022	6 626	3 266	316	508		4 090
2023	7 262	3 584	322	518		4 424
2024	7 966	3 936	328	528		4 792
2025	8 726	4 326	335	539	6 468	11 668

2. 年经营成本费用

根据运营期间养护、管理、机电运营以及大修费用测算，随着运营时间的加长，道路破损程度以及人工成本逐渐加大，则日常养护费用、管理费用在运营期内按年均2%的速度增长。

四、经济费用效益分析

经济费用效益分析采用"有无对比"分析方法，"有项目"是指实施本项目后，相关路网费用与效益；"无项目"是指不实施本项目，相关路网费用与效益。

(一)主要评价参数

(1)社会折现率：根据《建设项目经济评价方法与参数》(第三版)取8%。

(2)影子工资：技术工种影子工资换算系数为1，非技术工种影子工资换算系数为0.5。

(3)影子汇率：$1.08 \times 8.1 = 8.75$。

(二)经济费用效率分析范围

经济费用效率分析应从项目建设消耗社会全部资源的角度分析,按照经济费用效率计算口径对应一致的原则,对于有些投资和运营费用(主要指由于拟建项目的建设必须配套建设的关联项目)在财务分析中未予考虑,在经济费用效益分析中应一并考虑分析。

拟建项目为 A 城至 B 城之间陆路联系的重要控制性工程,因此必须配套建设关联连接线(未列入拟建项目的工程投资中),即 A 城至拟建项目起点的接线高速公路,以及拟建项目终点至 M 县的接线高速公路,关联项目为双向四车道高速公路标准,线路总长度为 43.8km。

(三)经济费用的识别和计算

项目经济费用包括网路范围内,拟建项目和关联项目的建设费用、运营管理、养护及大中修等费用。

1. 建设经济费用

(1)建设经济费用调整。根据经济费用效益分析原则,投入物中的主要材料为市场价格,因此不进行调整。剔除建设费用中的税金、建设期贷款利息等转移支付项目。

①人工经济费用调整。项目施工中非技术工种人工数量占人工总数量的 30%,需用人工影子价格进行调整,调整系数为 0.85。

②主要投入物经济费用调整。项目施工中主要投入物(即主要材料)均采用市场价,不进行调整。

③土地经济费用调整。土地经济费用由土地机会成本和新增资源消耗组成。考虑拟建项目土地现状土地净产值较低,经济费用效益分析中土地机会成本按照财务价格扣除耕地占用税等转移支付后的总费用计算;新增资料消耗按照该项目由土地的征用造成原有土地附属物财产损失及其资源消耗计算。调整后的土地机会成本为 2 346 万元,新增资源消耗为 132 万元。

④转移支付调整。按转移支付的类别,分别扣除建筑安装工程费用中税金等。

经过调整后建设期经济费用结果见表2-7。

建设期经济费用表　　　　　　　　　　　　　表 2-7

序 号	项 目	数 量	调整原则	投资估算(万元)	经济费用(万元)
1	建筑安装工程费		调整	204 674	193 504
1.1	人工		调整	30 510	25 933
1.2	税金		剔除	6 593	0
2	设备及工器具购置费		不调	25 906	25 906
3	其他工程建设费		调整	14 129	14 056
3.1	土地费用	393 亩 (1 亩≈666.7m²)	调整	2 431	2 346
3.2	资源消耗		调整	120	132
4	预备费用		不调	22 132	22 132
5	消耗			266 841	255 598

(2)关联项目建设经济费用调整。按照上述调整原则和方法,关联项目的建设经济费用调整为 197 192 万元。

(3)建设经济费用总计。建设经济费用总量为 452 790 万元。

2. 运营经济费用

运营费用中材料、人工均以市场价为基础,因此不进行调整。

(1)拟建项目运营经济费用。拟建项目运营经济费用见表2-6。

(2)关联项目运营经济费用。根据关联项目的长度、运营特点计算得到关联项目运营经济费用,结果见表2-8。

关联项目运营经济费用(万元)　　　　　　表2-8

年份	机电费	管理费	养护费	大中修费	合计
2006	131	550	438		1 119
2007	134	561	447		1 142
2008	136	572	456		1 164
2009	139	584	465		1 188
2010	142	595	474	2 845	4 056
2011	145	607	484		1 236
2012	148	619	493		1 260
2013	150	632	503		1 285
2014	153	644	513		1 310
2015	157	657	523	6 281	7 618
2016	160	670	534		1 364
2017	163	684	545		1 392
2018	166	698	555		1 419
2019	169	711	567		1 447
2020	173	726	578	3 468	4 945
2021	176	740	589		1 505
2022	180	755	601		1 536
2023	183	770	613		1 566
2024	187	786	626		1 599
2025	191	801	638	7 657	9 287

注:表内各项费用按照年均2%的速度增长。

(3)总运营经济费用。总运营经济费用由本项目运营经济费用和关联项目运营经济费用组成,见表2-9。

各年总运营经济费用(万元)　　　　　　　　表 2-9

年份	费用合计	拟建项目				关联项目			
		机电费	管理费	养护费	大中修费	机电费	管理费	养护费	大中修费
2006	4 060	2 341	230	370		131	550	438	
2007	4 094	2 341	235	377		134	561	447	
2008	4 129	2 341	239	385		136	572	456	
2009	4 165	2 341	244	393		139	584	465	
2010	9 449	2 341	249	400	2 403	142	595	474	2 845
2011	4 239	2 341	254	409		145	607	484	
2012	4 277	2 341	259	417		148	619	493	
2013	4 316	2 341	264	425		150	632	503	
2014	4 355	2 341	269	434		153	644	513	
2015	15 983	2 341	275	442	5 306	157	657	523	6 281
2016	4 507	2 412	280	451		160	670	534	
2017	4 622	2 485	286	460		163	684	545	
2018	4 741	2 561	292	469		166	698	555	
2019	4 863	2 639	298	479		169	711	567	
2020	11 386	2 721	303	488	2 929	173	726	578	3 468
2021	5 293	2 979	310	498		176	740	589	
2022	5 626	3 266	316	508		180	755	601	
2023	5 991	3 584	322	518		183	770	613	
2024	6 391	3 936	328	528		187	786	626	
2025	20 955	4 326	335	539	6 468	191	801	638	7 657

(四)经济效益的识别和计算

项目经济效益包括路网范围内,趋势交通量和诱增交通量运输成本节约、旅客时间节约和交通事故减少的效益等三个方面。

1. 趋势交通量的效益

(1)趋势交通量汽车运输成本节约效益(B_1)。汽车运输成本节约效益是指在项目建成后,区域车辆出行运输成本降低所产生的效益,是按路网范围内"无项目"和"有项目"汽车运输成本的差计算。公式如下:

$$B_1 = \left(\sum_{i=1}^{n}\sum_{j=1}^{5} V_j^{\prime i} V_{ocj}^{\prime i} l^{\prime i} - \sum_{i=1}^{m}\sum_{j=1}^{5} V_j^{i} V_{ocj}^{i} l^{i}\right) \times 365 \times 10^{-4} \tag{2-1}$$

式中:$V_j^{\prime i}$、$V_{ocj}^{\prime i}$、$l^{\prime i}$——"无项目"相关公路第 i 路线 j 车型交通量,单位运输成本,路段长度;

V_j^{i}、V_{ocj}^{i}、l^{i}——"有项目"相关公路第 i 路段 j 车型趋势交通量,总交通量下单位运输成本,路段长度;

i——指评价范围第 i 个路段,m、n 代表有、无项目情况下的路段总数;

j——第 j 种车型,1~5 分别代表小客车、大客车、小货车、中货车、大货车。

汽车运输经济成本包括两部分：一部分与汽车行驶有关，包括燃料消耗、润滑油消耗、轮胎消耗、维修费用和汽车运距折旧费用；另一部分与使用时间有关，包括汽车时间折旧费用、人工工资和管理费用。

汽车运输成本的计算参考《Study of Prioritization of Highway Investments and Improving Feasibility Study Methodologies》(World Bank, 1995)研究成果，确定各种车型在一定车速、道路状况下的基本资源消耗，包括：燃料、润滑油、维修劳动时间及维修零件消耗等基础数据。同时根据本项目具体的地形条件、道路状况及特征年的交通状况及系数调整，已确定本项目特征年各种资料消耗，根据经济价格确定本项目特征年的汽车运输成本。经计算得到本项目运营期各车型经济运输成本，结果见表2-10。

有、无拟建项目和相关道路汽车运输成本[元/(车·km)]　　表2-10

车型	有无项目	年份	拟建项目及关联项目(65km)	相关公路Ⅰ(80km)	相关公路Ⅱ(45km)
小客车	有项目	2006	1.17	1.25	1.25
		2010	1.17	1.25	1.25
		2015	1.18	1.27	1.26
		2025	1.20	1.31	1.29
	无项目	2006		1.32	1.32
		2010		1.34	1.33
		2015		1.65	1.52
		2025		2.55	2.24
中客车	有项目	2006	2.45	3.95	3.94
		2010	2.45	3.96	3.94
		2015	2.48	4.02	3.98
		2025	2.56	4.20	4.11
	无项目	2006		4.24	4.22
		2010		4.30	4.27
		2015		5.02	4.85
		2025		7.55	6.88
小货车	有项目	2006	1.33	1.45	1.48
		2010	1.33	1.45	1.48
		2015	1.34	1.47	1.49
		2025	1.38	1.47	1.50
	无项目	2006		1.54	1.53
		2010		1.55	1.54
		2015		1.85	1.75
		2025		2.84	2.55

续上表

车型	有无项目	年份	拟建项目及关联项目(65km)	相关公路 I(80km)	相关公路 II(45km)
中货车	有项目	2006	2.00	3.24	3.22
		2010	2.00	3.24	3.23
		2015	2.03	3.30	3.26
		2025	2.11	3.47	3.39
	无项目	2006		3.51	3.49
		2010		3.56	3.54
		2015		4.39	4.13
		2025		7.05	6.23
大货车	有项目	2006	2.54	4.03	4.02
		2010	2.55	4.03	4.02
		2015	2.58	4.08	4.05
		2025	2.69	4.22	4.15
	无项目	2006		4.25	4.24
		2010		4.30	4.28
		2015		5.00	4.75
		2025		7.09	6.43

（2）趋势交通量旅客时间节约效益（B_2）。旅客出行时间节约效益，拟建项目及关联工程建成后，由于运输距离缩短、运输速度提高所产生的旅客出行时间缩短，从而获得额外的工作时间或闲暇时间所产生的旅客支付意愿。旅客时间节约根据小客车和大客车两种车型按照下式计算：

$$B_2 = \sum_{j=1}^{2}\left(\sum_{i=1}^{n} V'^{i}_{j} T'^{i}_{j} V_{otj} - \sum_{i=1}^{n} V^{i}_{j} T^{i}_{j} V_{otj}\right) \times 365 \times 10^{-4} \tag{2-2}$$

式中：T'^{i}_{j} ——"无项目"相关公路第 i 路段 j 车型车行驶时间；

T^{i}_{j} ——"有项目"相关公路第 i 路段 j 车型车行驶时间；

V_{otj} —— j 车型旅客时间价值。

旅行出行时间价值根据工作时间和闲暇时间两种情况进行计算，方法如下：

工作出行时间节约价值，应从企业角度进行分析，等于单位时间的工资（扣除个税）加上与就业有关的其他费用，如社会福利费等（按照工资的40%计）。

非工作出行时间价值按消费者对非工作出行以及休闲时间的支付意愿计算。测算休闲时间的支付意愿应充分考虑不同的出行目的和时间选择对支付意愿的影响。

根据公路出行人员构成、出行目的等特点，综合分析确定非工作出行的时间价值按工作出行时间价值的30%计算。

各特征年车辆的时间价值计算见表2-11。

特征年客车时间价值   表 2-11

年份	车型	工作时间价值 （元/h）	闲暇时间价值	闲暇时间价值 （人/辆）	工作出行比例 （%）	工作时间 利用系数	时间价值 [元/(辆·h)]
2006	小客车	12.80	3.80	2.50	60	0.5	16.30
	大客车	10.70	3.20	18.50	55	0.5	97.10
2010	小客车	18.70	5.60	2.50	55	0.5	23.00
	大客车	15.60	4.70	18.50	50	0.5	137.00
2015	小客车	27.50	8.20	2.50	50	0.5	32.70
	大客车	22.90	6.90	18.50	45	0.5	193.90
2025	小客车	49.20	14.80	2.50	45	0.5	56.30
	大客车	41.00	12.30	18.50	40	0.5	334.00

根据计算得到小客车和大客车各年节约时间总量以及小客车、大客车各年的时间价值，结果见表 2-12。

客车节约时间以及时间价值   表 2-12

车型 运营年	节约时间(h/d)		时间价值[元/(车·h)]	
	小客车	大客车	小客车	大客车
1	2 477	1 429	16.30	97.05
2	2 665	1 531	17.98	107.05
3	2 873	142	19.67	117.05
4	3 101	1 765	21.36	127.04
5	3 352	1 898	23.04	137.04
6	3 631	1 044	21.59	128.43
7	3 939	2 205	23.28	138.42
8	4 283	2 381	24.96	148.42
9	4 667	2 576	26.89	159.80
10	5 097	2 791	32.65	193.94
11	5 981	3 227	27.33	162.43
12	7 075	3 754	29.25	173.81
13	8 450	4 397	35.02	207.95
14	10 202	5 193	29.70	176.44
15	12 475	6 192	31.62	187.82
16	17 385	8 245	37.39	221.96
17	19 882	9 439	32.06	190.45
18	26 170	12 279	33.99	201.83
19	36 006	16 999	39.75	235.97
20	44 273	20 962	56.32	334.03

(3)趋势交通量交通事故减少的效益(B_3)。交通事故减少的效益根据不同公路等级在不同交通量水平下的事故率进行测算,计算公式如下:

$$B_3 = (\sum_{i=1}^{n} y'^i V'^i l'^i A'^i - \sum_{i=1}^{m} y^i V^i l^i A^i) \times 365 \times 10^{-8} \quad (2-3)$$

式中:y'^i、V'^i、A'^i——"无项目"路段 i 的每公里年事故数[次/(亿车·km)]、交通量(辆/d)、路段长度(km)、事故费用(万元/次);

y^i、V^i、A^i——"有项目"路段 i 的每公里年事故数[次/(亿车·km)]、趋势交通量(辆/d)、路段长度(km)、事故费用(万元/次)。

各等级公路交通事故模型如下:

高速公路:$y = 0.005V - 40$[y 代表亿车事故数(年),V 代表交通量(d),下同];

一级公路:$y = 0.003V + 37$;

二级公路:$y = 0.007V + 133$。

参考《Study of Prioritization of Highway Investments and Improving Feasibility Study Methodologies》(World Bank,1995),本项目高速公路、一级公路、二级公路的平均事故损失费取值分别为 1.4 万元/次、1.0 万元/次和 0.65 万元/次。

根据计算得到本项目"有、无项目"各年度交通事故减少的效益,结果见表 2-13。

"有、无项目"各年度交通事故减少的效益(万元)　　　　表 2-13

运营年份	事故费用	无项目交通事故费用	有项目交通事故费用	交通事故减少的效益
2006		198	38	160
2007		211	40	171
2008		225	42	183
2009		240	43	196
2010		256	46	210
2011		273	48	226
2012		292	50	242
2013		312	53	260
2014		334	55	279
2015		358	58	300
2016		403	62	341
2017		454	67	387
2018		512	71	441
2019		580	82	497
2020		657	101	556
2021		796	140	657
2022		970	191	779
2023		1 186	259	928
2024		1 458	349	1 108
2025		1 799	470	1 329

2. 诱增交通量的效益(B_4)

诱增交通量是由于项目的建设使相关产业的发展而产生的,理论上此类产业部分增加值应为诱增交通量的效益,但由于相关产业效益的测算十分困难,本项目诱增交通量的效益(B_4)按照其公路运输成本节约、旅客时间节约以及交通事故减少效益的50%估算。

$$B_{41} = \frac{1}{2}\sum_{j=1}^{5}(C'^*_j - C^*_j) \times \mathrm{IV}_j \times 365 \times 10^{-4} \tag{2-4}$$

$$B_{42} = \frac{1}{2}\sum_{j=1}^{2}(T'^*_j - T^*_j) \times \mathrm{IV}_j \times 365 \times 10^{-4} \tag{2-5}$$

$$B_{43} = (A'^* - A^*) \times \mathrm{IV} \times 365 \times 10^{-4} \tag{2-6}$$

式中:C'^*_j、T'^*_j、A'^*——"无项目"相关公路 j 车型运输成本(元/车)、单车行驶时间(h/车)、单车事故费用(元/车);

C^*_j、T^*_j、A^*——"有项目"拟建项目 j 车型运输成本(元/车)、单车行驶时间(h/车)、单车事故费用(元/车);

IV_j——j 车型诱增交通量(辆/d);

IV——诱增交通量合计(辆/d)。

3. 其他影响效果

拟建项目及关联工程建设将明显改善区域交通网络结构与布局。其效益主要体现在明显缩短了 A 城至 B 城时空距离,并大幅度提高通道的运输能力,从而为有效促进相关区域间人员、物资、资金和信息的交流,推进整个地区的经济发展。这种效益往往通过交通量运输费用节约、时间节约及区域相关产业的发展等多种形式实现出来,因此不予单独计算。

(五)经济费用效益分析

1. 经济费用效益指标

用经济费用、效益计算结果编制项目经济费用效益流量表,见附表2-1,经济费用效益指标计算结果见表2-14。项目经济内部收益率为14.34%,大于8%的社会折现率,说明从经济费用效益分析角度看该项目是可行的。

经济费用效益指标　　　　　　表2-14

指标	ENPV(万元)	经济内部收益率 EIRR	经济效益费用比 EBCR
评价结果	466 973	14.34%	2.2

2. 敏感性分析

考虑建设费用和运营效益未来变化幅度,得到经济效益的敏感性分析结果,见表2-15。由该表可见,在效益减少15%,同时费用增加15%的不利情况下,经济内部收益率仍能达到11.7%,大于8%的社会折现率,具有较强的抗风险能力。

五、财务分析

(一)项目融资前财务基准收益率

项目融资前财务基准收益率是以国家对交通基础设施项目最低资本金比例(35%),项目贷款(65%)的规定,计算的资金成本为3.98%(税前),作为本项目融资前财务基准收益率。

经济费用效益敏感性分析结果表　　　　　　表 2-15

效益变动	费用变动	-15%	-10%	0%	10%	15%
-15%	ENPV(万元)	396 927	377 830	339 636	301 442	282 345
	EBCR	2.22	2.10	1.89	1.72	1.64
	EIRR(%)	14.34	13.83	12.91	12.11	11.74
-10%	ENPV(万元)	439 373	420 276	382 082	343 888	324 791
	EBCR	2.35	2.22	2.00	1.82	1.74
	EIRR(%)	14.86	14.34	13.4	12.58	12.21
0%	ENPV(万元)	524 264	505 167	466 973	428 779	409 682
	EBCR	2.61	2.47	2.22	2.02	1.93
	EIRR(%)	15.85	15.31	14.34	13.49	13.1
10%	ENPV(万元)	609 156	590 059	551 865	513 671	494 574
	EBCR	2.88	2.72	2.44	2.22	2.13
	EIRR(%)	16.78	16.22	15.21	14.34	13.94
15%	ENPV(万元)	651 601	632 504	594 310	556 116	537 019
	EBCR	3.01	2.84	2.56	2.32	2.22
	EIRR(%)	17.23	16.65	15.63	14.74	14.34

(二)营业收入

一般高速公路项目的营业收入包含车辆通行费收入、附属设施(如服务区、广告牌等)营业收入。根据项目特点,本案例中营业收入只计通行费收入,不计算其他收入。

1. 收费标准

参照项目周边区域现行高速公路收费标准,同时结合区域居民通行费支出的承受能力,确定本项目通车年收费标准。考虑目前消费者的承受能力、公路主管部门以及地方政府对公路项目收费标准的倾向性意见,本案例在运营期内各车型收费标准按不进行调整计。各车型收费标准如表2-16所示。

收费标准表(元/车次)　　　　　　表 2-16

收费阶段	小客车	大客车	小货车	中货车	大货车
2006~2025 年	38	76	38	76	114

2. 收费收入

参考区域高速公路免费车所占比重(一般项目免费车比例在1%~3%之间),本项目免费车按照3%计,则有效收费率为97%。项目各年收费收入见表2-17。

(三)税费及公积金计提

1. 营业税及附加

根据《财政部、国家税务总局关于公路经营企业车辆通行费收入营业税政策的通知》(财税[2005]77号),2005年5月11日的规定,高速公路公司营业税税率为3%;城市维护建设税案营业税的7%计征;教育费附加按营业税的3%计征,营业税及附加综合税率为3.3%。

各年收费收入表(万元/年) 表2-17

年 份	小客车	大客车	小货车	中货车	大货车	合计
2006	2 283	2 221	1 658	2 335	2 083	10 580
2007	2 509	2 441	1 787	2 576	2 305	11 618
2008	2 757	2 683	1 926	2 842	2 550	12 758
2009	3 029	2 948	2 075	3 135	2 821	14 008
2010	3 328	3 240	2 236	3 459	3 122	15 385
2011	3 657	3 559	2 406	3 815	3 452	16 889
2012	4 017	3 911	2 588	4 208	3 818	18 542
2013	4 413	4 297	2 784	4 641	4 222	20 357
2014	4 849	4 721	2 994	5 119	4 669	22 352
2015	5 327	5 187	3 221	5 646	5 163	24 544
2016	5 716	5 567	3 372	6 081	5 574	26 310
2017	6 134	5 975	3 531	6 550	6 018	28 208
2018	6 582	6 412	3 698	7 055	6 498	30 245
2019	7 063	6 881	3 872	7 599	7 015	32 430
2020	7 580	7 385	4 054	8 184	7 574	34 777
2021	8 134	7 925	4 245	8 815	8 187	37 306
2022	8 728	8 505	4 446	9 495	8 829	40 003
2023	9 366	9 128	4 655	10 227	9 532	42 908
2024	10 050	9 796	4 874	11 015	10 292	46 027
2025	10 785	10 513	5 104	11 864	11 112	49 378

2. 所得税

本项目属于西部大开发交通重点建设项目之一,通常情况按西部大开发对交通基础设施项目的优惠政策,所得税按利润总额的15%计算,按税法规定发生亏损时,进行税前补亏。

3. 公积金计提

法定盈余公积金按税后利润的10%计提。

(四)运营成本及费用

1. 运营管理费、养护费、机电运营费及大中修费

运营管理费、养护费、机电运营费及大中修费参见表2-6。

2. 公司开办费

根据《高速公路公司财务管理规定》，公司开办费用按 5 年（或以上）分摊入管理费，公司开办费按 200 万元计算，本案例财务分析中按 5 年分摊入管理费。

3. 固定资产折旧

根据《高速公路财务管理办法》的规定，固定资产折旧以原值减去残值后，在使用年限内，按工作量法计提。

（五）资金筹措

项目资金筹措的初步方案，政府出资 35%，向银行借款 65%，借款由政府统借统还。长期借款利率为 6.12%，借款年限为 20 年。

（六）财务分析

1. 融资前财务盈利能力分析

项目融资前财务盈利能力分析，排除了项目融资方案影响，分析融资前投资获利能力，并以此作为初步投资决策与融资方案研究的基础。

项目融资前财务盈利能力分析，编制融资前财务现金流量表（附表 2-2），计算财务指标。所得税前财务内部收益率为 3.75%，小于项目财务基准收益率 3.98%（税前），说明项目财务效益较差。

2. 政府还贷模式下项目财务生存能力分析

根据项目特点，项目位于经济欠发达的西部地区，投资大、交通量相对较小、运营成本高、项目财务效益差，为促进欠发达地区的发展，此类项目实施中通常按照政府还贷公路进行运作。根据《收费公路管理条例》（中华人民共和国国务院令第 417 号），政府还贷公路项目应依法设立专门的不以营利为目的的法人组织，其收费票据由省、自治区、直辖市人民政府财政部门统一印（监）制，收费期限最长不得超过 20 年，不计营业税及附加、所得税，不计提折旧，不计提公积金。本项目按政府还贷公路运作，收费期限按照 20 年计。

总投资的 35% 作为项目资本金，由政府投资，银行贷款 65%。贷款偿还按照 15 年等比本金递增偿还方式（附表 2-5），运营期现金流量不足时，续借短期借款，借款利息为 5.58%。

政府还贷模式下财务分析的重点是分析现金流量的平衡，考察项目的还贷能力。本项目政府还贷模式下总成本表见附表 2-3、利润与利润分配表见附表 2-4、项目财务计划现金流量表见附表 2-5。按照上述资金筹措方案，项目运营期现金流短缺，需要连续 17 年筹借大量短期借款，以偿还银行贷款。即使采用全省统贷统还的政府还贷模式运作，省交通主管部门还需要从其他政府还贷公路项目的收费收入中调剂资金偿还本项目的贷款。

3. 市场化融资分析

项目所处区域经济欠发达、居民收入较低，未来收费标准上调的可能性很小，为了改善项目运营期资金紧缺的情况，采用政府还贷模式唯一可行的办法就是提高政府资金投入的比例，而项目所处西部地区资金稀缺。考虑到项目经济效益很好，为了减小政府投资压力，建议对项目采用政府投资补助、市场化融资方案，解决项目资金短缺，提高财务效益（以下仅为案例财务分析中的假定情况）。

(1) 资本金收益率。资本金收益率,通常按照资本资产定价模型计算,由于公路行业风险较小,案例分析中资本金收益率按照最低期望收益率计,即按长期社会无风险投资收益率计算。取目前10年期国债利率作为本项目资本金的最低期望收益率,约为4%。根据投资者对项目投资回报期望值,政府对项目的补贴幅度大约在项目投资的20%以上才能吸引投资者。

(2) 融资方案设定。根据该项目交通部补助资金安排,同时考虑到市场化投资期望收益率要求,融资方案设计中按照交通部补助的7.49亿元作为政府投资补助。融资方案设定如表2-18 所示。

融资方案设定表　　　　　　　　　　　　　　　表2-18

项　目	政府投资补助	企业资本金	国内贷款	合　计
金额(亿元)	7.490 0	9.809 0	10.694 2	27.993 2
比例(%)	26.8	35.0	38.2	100.0

注:贷款利息包含在资本金中,国内银行贷款利率按6.12%计。

(3) 资本金盈利能力分析。按上述融资方案,计算资本金财务内部收益率为5.88%,大于资本金收益率4%,说明资本金盈利水平是可行的。市场化运作模式下总成本见附表2-6、利润与利润分配见附表2-7、财务计划现金流量见附表2-8、财务现金流量见附表2-9。

(4) 敏感性分析。资本金敏感性分析计算结果见表2-19,在收费收入降低10%的不利情况下,财务内部收益率约为4%,在最低期望收益率,费用增加10%的不利情况下,财务内部收益率大于4%的最低期望收益率,说明再次融资方案下,项目具有一定的财务抗风险能力。

资本金财务敏感性分析　　　　　　　　　　　　　　表2-19

收入变动	投资变动	-15.00%	-10.00%	0.00%	10.00%	15.00%
-15.00%	FNPV(万元)	25 520	12 451	-13 688	-39 828	-52 897
	FBCR	1.11	1.05	0.95	0.86	0.82
	FIRR(%)	5.88	4.9	3.05	1.33	0.51
-10.00%	FNPV(万元)	40 091	27 022	882	-25 257	-38 327
	FBCR	1.18	1.11	1	0.91	0.87
	FIRR(%)	6.86	5.88	4.06	2.37	1.57
0.00%	FNPV(万元)	69 233	56 163	30 024	3 885	-9 185
	FBCR	1.31	1.24	1.11	1.01	0.97
	FIRR(%)	8.65	7.68	5.88	4.23	3.45
10%	FNPV(万元)	98 375	85 305	59 166	33 027	19 957
	FBCR	1.44	1.36	1.23	1.11	1.07
	FIRR(%)	10.27	9.3	7.51	5.88	5.12
15.00%	FNPV(万元)	112 946	99 876	73 737	47 597	34 528
	FBCR	1.51	1.42	1.28	1.17	1.11
	FIRR(%)	11.03	10.05	8.27	6.64	5.88

(5)项目贷款偿还能力分析。采用15年等比本金递增偿还方式(附表2-10)偿还建设投资长期借款,贷款利息按年支付。财务计划现金流量表的计算结果表明,长期借款可按贷款条件偿还银行。但是由于项目运营初期交通量少,现金流量不足,出现资金短缺,需要筹集短期借款平衡项目资金。财务计划现金流量表见附表2-8。

(6)财务分析结论。财务计划现金流量表的计算结果表明,长期借款可按贷款条件偿还银行。但是由于项目运营初期交通量少,现金流量不足,出现资金短缺,且要筹集短期借款平衡项目资金。评价期累计净现金流量为25.11亿元。总体上看,采用政府适当补贴,市场化的融资方案进行经营性方式运作项目财务上是可行的,但存在一定的风险。

六、风险分析

(一)概述

1. 风险分析的目标

拟建项目是A城至B城高速公路重要控制性工程,是我国公路建设史上前所未有的重大建设项目。该项工程涉及工程地质、水文地质、气象学、土木工程、机械、电力、通信信号、安全监控及救援、环境保护、工程经济、运营管理、财务管理等多个领域,是一项复杂的系统工程,国内公路行业没有现成的经验可借鉴,尚无完善的规范可循,因此项目建设运营中面临着较复杂的风险。本项目风险分析的目标是:分析风险因素对项目财务生存能力的影响,为规避和控制风险提出对策建议。

2. 风险分析采用的方法

本项目风险分析所采用的方法以《建设项目经济评价方法与参数》(第三版)第七章提出的方法体系为主,并根据项目的具体特点进行相应的选择。风险分析过程包括风险识别、风险估计、风险评价与风险应对。风险分析的主要方法包括专家调查法、层次分析法、CIM模型等分析方法,结合本项目的具体情况,几种方法组合使用。

3. 风险分析的内容

本项目拥有工程设计、施工、运营管理、运量预测、投资、财务与经济、环境与社会影响分析等专业的28位国内权威专家,在认真研究项目方案等资料的基础上,围绕着项目的建设目标,(投资26.6841亿,项目工期4年),对项目投资与财务上存在的主要风险进行系统的分析研究。进行两个方面的风险分析:

(1)建设投资增加的风险分析——CIM模型。

(2)财务可持续发展的风险分析——风险等级。

(二)建设投资的风险分析

1. 主要风险因素

专家组认为尽管项目的投资估算中计列了预备费,但工程设计、施工方案、价格等不确定性因素,使投资增加的风险依然存在。影响投资增加的主要因素有三项:一是工程设计、施工方案的变化,使工程量增加;二是设备、劳动力、材料及机械使用费市场价格的提高;三是有关取费标准的变动。具体分析简述如下:

(1)工程量增加的风险。该隧道地形地质条件复杂,设计与施工技术难度大,且运营期间的安全管理至关重要,包括运营监控与管理、灾害救援等方面,目前在国际上都是罕见的。工程设计与施工方案的变化,是使工程量增加的基本风险因素,主要表现在以下方面:

①主洞。主洞隧道是狭长、封闭的地下管状构造物,空间环境狭窄,其设计为预设计。由于隧道所在区域主要断裂带及软弱地层均为富水带,施工中在通过部分断裂破碎带时可能会发生突然涌水、围岩失稳等地质灾害情况。此外,由于主隧道长度大,埋藏深,岩体以较完整和完整为主,预计会出现岩爆及高低温问题。对上述地质灾害问题,设计与施工存在一定风险。

②竖井与通风。为满足隧道通风要求需开挖竖井,竖井与通风工程是项目成功的关键工程之一,竖井数量与直径均受地形、地质、隧道埋深等条件的影响,而竖井的数量以及分段长度的均匀性都将影响洞内的风速,竖井的直径影响通风阻力。竖井深达700m,直径较大,其施工方法、施工设备的选择均具有较大难度。拟建项目的竖井方案在国内尚无完善的设计、施工和使用经验。在可行性研究阶段具体的通风方案还没有确定,因此竖井方案存在较大的不确定性,对工程造价、工期等产生很大影响问题,其风险较大。

③防灾救援及监控系统。工程设计提出建立以中心控制系统为核心的监视、通信系统、通风自动控制系统、火灾报警系统、消防救援系统、标志标牌和引导设施等相互联系的完整体系。一般研究认为,交通事故与隧道长度和交通量有关,本项目隧道部分长达18km,监控系统的设计至关重要。在可行性研究阶段对本项目的监控系统进行了专题研究,但由于缺乏设计标准的规范,设备选型的不确定性很高,因此在项目实施中设计方案变更是不可避免的,这将导致工程量的增加。

(2)设备费、人工费、建筑材料费及机械使用费价格上涨。目前我国经济正处于高速发展阶段,设备价格、人工费、建筑材料费及机械使用费涨价,其他费用中的前期工作费增加,工程试验研究费增加等都将对投资产生一定的影响。

2. 确定风险因素层次与权重

风险发生后对投资的影响程度分别按投资增加0%、10%、20%、30%、40%、50%、60%、70%、80%、90%表示。结合建设投资估算各项费用的构成,建立风险因素层次表,将风险因素分为:Ⅰ、Ⅱ、Ⅲ、Ⅳ四个层次,并赋予各层各风险因素权重,以各项工程费用占投资估算比例作为各层各风险因素的权重。

Ⅱ层各风险因素权重:项目建设投资为26.68亿元,其中,建筑安装工程费22.16亿元,占建设投资83.1%;设备购置费2.99亿元,占11.2%;其他工程建设费用1.53亿元,占5.7%。将基本预备费按比例分摊到上述三大项费用中。

Ⅲ层各风险因素权重:建筑安装工程费22.16亿元,其中,主隧道14.79亿元,占66.7%,竖井1.53亿元,占6.90%,连接线1.46亿元,占6.6%,通风、供电等系统安装2.44亿元,占11.0%,其他工程1.94亿元,占8.8%。

Ⅳ层各风险因素权重:工程量和单价权重各为0.5,详见表2-20。

3. 确定变量的概率分布

(1)采用专家调查法,选择28位专家判断项目基本风险因素发生的可能性和其出现后对投资的影响程度,进行打分。只对最底层的风险因素打分。将打分结果进行归一化处理,建立基本风险因素概率分布调查汇总表,见表2-21。

第二章 公路工程建设项目投资决策分析

建设投资估算风险因素层次表 表2-20

I	II		III		IV	
费用	费用	权重	费用	权重	费用	权重
建设投资	建筑安装工程费	0.831	主隧道	0.667	工程量	0.5
					单价	0.5
			竖井	0.069	工程量	0.5
					单价	0.5
			连接线	0.066	工程量	0.5
					单价	0.5
			通风、供电等系统安装	0.11	工程量	0.5
					单价	0.5
			其他	0.088		
	设备购置费	0.112				
	其他工程建设费	0.057				

基本风险因素概率分布调查汇总表 表2-21

序号	费用名称	投资增加									
		0	10%	20%	30%	40%	50%	60%	70%	80%	90%
1	建设投资										
1.1	建筑安装工程费										
1.1.1	主隧道										
	工程量	0.5	0.39	0.11							
	单价	0.6	0.25	0.15							
1.1.2	竖井										
	工程量	0.34	0.41	0.1							
	单价	0.3	0.1	0.23	0.14	0.15	0.07	0.01			
1.1.3	连接线										
	工程量	0.52	0.33	0.15	0	0	0				0
	单价	0.54	0.29	0.16	0.01						
1.1.4	通风供电										
	工程量	0.49	0.35	0.16	0	0	0	0	0	0	0
	单价	0.47	0.33	0.14	0.05	0.01					
1.1.5	其他	0.36	0.48	0.15	0.01	0	0	0	0	0	0
1.2	设备购置费	0.26	0.41	0.26	0.06	0.01					
1.3	其他费用	0.38	0.47	0.14	0.01						

(2) 计算Ⅲ和Ⅱ层风险因素的概率分布。

①根据并联响应的原理,利用求独立变量概率分布的方法,计算Ⅲ层的概率分布,列于表2-22~表2-25。

主隧道风险概率分布　　　　　　　　　　　　　表2-22

投资增加	$P(X_1)$	$P(X_2)$	主隧道风险概率 $P(X_1X_2)$
0	0.50	0.60	$0.50 \times 0.6 = 0.30$
10%	0.39	0.25	$0.39 \times (0.6+0.25) + 0.25 \times 0.5 = 0.44$
20%	0.11	0.15	$0.11 \times (0.6+0.25+0.15) + 0.15 \times (0.39+0.11) = 0.23$
30%	0.00	0.00	
40%	0.00	0.00	

竖井风险概率分布　　　　　　　　　　　　　表2-23

投资增加	$P(X_1)$	$P(X_2)$	竖井风险概率 $P(X_1X_2)$
0	0.34	0.30	$0.34 \times 0.3 = 0.10$
10%	0.41	0.10	$0.41 \times (0.3+0.1) + 0.1 \times 0.34 = 0.19$
20%	0.10	0.23	$0.10 \times (0.3+0.1+0.23) + 0.23 \times (0.34+0.41) = 0.24$
30%	0.17	0.13	$0.17 \times (0.3+0.1+0.23+0.13) + 0.13 \times (0.34+0.41+0.1) = 0.23$
40%	0.00	0.15	$0.15 \times (0.34+0.41+0.1+0.17) = 0.15$
50%	0.00	0.07	$0.07 \times (0.34+0.41+0.1+0.17) = 0.07$
60%	0.00	0.01	$0.01 \times (0.34+0.41+0.1+0.17) = 0.01$
70%	0.00	0.01	$0.01 \times (0.34+0.41+0.1+0.17) = 0.01$

连接线风险概率分布　　　　　　　　　　　　　表2-24

投资增加	$P(X_1)$	$P(X_2)$	连接线风险概率 $P(X_1X_2)$
0	0.52	0.54	$0.52 \times 0.54 = 0.28$
10%	0.33	0.29	$0.33 \times (0.54+0.29) + 0.29 \times 0.52 = 0.43$
20%	0.15	0.12	$0.15 \times (0.54+0.29+0.12) + 0.12 \times (0.52+0.33) = 0.24$
30%	0.00	0.04	$0.04 \times (0.52+0.33+0.15) = 0.04$
40%	0.00	0.01	$0.01 \times (0.52+0.33+0.15) = 0.01$

安装风险概率分布　　　　　　　　　　　　　表2-25

投资增加	$P(X_1)$	$P(X_2)$	主隧道风险概率 $P(X_1X_2)$
0	0.49	0.47	$0.49 \times 0.47 = 0.23$
10%	0.35	0.33	$0.35 \times (0.47+0.33) + 0.33 \times 0.49 = 0.44$
20%	0.16	0.14	$0.16 \times (0.47+0.33+0.14) + 0.14 \times (0.49+0.35) = 0.27$
30%	0.00	0.05	$0.05 \times (0.49+0.35+0.14) = 0.05$
40%	0.00	0.01	$0.01 \times (0.49+0.35+0.14) = 0.01$

②根据串联响应的原理,利用概率树的计算方法,计算Ⅱ层风险因素的概率分布,Ⅲ层风险因素分别乘以权重,然后相加得到Ⅱ层风险因素概率分布,计算结果列于表2-26。

建筑安装工程风险的概率分布 表 2-26

投资增加	建筑安装工程风险的概率分布
0	$0.30 \times 0.667 + 0.10 \times 0.069 + 0.28 \times 0.266 + 0.23 \times 0.110 + 0.36 \times 0.088 = 0.24$
10%	$0.44 \times 0.667 + 0.19 \times 0.069 + 0.43 \times 0.066 + 0.44 \times 0.110 + 0.48 \times 0.088 = 0.43$
20%	$0.23 \times 0.667 + 0.24 \times 0.069 + 0.24 \times 0.066 + 0.27 \times 0.110 + 0.15 \times 0.088 = 0.22$
30%	$0.00 \times 0.667 + 0.23 \times 0.069 + 0.04 \times 0.066 + 0.05 \times 0.110 + 0.01 \times 0.088 = 0.08$
40%	$0.00 \times 0.667 + 0.15 \times 0.069 + 0.01 \times 0.066 + 0.01 \times 0.110 + 0.0 \times 0.088 = 0.011$
50%	$0.00 \times 0.667 + 0.07 \times 0.069 + 0.00 \times 0.066 + 0.00 \times 0.110 + 0.00 \times 0.088 = 0.005$
60%	$0.00 \times 0.667 + 0.01 \times 0.069 + 0.00 \times 0.066 + 0.00 \times 0.110 + 0.00 \times 0.088 = 0.005$
70%	$0.00 \times 0.667 + 0.01 \times 0.069 + 0.00 \times 0.066 + 0.00 \times 0.110 + 0.00 \times 0.088 = 0.005$

③根据串联响应的原理,利用概率树的计算方法,计算建设投资总风险的概率分布,Ⅱ层风险因素分别乘以权重,然后相加得到建设投资总风险因素的概率分布,计算结果见表 2-27。

建设投资总风险的概率分布 表 2-27

投资增加	建设投资总风险的概率分布
0	$0.24 \times 0.831 + 0.26 \times 0.112 + 0.38 \times 0.057 = 0.25$
10%	$0.43 \times 0.831 + 0.41 \times 0.112 + 0.47 \times 0.057 = 0.43$
20%	$0.22 \times 0.831 + 0.26 \times 0.112 + 0.14 \times 0.057 = 0.22$
30%	$0.08 \times 0.831 + 0.06 \times 0.112 + 0.01 \times 0.057 = 0.072$
40%	$0.011 \times 0.831 + 0.01 \times 0.112 + 0.00 \times 0.057 = 0.01$
50%	$0.005 \times 0.831 + 0.01 \times 0.112 + 0.00 \times 0.057 = 0.01$
60%	$0.005 \times 0.831 + 0.01 \times 0.112 + 0.00 \times 0.057 = 0.01$
70%	$0.005 \times 0.831 + 0.01 \times 0.112 + 0.00 \times 0.057 = 0.01$

利用上述结果,通过计算机模拟计算,其建设投资估算风险概率分布见表 2-28 及图 2-1、表 2-29(计算机计算结果与手工计算略有误差)。

建设投资估算风险概率分布表 表 2-28

序号	项目名称	投资增加概率分布										最可能发生的风险	
		0	10%	20%	30%	40%	50%	60%	70%	80%	90%	%	概率
1	建设投资	0.25	0.43	0.22	0.07	0.01	0.01	0.01	0.00	0.00	0.00	9.60	0.43
1.1	建筑安装工程	0.24	0.43	0.22	0.08	0.01	0.01	0.01	0.00	0.00	0.00	9.60	0.45
1.1.1	隧道主洞	0.30	0.44	0.22	0.04	0.00	0.00	0.00	0.00	0.00	0.00	8.60	0.45
1.1.2	竖井	0.10	0.19	0.24	0.23	0.15	0.07	0.01	0.01	0.00	0.00	22.80	0.25
1.1.3	连接线	0.28	0.43	0.24	0.04	0.01	0.00	0.00	0.00	0.00	0.00	9.20	0.43
1.1.4	安装系统	0.23	0.44	0.27	0.05	0.01	0.00	0.00	0.00	0.00	0.00	10.50	0.44
1.1.5	其他	0.36	0.48	0.15	0.01	0.00	0.00	0.00	0.00	0.00	0.00	6.90	0.51
1.2	设备购置费	0.26	0.41	0.26	0.06	0.01	0.00	0.00	0.00	0.00	0.00	10.00	0.41
1.3	其他费用	0.38	0.47	0.14	0.01	0.00	0.00	0.00	0.00	0.00	0.00	6.50	0.51

投资变化概率分布　　　　　　　　　　　　表2-29

投资变化(%)	概率(%)	累计概率(%)	投资变化(%)	概率(%)	累计概率(%)
90	0.0	0.0	40	0.30	0.30
80	0.0	0.0	30	4.90	5.20
70	0.0	0.0	20	24.70	30.00
60	0.0	0.0	10	43.40	73.40
50	0.0	0.0	0	26.60	100.00

最可能发生的投资变化
投资变化　　概率
9.6%　　　43.4%

计算结果表明:由于建筑安装工程投资占比很高,为83.1%,而其余各项投资占比较小,尽管其余各项投资增加的幅度较大,但对建设投资新影响较小。以建设投资26.68亿元为基准,建设投资增加的累计概率为73.4%,投资增加9.6%的可能性最大,概率为43.40%,表明建设投资结果估算存在一定风险。

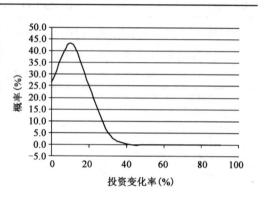

图2-1　建设投资增加的概率分布图

(三) 财务可持续发展的风险分析

1. 风险因素识别

影响项目财务可持续发展的风险因素:主要是收费收入减少,投资和运营成本增加,工期延长,建设资金短缺等。

(1) 运营收入风险。

① 交通量。交通量预测存在着对总额运输方面的分析不够深入,经济发展速度取值偏高,诱增交通量取值偏低等问题,由此导致预测结果可能存在一定的偏差。风险分析专家从交通量预测所用基础数据的可靠性、经济发展的可能性、预测方法的正确性、弹性系数、交通量分配模型、诱增交通量确定的合理性等方面进行风险分析。

② 收费标准。财务分析确定的收费标准,考虑了项目所在地区现行汽车过路过桥的收费标准、地方经济发展水平、人民生活水平对收费标准的承受能力,财务分析中按照运营期收费标准不变进行考虑,这种考虑是否与实际情况一致还值得研究。

(2) 投资增加风险。主要考虑建设投资增加的风险,利用前述计算结果。

(3) 运营成本增加风险。拟建项目潜在的交通事故危险将造成项目运营成本的增加,项目公司的运营管理水平直接关系到项目投入运营后的正常安全运营、抢险救灾及运营效益。本项目建成后的运营管理,特别是日常检查、养护、病害处置和安全等方面的管理存在较大的风险。此外,电价的上涨对运营成本的提高都有一定的影响。

(4) 工期延长风险。拟建项目安排四年工期存在一定的风险,经专家分析影响工期的主要风险因素是前期准备工作、施工组织与施工技术,贷款资金来源还不落实,资金是否能按期到位,三项风险因素会影响工期延长。

2. 确定风险因素层次与权重

运用层次分析法的原理,将风险因素分为:Ⅰ、Ⅱ、Ⅲ、Ⅳ 层,并赋予各层各风险因素权重。采用 AHP 方法和操作步骤,请有关专家对各风险专项和风险子项的重要程度进行比较,形成判断矩阵,通过计算处理,最后得出专项风险权重。

(1)建立风险因素层次表,见表 2-30。

财务可持续性风险因素层次表　　　表 2-30

Ⅰ层因素	Ⅱ层因素	Ⅲ层因素	Ⅳ层因素
财务可持续性	运营收入	交通量	经济发展速度实现的可能性
			基础数据的可靠性
			预测方法的正确性
	投资	收费标准	
		建设投资	
	运营成本	运营组织管理	
		电价上涨	
		交通事故与灾害	
	工期	前期准备	
		施工组织与方法	
		资金筹措	

(2)权重的估计。用层级分析法解决同一层次因素的不同权重问题是非常有效的。按照 1~9 标度法,聘请有关专家对各风险因素进行两两比较,并给出相应的标度值。各标度的含义见表 2-31。

各标度的含义　　　表 2-31

标　度	含　义
1	表示两个因素相比,具有相同重要性
3	表示两个因素相比,一个因素比另一个因素稍微重要
5	表示两个因素相比,一个因素比另一个因素明显重要
7	表示两个因素相比,一个因素比另一个因素强烈重要
9	表示两个因素相比,一个因素比另一个因素极端重要
2,4,6,8	介于相邻两标度之间的情况

Ⅱ层风险因素权重:通过专家判断,项目财务可持续性的Ⅱ层风险因素运营收入、投资、运营成本、工期 4 个方面,按通过两两比较,确定其重要程度,见表 2-32。

Ⅱ层风险因素判断矩阵　　　表 2-32

Ⅱ层风险	运营收入	投资	运营成本	工期	权重
运营收入	1	3	3	5	0.5
投资	1/3	1	1/3	3	0.16

续上表

II层风险	运营收入	投资	运营成本	工期	权重
运营成本	1/3	3	1	3	0.26
工期	1/5	1/3	1/3	1	0.08
合计					1

经过计算 CI = 0.067, RI = 0.9, CI/RI = 0.074 5 < 0.1, 经一致性检验,是可以接受的。

III 层风险因素权重:影响运营收入的风险因素。即 III 层风险因素包括交通量、收费标准两个方面,两两比较,权重各占 1/2。运营成本和工期风险因素判断矩阵见表 2-33 和表 2-34。

III 层运营成本风险因素判断矩阵　　　　　　　　　　　　表 2-33

III 层风险	运营组织管理	电价上涨	交通事故与灾害	权重
运营组织管理	1	5	1	0.48
电价上涨	1/5	1	1/3	0.11
交通事故与灾害	1	3	1	0.41
合计				1

经过计算 CI = 0.015, RI = 0.58, CI/RI = 0.025 1 < 0.1, 经一致性检验,是可以接受的。

III 层工期风险因素判断标准　　　　　　　　　　　　表 2-34

III 层风险	前期准备	施工组织与方法	资金筹措	权　重
前期准备	1	1/4	1/5	0.1
施工组织与方法	4	1	1/3	0.28
资金筹措	5	3	1	0.62
合计				

经过计算 CI = 0.043, RI = 0.58, CI/RI = 0.074 7 < 0.1, 经一致性检验,是可以接受的。

经汇总,形成以下财务可持续性风险因素层次分析汇总表,见表 2-35。

财务可持续性风险因素层次分析汇总表　　　　　　　　　　表 2-35

I 层		II 层		III 层		IV 层
目标	权重	因素	权重	因素	权重	因素
财务可持续性	1	运营收入	0.5	交通量	0.5	经济发展速度实现的可能性
						基础数据的可靠性
						预测方法的正确性
				收费标准	0.5	
		投资	0.16	建设投资		
		运营成本	0.26	运营组织管理	0.48	
				电价上涨	0.11	
				交通事故与灾害	0.41	
		工期	0.08	前期准备	0.1	
				施工组织与方法	0.28	
				资金筹措	0.62	

3. 风险等级和评价标准

建立风险因素统计表应考虑两方面因素,即风险发生的可能性和其出现后对投资的影响程度。设定风险等级和风险评价标准,作如下规定:

(1)风险等级的划分。为了细致地描述风险发生的可能性(概率)和风险发生后对投资的影响程度,通常可将影响程度与可能性分别按 9 个等级划分。在本例中,为与下述的财务可持续性指标保持一致,按 5 个等级划分,每两个等级中也可以插入更细微的等级。

(2)风险评价标准。风险的评价标准,是根据行业特点(或项目特点),对主要风险因素的每一风险等级,所表示的风险可能性和发生后造成的损失程度(有些可用指标表示),以及防范对策作出的具体规定,是规范化文本。

本案例是根据项目特点在进行风险分析前由专家组制定了一系列的风险评价标准:包括工程设计、工程施工、运营管理、社会影响、环境影响及财务可持续性各风险等级的评价标准,同时还制定运营收入、投资、运营成本、工期等风险的评价标准等。在此,仅以财务可持续性风险等级的评价标准为例,说明如下:

①1 级风险:项目计算期内发生现金流短缺的可能性非常小,即使个别年份发生少量现金流短缺,用临时短期贷款来解决,不影响项目财务的可行性。

②2 级风险:项目运营期前 5 年由于交通量影响,发生现金流短缺,通过短期贷款解决,计算期其余年份基本不出现现金流短缺,不影响项目财务的可行性。

③3 级风险:项目运营期前 10 年由于交通量影响,发生现金流短缺,通过短期贷款来解决,计算期其余年份基本不出现现金流短缺,不影响项目财务的可行性。

④4 级风险:项目还贷期间(运营期前 15 年),发生现金流短缺,通过短期贷款来解决,计算期其余年份基本不出现现金流短缺,应进行融资方案的再研究,进一步提高项目资本金比例。

⑤5 级风险:项目整个运营期发生现金流短缺,项目财务上变得不可行。

4. 风险发生的可能性与影响程度合成

将风险发生的可能性及其出现后对项目的影响程度及两者的合成结果,均按 1~5 级划分(如前所述)。具体操作上,请 28 位专家打分,每位专家凭借经验独立对各类风险因素提出可能性和风险程度进行选择,最后将各位专家的意见归集起来,按专家打分结果,将风险发生的可能性和影响程度分别进行归一处理。然后采用 CIM 模型计算每个基本风险因素风险发生的可能性与影响程度组合的概率分布。

5. 计算各层风险因素的概率分布

采用 CIM 模型计算各层风险因素的概率分布(计算过程与投资估算风险因素的概率分布计算过程完全相同,为避免累赘这里不再详述)。

最后通过计算机模拟计算财务可持续发展的风险等级。项目财务可持续发展的风险等级的概率分布列于表 2-36(表中数据为近似值)。

财务可持续性风险模拟如图 2-2 和表 2-37 所示。结果表明了影响财务可持续性的主要风险。

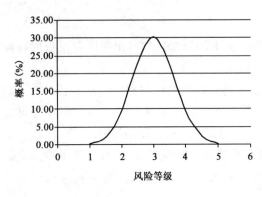

图2-2 财务可持续性风险概率分布

(1)运营收入风险为3级,运营成本风险为3级,属于一般风险。需要采取适当的措施规避与控制风险。

(2)投资增加风险等级为2.5级,工期风险等级为2.5级,属于一般风险。采取适当措施后不影响项目可行性。

(3)财务可持续性综合风险等级为3级,属于一般风险。项目运营期前10年由于交通量影响,发生现金流短缺,通过短期贷款来解决,计算期其余年份基本不出现现金流短缺,不影响项目财务的可行性。

财务可持续性风险模拟概率分布及累计概率表 表2-36

序号	项目名称	风险等级及概率									最可能发生风险	
		1.00	1.50	2.00	2.50	3.00	3.50	4.00	4.50	5.00	等级	概率
1	财务可持续性	0.01	0.02	0.08	0.24	0.30	0.24	0.08	0.02	0.01	3.00	0.30
1.1	运营收入	0.00	0.00	0.09	0.18	0.34	0.29	0.09	0.01	0.00	3.00	0.35
1.2	运营成本	0.00	0.00	0.06	0.19	0.37	0.28	0.10	0.00	0.00	3.00	0.37
1.3	投资成本	0.03	0.09	0.20	0.45	0.16	0.05	0.02	0.00	0.00	2.50	0.45
1.4	工期	0.02	0.12	0.18	0.25	0.18	0.16	0.07	0.01	0.01	2.50	0.25

概率分布 表2-37

风险等级	概率(%)	累计概率(%)	风险等级	概率(%)	累计概率(%)
5	0.30	0.30	2.5	22.60	87.90
4.5	2.30	2.60	2	9.50	97.50
4	9.60	12.20	1.5	2.20	99.70
3.5	22.80	35	1	0.30	100.00
3	30.30	65.30			

最可能发生的风险及概率
风险等级　　概率
3.00　　30.3%

(四)风险防范对策建议

经上述风险分析,投资增加的风险较大,财务可持续发展为一般风险,通过修改设计方案或采取补偿措施规避和控制风险,通过短期贷款来解决运营期资金短缺,实现项目财务的可持续稳定的发展。提出如下建议:

(1)加强工程设计与施工的专题研究。经上述风险分析,由于没有完善的公路隧道机电工程设计及施工规范,竖井与通风方案、防灾救援中主要设施的选择以及监控的总体设计与施工等方面都可能出现风险。针对上述问题需进行相关的专题研究,加强国内外的技术交流和合作,为设计和施工提供合理、可靠、经济的依据,减少施工中方案的变更,以控制投资的增加。

（2）运营期建立健全完善的隧道管理机构。隧道公司要高度重视项目的复杂性、先进性、探索性给运营期管理带来的风险，隧道运营管理是一个比较复杂的系统工程，涉及人、设备、技术等多方面的因素，建立科学运营管理体系是保障隧道安全畅通的关键。建议采用自动化监控系统、建立健全完善的隧道管理机构及严格的管理制度、设立专业的管理机构负责隧道管理及养护工作、培养专业管理人员、建立完善的灾害应急救援联动方案，减少火灾或其他交通事故的发生，以降低运营成本。

（3）建议在设计、施工、采购等各个环节按照工程招标法的规定尽最大可能优化方案、实行招投标，以确保该项目的工程质量和建设安全。

（4）为了减少风险给工程建设与运营期可能发生各种意外所带来的损失，建议在建设期间和运营期分别进行投保。

（5）通过短期贷款来解决运营期资金短缺，实现项目财务的可持续稳定的发展。

七、结论与建议

通过上述分析，关于拟建项目建设的可行性得到如下结论：

（1）拟建项目经济内部收益率为14.34%，大于8%的社会折现率，该项目经济效益较好。经济敏感性分析的结果说明，从经济分析角度看，项目具有较强的抗风险能力。

（2）在拟定的收费标准以及资金筹措情况下，项目融资后的财务内部收益率均能够满足大于相应基准收益率的要求，项目财务是可行的；根据财务敏感性分析，项目财务抗风险能力较弱；拟建项目可按设定的条件偿还银行贷款。

（3）项目运营收入、运营成本、投资增加和工期具有一般风险，财务可持续性综合风险等级为3级，为一般风险。需要通过修改设计或采取补偿措施等规避与控制风险，通过短期贷款来解决运营期资金短缺。

综上所述，拟建项目的建设是可行的，但项目实施过程中在工程技术、施工、运营期管理等方面存在一定的风险，建议加强工程设计与施工的专题研究，优化方案，运营期建立健全完善的隧道管理机构，在设计、施工、采购等各个环节按照招标法的规定实行招投标，以确保项目的工程质量和运营安全。并在建设期和运营期分别进行投保，以规避和控制建设运营期的风险，保证项目财务持续稳定的发展。

思 考 题

1. 对于公路工程建设项目投资决策，为什么要区分经济费用效益分析与财务分析的范围？

2. 目前对我国公路工程建设项目财务生存能力最大的影响因素是什么？如何有效提高我国公路工程建设项目财务生存能力？

3. 试对本案例中所采用的公路工程建设项目投资风险分析与控制方法进行评价。

附表 2-1

经济费用效益流量表（万元）

序号	项 目	合计	建设期			运营期							
			2002年	2003年	2004年	2005年	2006年	2007年	2008年	2009年	2010年	2011年	2012年	2013年
1	费用流量	544 793	90 588	135 837	135 837	90 588	4 060	4 094	4 129	4 165	9 449	4 239	4 277	4 316
1.1	建设费	452 850	90 588	135 837	135 837	90 588								
1.2	运营管理费	18 952					780	796	812	828	844	861	878	896
1.3	日常养护费	19 632					808	824	841	857	875	892	910	928
1.4	机电运营	57 502					2 472	2 475	2 477	2 480	2 483	2 486	2 489	2 491
1.5	大修费	37 358					0	0	0	0	5 248	0	0	0
1.6	回收余值	−22 639					0	0	0	0	0	0	0	0
2	效益流量	3 494 776					38 535	41 891	45 571	49 615	54 067	58 784	64 186	70 176
2.1	降低营运成本效益	2 071 351					29 105	31 040	33 131	35 395	37 850	42 196	45 209	48 502
2.2	旅客时间节约效益	1 185 004					6 533	7 733	9 082	10 602	12 315	12 445	14 486	16 802
2.3	减少交通事故效益	9 250					160	171	183	196	210	226	242	260
2.4	诱增交通量效益	229 272					2 737	2 947	3 175	3 422	3 691	3 919	4 248	4 612
3	净效益流量	3 134 997	−90 588	−135 837	−135 837	−90 588	34 475	37 797	41 442	45 450	44 618	54 546	59 909	65 860

序号	项 目	运营期											
		2014年	2015年	2016年	2017年	2018年	2019年	2020年	2021年	2022年	2023年	2024年	2025年
1	费用流量	4 355	15 983	4 507	4 622	4 741	4 863	11 386	5 293	5 626	5 991	6 391	−20 544
1.1	建设费												
1.2	运营管理费	914	932	951	970	989	1 009	1 029	1 050	1 071	1 092	1 114	1 136
1.3	日常养护费	947	966	985	1 005	1 025	1 045	1 066	1 087	1 109	1 131	1 154	1 177
1.4	机电运营	2 494	2 498	2 572	2 648	2 727	2 808	2 894	3 155	3 446	3 767	4 123	4 517
1.5	大修费	0	11 588	0	0	0	0	6 397	0	0	0	0	14 125
1.6	回收余值	0	0	0	0	0	0	0	0	0	0	0	−22 639

续上表

序号	项目	运 营 期												
		2014年	2015年	2016年	2017年	2018年	2019年	2020年	2021年	2022年	2023年	2024年	2025年
2	效益流量	77 034	88 161	95 287	112 183	138 444	153 316	185 514	261 700	281 538	370 189	536 142	772 443
2.1	降低营运成本效益	52 110	56 076	64 044	73 572	85 120	99 329	117 120	153 609	175 708	224 371	300 868	366 996
2.2	旅客时间节约效益	19 604	25 834	25 100	31 370	44 177	44 502	56 844	90 521	88 885	122 924	198 654	346 591
2.3	减少交通事故效益	279	300	341	387	441	497	556	657	779	928	1 108	1 329
2.4	诱增交通量效益	5 041	5 952	5 903	6 853	8 706	8 988	10 995	16 913	16 166	21 966	35 511	57 527
3	净效益流量	72 679	72 178	90 880	107 580	133 703	148 453	174 128	256 407	275 912	364 198	529 750	977 882

计算指标:经济内部收益率EIRR=14.34%,效益费用比RBCR=2.2,经济净现值(i_s=8%)ENPV=466 973万元

附表2-2

融资前财务现金流量表(万元)

序号	项目	合计	建 设 期				运 营 期							
			2002年	2003年	2004年	2005年	2006年	2007年	2008年	2009年	2010年	2011年	2012年	2013年
1	现金流入	552 070					10 580	11 617	14 009	15 386	16 889	18 542	20 357	22 352
1.1	收费收入	550 066					10 580	11 617	14 009	15 386	16 889	18 542	20 357	22 352
1.2	回收资产余值	2 004												
1.3	其他收入	0					0	0	0	0	0	0	0	0
2	现金流出	371 198	53 368	80 053	80 053	53 368	3 330	3 376	3 468	3 525	5 991	3 615	3 688	3 768
2.1	建设投资	266 842	53 368	80 053	80 053	53 368	0	0	0	0	0	0	0	0
2.2	流动资金	86 203												
2.3	经营成本	18 152					2 981	2 993	3 005	3 018	5 433	3 003	3 017	3 030
2.4	营业税及附加	0					349	383	462	508	557	612	672	738
2.5	其他现金流出						0	0	0	0	0	0	0	0
3	净现金流量	180 874	-53 368	-80 053	-80 053	-53 368	7 250	8 241	10 542	11 860	10 899	14 926	16 669	18 584
3.1	累计净现金流量	0	-53 368	-133 421	-213 474	-266 842	-259 593	-251 352	-240 810	-228 950	-218 052	-203 125	-186 457	-167 873

续上表

序号	项目	2014年	2015年	2016年	2017年	2018年	2019年	2020年	2021年	2022年	2023年	2024年	2025年
						运营期							
1	现金流入	24 544	26 311	28 208	28 208	30 244	32 430	34 777	37 297	40 003	42 908	46 027	51 381
1.1	收费收入	24 544	26 311	28 208	28 208	30 244	32 430	34 777	37 297	40 003	42 908	46 027	49 377
1.2	回收资产余值												2 004
1.3	其他收入	0	0	0	0	0	0	0	0	0	0	0	0
2	现金流出	3 854	9 233	4 074	4 162	4 320	4 485	7 590	5 017	5 410	5 840	6 312	13 298
2.1	建设投资	0	0	0	0	0	0	0	0	0	0	0	0
2.2	流动资金	0	0	0	0	0	0	0	0	0	0	0	0
2.3	经营成本	3 044	8 364	3 143	3 231	3 322	3 415	6 442	3 787	4 090	4 424	4 793	11 668
2.4	营业税及附加	810	868	931	931	998	1 070	1 148	1 231	1 320	1 416	1 519	1 629
2.5	其他现金流出	0	0	0	0	0	0	0	0	0	0	0	0
3	现金流量												
3.1	净现金流量	20 690	17 079	24 134	24 046	25 924	27 945	27 188	32 280	34 593	37 067	39 715	38 084
3.2	累计净现金流量	−147 182	−130 104	−105 970	−81 923	−55 999	−28 054	−866	31 414	66 006	103 074	142 789	180 873

计算指标(所得税前):财务内部收益率为3.75%,财务净现值为 −7 066 万元($i_c = 3.98\%$),投资回收期大于24年

附表 2-3

总成本表(政府还贷模式)(万元)

序号	项目	合计	2006年	2007年	2008年	2009年	2010年	2011年	2012年	2013年	2014年	2015年
							运营期					
1	运营管理费	5 788	270	275	279	284	289	254	259	264	269	275
2	养护费	8 990	370	377	385	393	400	409	417	425	434	442
3	大修费	17 106					2 403					5 306
4	机电运营费	54 319	2 341	2 341	2 341	2 341	2 341	2 341	2 341	2 341	2 341	2 341
	经营成本	86 203	2 981	2 993	3 005	3 018	5 433	3 003	3 017	3 030	3 044	8 364

续上表

序号	项目	合计	2006年	2007年	2008年	2009年	2010年	运营期 2011年	2012年	2013年	2014年	2015年
5	折旧费用	0	0	0	0	0	0	0	0	0	0	0
	摊销	0	0	0	0	0	0	0	0	0	0	0
6	借款利息	131 765	11 473	11 449	11 340	11 168	10 995	10 673	10 260	9 743	9 107	8 507
	长期借款利息	119 039	11 266	11 048	10 795	10 502	10 162	9 767	9 310	8 778	8 162	7 447
	短期借款利息	12 723	207	401	544	666	833	906	951	964	944	1 059
7	总成本费用	217 970	14 454	14 442	14 345	14 186	16 429	13 677	13 277	12 773	12 151	16 871

序号	项目	2016年	2017年	2018年	2019年	运营期 2020年	2021年	2022年	2023年	2024年	2025年
1	运营管理费	280	286	292	298	303	310	316	322	328	335
2	养护费	451	460	469	479	488	498	508	518	528	539
3	大修费	0	0	0	0	2 929	0	0	0	0	6 468
4	机电运营费	2 412	2 485	2 561	2 639	2 721	2 979	3 266	3 584	3 936	4 326
	经营成本	3 143	3 231	3 322	3 415	6 442	3 787	4 090	4 424	4 793	11 668
5	折旧费用	0	0	0	0	0	0	0	0	0	0
	摊销	0	0	0	0	0	0	0	0	0	0
6	借款利息	7 629	6 665	5 543	4 242	2 822	149	0	0	0	0
	长期借款利息	6 618	5 656	4 540	3 245	1 743	0	0	0	0	0
	短期借款利息	1 011	1 009	1 003	997	1 079	149	0	0	0	0
7	总成本费用	10 773	9 896	8 865	7 657	9 264	3 935	4 090	4 424	4 793	11 668

附表 2-4

利润与利润分配表（政府还贷模式）（万元）

序号	项目	合计	2006年	2007年	2008年	2009年	2010年	2011年	2012年	2013年	2014年	2015年
1	营业收入	550 060	10 580	11 617	14 009	15 386	16 889	18 542	20 357	22 352	24 544	26 311
2	营业税金及附加	0	0	0	0	0	0	0	0	0	0	0
3	总成本及费用	217 970	14 454	14 442	14 345	14 186	16 429	13 677	13 277	12 773	12 151	16 871
4	补贴收入	0	0	0	0	0	0	0	0	0	0	0
5	利润总额（1-2-3+4）	332 090	-3 874	-2 825	-336	1 200	460	4 865	7 080	9 579	12 393	9 440
6	弥补前年度亏损	0	0	0	0	0	0	0	0	0	0	0
7	应纳税所得额（5-6）	339 125	0	0	0	1 200	460	4 865	7 080	9 579	12 393	9 440
8	所得税	0	0	0	0	0	0	0	0	0	0	0
9	净利润（5-8）	332 090	-3 874	-2 825	-336	1 200	460	4 865	7 080	9 579	12 393	9 440
10	期初未分配利润	1 490 420	0	-3 874	-6 700	-7 036	-5 836	-5 375	-511	6 570	16 149	28 542
11	可供分配的利润（9+10）	1 822 510	-3 874	-6 699	-7 036	-5 836	-5 376	-510	6 569	16 149	28 542	37 982
12	减：法定盈余公积金	0	0	0	0	0	0	0	0	0	0	0
13	可供投资者分配的利润（11-12）	1 822 510	-3 874	-6 699	-7 036	-5 836	-5 376	-510	6 569	16 149	28 542	37 982
14	应付优先股股利	0	0	0	0	0	0	0	0	0	0	0
15	任意盈余公积金	0	0	0	0	0	0	0	0	0	0	0
16	应付普通股股利（13-14-15）	1 822 510	-3 874	-6 699	-7 036	-5 836	-5 376	-510	6 569	16 149	28 542	37 982
17	投资各方利润分配	0	0	0	0	0	0	0	0	0	0	0
18	其中：甲方	0	0	0	0	0	0	0	0	0	0	0
19	乙方	0	0	0	0	0	0	0	0	0	0	0
20	丙方	0	0	0	0	0	0	0	0	0	0	0
21	期末未分配利润	1 822 510	-3 874	-6 699	-7 036	-5 836	-5 376	-510	6 569	16 149	28 542	37 982
	息税前利润（利润总和+利息支出）	463 863	7 599	8 624	11 004	12 368	11 456	15 538	17 340	19 322	21 500	17 947
	息税折旧摊销前利润（息税前利润+折旧+摊销）	463 863	7 599	8 624	11 004	12 368	11 456	15 538	17 340	19 322	21 500	17 947

续上表

序号	项 目	2016年	2017年	2018年	2019年	2020年	2021年	2022年	2023年	2024年	2025年
1	营业收入	28 208	28 202	30 244	32 430	34 777	37 297	40 003	42 908	46 027	49 377
2	营业税金及附加										
3	总成本及费用	10 773	9 896	8 865	7 657	9 264	3 935	4 090	4 424	4 793	11 668
4	补贴收入										
5	利润总额（1-2-3+4）	17 435	18 306	21 379	24 773	25 513	33 362	35 913	38 484	41 234	37 709
6	弥补前年度亏损	0	0	0	0	0	0	0	0	0	0
7	应纳税所得额（5-6）	17 435	18 306	21 379	24 773	25 513	33 362	35 913	38 484	41 234	37 709
8	所得税	0	0	0	0	0	0	0	0	0	0
9	净利润（5-8）	17 435	18 306	21 379	24 773	25 513	33 362	35 913	38 484	41 234	37 709
10	期初未分配利润	37 982	55 418	73 730	95 109	119 883	145 396	178 758	214 671	253 155	294 389
11	可供分配的利润（9+10）	55 417	73 724	95 109	119 882	145 396	178 758	214 671	253 155	294 389	332 098
12	减：法定盈余公积金	0	0	0	0	0	0	0	0	0	0
13	可供投资者分配的利润（11-12）	55 417	73 724	95 109	119 882	145 396	178 758	214 671	253 155	294 389	332 098
14	应付优先股股利	0	0	0	0	0	0	0	0	0	0
15	任意盈余公积金	0	0	0	0	0	0	0	0	0	0
16	应付普通股股利（13-14-15）	55 417	73 724	95 109	119 882	145 396	178 758	214 671	253 155	294 389	332 098
17	投资各方利润分配	0	0	0	0	0	0	0	0	0	0
18	其中：甲方	0	0	0	0	0	0	0	0	0	0
19	乙方	0	0	0	0	0	0	0	0	0	0
20	丙方	0	0	0	0	0	0	0	0	0	0
21	期末未分配利润	55 417	73 724	95 109	119 882	145 396	178 758	214 671	253 155	294 389	332 098
	息税前利润（利润总和+利息支出）	25 065	24 977	26 923	29 015	28 335	33 511	35 913	38 483	41 234	37 709
	息税折旧摊销前利润（息税总和+利润前利润+折旧+摊销）	25 065	24 977	26 923	29 015	28 335	33 511	35 913	38 483	41 234	37 709

项目财务计划现金流量表（政府还贷模式）（万元）

附表 2-5

序号	项目	合计	2002年	2003年	2004年	2005年	2006年	2007年	2008年	2009年	2010年	2011年	2012年	2013年
1	经营活动净现金流量	463 863	0	0	0	0	7 599	8 624	11 004	12 368	11 456	15 538	17 340	19 322
1.1	现金流入	550 066	0	0	0	0	10 580	11 617	14 009	15 386	16 889	18 542	20 357	22 352
1.1.1	营业收入	550 066					10 580	11 617	14 009	15 386	16 889	18 542	20 357	22 352
1.1.2	增值税销项税额	0					0	0	0	0	0	0	0	0
1.1.3	补贴收入	0	0	0	0	0								
1.1.4	其他收入	0					0	0	0	0	0	0	0	0
1.2	现金流出	86 203	0	0	0	0	2 981	2 993	3 005	3 018	5 433	3 003	3 017	3 030
1.2.1	经营成本	86 203					2 981	2 993	3 005	3 018	5 433	3 003	3 017	3 030
1.2.2	增值税进项税额	0					0	0	0	0	0	0	0	0
1.2.3	营业税金及附加	0					0	0	0	0	0	0	0	0
1.2.4	增值税	0					0	0	0	0	0	0	0	0
1.2.5	所得税	0					0	0		0	0	0	0	0
1.2.6	其他流出	0												
2	投资活动净现金流量	−289 374	−54 495	−83 996	−87 375	−63 508	0	0	0	0	0	0	0	0
2.1	现金流入	0	0	0	0	0	0	0	0	0	0	0	0	0
2.2	现金流出	289 374	54 495	83 996	87 375	63 508	0	0	0	0	0	0	0	0
2.2.1	建设投资	289 374	54 495	83 996	87 375	63 508	0	0	0	0	0	0	0	0
2.2.2	维持运营投资	0					0	0	0	0	0	0	0	0
2.2.3	增加流动资金	0	0	0	0	0	0	0	0	0	0	0	0	0
2.2.4	其他流出	0												
3	融资活动净现金流量	−26 475	54 495	83 996	87 375	63 508	−7 599	−8 624	−11 004	−12 368	−11 456	−15 538	−17 340	−19 322
3.1	现金流入	745 480	54 495	83 996	87 375	63 508	7 434	14 389	19 516	23 874	29 861	32 477	34 075	34 564
3.1.1	资本金投入	105 291	17 678	28 771	32 151	26 691	0	0	0	0	0	0	0	0

续上表

序号	项目	合计	2002年	2003年	2004年	2005年	2006年	2007年	2008年	2009年	2010年	2011年	2012年	2013年
3.1.2	建设投资借款	184 084	36 817	55 225	55 225	36 817	0	0	0	0	0	0	0	0
3.1.3	流动资金借款	0	0	0	0	0	0	0	0	0	0	0	0	0
3.1.4	债券	0												
3.1.5	短期借款	456 106	0	0	0	0	7 434	14 389	19 516	23 874	29 861	32 477	34 075	34 564
3.1.6	其他流入	0												
3.2	现金流出	771 954	0	0	0	0	15 033	23 013	30 520	36 242	41 317	48 015	51 416	53 886
3.2.1	利息及融资费用支出	129 225	0	0	0	0	11 473	11 449	11 340	11 168	10 995	10 673	10 260	9 743
3.2.2	偿还长期债务本金	184 102	0	0	0	0	3 560	4 130	4 791	5 558	6 448	7 481	8 678	10 086
3.2.3	偿还流动资金借款	0												
3.2.4	偿还短期借款	456 106	0	0	0	0	0	7 434	14 389	19 516	23 874	29 861	32 477	34 075
3.2.5	股利分配	0												
3.2.6	其他流出	0												
4	净现金流量	148 014												
5	累计盈余资金													

序号	项目	2014年	2015年	2016年	2017年	2018年	2019年	2020年	2021年	2022年	2023年	2024年	2025年
1	经营活动净现金流量	21 500	17 947	25 065	24 977	26 923	29 015	28 335	33 511	35 913	38 483	41 234	37 709
1.1	现金流入	24 544	26 311	28 208	28 208	30 244	32 430	34 777	37 297	40 003	42 908	46 027	49 377
1.1.1	营业收入	24 544	26 311	28 208	28 208	30 244	32 430	34 777	37 297	40 003	42 908	46 027	49 377
1.1.2	增值税销项税额	0	0	0	0	0	0	0	0	0	0	0	0
1.1.3	补贴收入	0	0	0	0	0	0	0	0	0	0	0	0
1.1.4	其他收入	0	0	0	0	0	0	0	0	0	0	0	0
1.2	现金流出	3 044	8 364	3 143	3 231	3 322	3 415	6 442	3 787	4 090	4 424	4 793	11 668
1.2.1	经营成本	3 044	8 364	3 143	3 231	3 322	3 415	6 442	3 787	4 090	4 424	4 793	11 668

续上表

序号	项目	2014年	2015年	2016年	2017年	2018年	2019年	2020年	2021年	2022年	2023年	2024年	2025年
1.2.2	增值税进项税额	0	0	0	0	0	0	0	0	0	0	0	0
1.2.3	营业税金及附加	0	0	0	0	0	0	0	0	0	0	0	0
1.2.4	增值税	0	0	0	0	0	0	0	0	0	0	0	0
1.2.5	所得税	0	0	0	0	0	0	0	0	0	0	0	0
1.2.6	其他流出	0	0	0	0	0	0	0	0	0	0	0	0
2	投资活动净现金流量	−21 500	−17 947	−25 065	−24 977	−26 923	−29 015	−28 335	−33 511	−5 325	0	0	0
2.1	现金流入	33 851	37 961	36 246	36 172	35 951	35 723	38 687	5 325	0	0	0	0
2.2	现金流出	0	0	0	0	0	0	0	0	0	0	0	0
2.2.1	建设投资	0	0	0	0	0	0	0	0	0	0	0	0
2.2.2	维持运营投资	0	0	0	0	0	0	0	0	0	0	0	0
2.2.3	增加流动资金	0	0	0	0	0	0	0	0	0	0	0	0
2.2.4	其他流出	0	0	0	0	0	0	0	0	0	0	0	0
3	融资活动净现金流量	33 851	37 961	36 246	36 172	35 951	35 723	38 687	5 325	0	0	0	0
3.1	现金流入	0	0	0	0	0	0	0	0	0	0	0	0
3.1.1	资本金投入	0	0	0	0	0	0	0	0	0	0	0	0
3.1.2	建设投资借款	0	0	0	0	0	0	0	0	0	0	0	0
3.1.3	流动资金借款	0	0	0	0	0	0	0	0	0	0	0	0
3.1.4	债券	0	0	0	0	0	0	0	0	0	0	0	0
3.1.5	短期借款	33 851	37 961	36 246	36 172	35 951	35 723	38 687	5 325	0	0	0	0
3.1.6	其他流入	0	0	0	0	0	0	0	0	0	0	0	0
3.2	现金流出	55 351	55 908	61 311	61 149	62 873	64 738	67 022	38 835	5 325	0	0	0
3.2.1	利息及融资费用支出	9 107	8 507	7 629	6 665	5 543	4 242	282	149	0	0	0	0
3.2.2	偿还长期债务本金	11 680	13 551	15 720	18 238	21 158	24 546	28 477	0	0	0	0	0

续上表

序号	项目	2014年	2015年	2016年	2017年	2018年	2019年	2020年	2021年	2022年	2023年	2024年	2025年
3.2.3	偿还流动资金借款	0	0	0	0	0	0	0	0	0	0	0	0
3.2.4	偿还短期借款	34 564	33 851	37 961	36 246	36 172	35 951	35 723	38 687	5 325	0	0	0
3.2.5	股利分配	0	0	0	0	0	0	0	0	0	0	0	0
3.2.6	其他流出	0	0	0	0	0	0	0	0	0	0	0	0
4	净现金流量	0	0	0	0	0	0	0	0	30 588	38 483	41 234	37 709
5	累计盈余资金	0	0	0	0	0	0	0	0	30 588	69 072	110 306	148 015

附表2-6

总成本表(经营性模式)(万元)

序号	项目	合计	运营期									
			2006年	2007年	2008年	2009年	2010年	2011年	2012年	2013年	2014年	2015年
1	运营管理费	5 788	270	275	279	284	289	254	259	264	269	275
2	养护费	8 990	370	377	385	393	400	409	417	425	434	442
3	大修费	17 106	0	0	0	0	2 403	0	0	0	0	5 306
4	机电运营费	54 319	2 341	2 341	2 341	2 341	2 341	2 341	2 341	2 341	2 341	2 341
	经营成本	86 203	2 981	2 993	3 005	3 018	5 433	3 003	3 017	3 030	3 044	8 364
5	折旧费用	277 994	7 056	7 741	8 492	9 317	10 221	11 211	12 297	13 481	14 778	16 210
	摊销	0	0	0	0	0	0	0	0	0	0	0
6	借款利息	69 312	6 584	6 475	6 287	6 101	5 904	5 674	5 408	5 100	4 742	4 372
	长期借款利息	69 200	6 545	6 418	6 271	6 101	5 904	5 674	5 408	5 100	4 742	4 372
	短期借款利息	112	39	57	16	0	0	0	0	0	0	0
7	总成本费用	433 466	16 621	17 209	17 785	18 436	21 558	19 889	20 722	21 611	22 564	28 900

续上表

运 营 期

序号	项 目	2016年	2017年	2018年	2019年	2020年	2021年	2022年	2023年	2024年	2025年
1	运营管理费	280	286	292	298	303	310	316	322	328	335
2	养护费	451	460	469	479	488	498	508	518	528	539
3	大修费	0	0	0	0	2 929	0	0	0	0	6 468
4	机电运营费	2 412	2 485	2 561	2 639	2 721	2 979	3 266	3 584	3 936	4 326
5	经营成本	3 143	3 231	3 322	3 415	6 442	3 787	4 090	4 424	4 793	11 668
	折旧费用	17 366	16 369	15 141	16 221	15 683	14 985	16 054	17 200	18 428	19 743
	摊销	0	0	0	0	0	0	0	0	0	0
6	借款利息	3 845	3 286	2 637	1 885	1 012	0	0	0	0	0
	长期借款利息	3 845	3 286	2 637	1 885	1 012	0	0	0	0	0
	短期借款利息	0	0	0	0	0	0	0	0	0	0
7	总成本费用	24 355	22 886	21 100	21 522	23 137	18 771	20 144	21 624	23 221	31 411

附表2-7

利润与利润分配表（经营型模式）（万元）

序号	项 目	合计	2006年	2007年	2008年	2009年	2010年	2011年	2012年	2013年	2014年	2015年
1	营业收入	550 060	10 580	11 617	14 009	15 386	16 889	18 542	20 357	22 352	24 544	26 311
2	营业税金及附加	18 152	349	383	462	508	557	612	672	738	810	868
3	总成本及费用	433 466	16 621	17 209	17 785	18 436	21 558	19 889	20 722	21 611	22 564	28 900
4	补贴收入	0	0	0	0	0	0	0	0	0	0	0
5	利润总额（1-2-3+4）	98 442	-6 390	-5 975	-4 238	-3 558	-5 226	-1 959	-1 037	3	1 170	-3 457
6	弥补前年度亏损	7 627	0	0	0	0	0	0	0	4	1 170	0
7	应纳税所得额（5-6）	122 665	0	0	0	0	0	0	0	0	0	0
8	所得税	18 399	0	0	0	0	0	0	0	0	0	0
9	净利润（5-8）	80 043	-6 390	-5 975	-4 238	-3 558	-5 226	-1 959	-1 037	3	1 170	-3 457

续上表

序号	项目	合计	2006年	2007年	2008年	2009年	2010年	2011年	2012年	2013年	2014年	2015年
10	期初未分配利润	0	0	-6 390	-12 366	-16 604	-20 161	-25 388	-27 347	-28 383	-28 380	-27 327
11	可供分配的利润(9+10)	0	-6 390	-12 365	-16 604	-20 162	-25 387	-27 347	-28 384	-28 380	-27 210	-30 784
12	减:法定盈余公积金	0	0	0	0	0	0	0	0	0	117	0
13	可供投资者分配的利润(11-12)	0	-6 390	-12 365	-16 604	-20 162	-25 387	-27 347	-28 384	-28 380	-27 327	-30 784
14	应付优先股股利	0	0	0	0	0	0	0	0	0	0	0
15	任意盈余公积金	0	0	0	0	0	0	0	0	0	0	0
16	应付普通股股利(13-14-15)	0	-6 390	-12 365	-16 604	-20 162	-25 387	-27 347	-28 384	-28 380	-27 327	-30 784
17	投资各方利润分配	0	0	0	0	0	0	0	0	0	0	0
18	其中:甲方	0	0	0	0	0	0	0	0	0	0	0
19	乙方	0	0	0	0	0	0	0	0	0	0	0
20	丙方	0	0	0	0	0	0	0	0	0	0	0
21	期末未分配利润	0	-6 390	-12 365	-16 604	-20 162	-25 387	-27 347	-28 384	-28 380	-27 327	-30 784
	息税前利润(利润总和+利息支出)	0	194	500	2 049	2 543	677	3 715	4 372	5 104	5 912	869
	息税折旧摊销前利润(息税前利润+折旧+摊销)	0	7 250	8 241	10 542	11 860	10 899	14 926	16 669	18 584	20 690	17 079

序号	项目	2016年	2017年	2018年	2019年	2020年	2021年	2022年	2023年	2024年	2025年
1	营业收入	28 208	28 202	30 244	32 430	34 777	37 297	40 003	42 908	46 027	49 377
2	营业税金及附加	931	931	998	1 070	1 148	1 231	1 320	1 416	1 519	1 629
3	总成本及费用	24 355	22 886	21 100	21 522	23 137	18 771	20 144	21 624	23 221	31 411
4	补贴收入	0	4 385	8 146	9 838	10 492	17 295	18 539	19 868	21 287	16 337
5	利润总额(1-2-3+4)	2 922	3 530	0	0	0	0	0	0	0	0
6	弥补前年度亏损	2 923	3 530	0	0	0	0	0	0	0	0

续上表

序号	项目	2016年	2017年	2018年	2019年	2020年	2021年	2022年	2023年	2024年	2025年
7	应纳税所得额(5-6)	0	861	8 146	9 839	10 493	17 295	18 539	19 867	21 288	16 337
8	所得税	0	129	1 222	1 476	1 574	2 594	2 781	2 980	3 193	2 450
9	净利润(5-8)	2 922	4 256	6 924	8 362	8 918	14 701	15 758	16 888	18 094	13 887
10	期初未分配利润	-30 784	-28 154	-24 318	-18 086	-10 559	-2 532	10 698	24 880	40 079	56 364
11	可供分配的利润(9+10)	-27 862	-23 898	-17 394	-9 724	-1 641	12 169	26 456	41 768	58 173	70 251
12	减：法定盈余公积金	292	426	692	836	892	1 470	1 576	1 689	1 809	1 389
13	可供投资者分配的利润(11-12)	-28 154	-24 324	-18 086	-10 560	-2 533	10 699	24 880	40 079	56 364	68 862
14	应付优先股股利	0	0	0	0	0	0	0	0	0	0
15	任意盈余公积金	0	0	0	0	0	0	0	0	0	0
16	应付普通股股利(13-14-15)	-28 154	-24 324	-18 086	-10 560	-2 533	10 699	24 880	40 079	56 364	68 862
17	投资各方利润分配	0	0	0	0	0	0	0	0	0	0
18	其中：甲方	0	0	0	0	0	0	0	0	0	0
19	乙方	0	0	0	0	0	0	0	0	0	0
20	丙方	0	0	0	0	0	0	0	0	0	0
21	期末分配利润	-28 154	-24 324	-18 086	-10 560	-2 533	10 699	24 880	40 079	56 364	68 862
	息税前利润(利润总和+利息支出)	6 767	7 677	10 784	11 724	11 505	17 295	18 539	19 867	21 288	16 337
	息税前折旧摊销前利润(息税前利润+折旧+摊销)	24 134	24 046	25 924	27 945	27 188	32 280	34 593	37 067	39 715	36 079

附表2-8 财务计划现金流量表（经营性模式）（万元）

序号	项目	合计	2002年	2003年	2004年	2005年	2006年	2007年	2008年	2009年	2010年	2011年	2012年	2013年
1	经营活动净现金流量	427 312	0	0	0	0	7 250	8 241	10 542	11 860	10 899	14 926	16 669	18 584
1.1	现金流入	550 066	0	0	0	0	10 580	11 617	14 009	15 386	16 889	18 542	20 357	22 352
1.1.1	营业收入	550 066	0	0	0	0	10 580	11 617	14 009	15 386	16 889	18 542	20 357	22 352
1.1.2	增值税销项税额	0					0	0	0	0	0	0	0	0

续上表

序号	项目	合计	2002年	2003年	2004年	2005年	2006年	2007年	2008年	2009年	2010年	2011年	2012年	2013年
1.1.3	补贴收入	0	0	0	0	0	0	0	0	0	0	0	0	0
1.1.4	其他收入	0												
1.2	现金流出	122 755	0	0	0	0	3 330	3 376	3 468	3 525	5 991	3 615	3 688	3 768
1.2.1	经营成本	86 203					2 981	2 993	3 005	3 018	5 433	3 003	3 017	3 030
1.2.2	增值税进项税额	0												
1.2.3	营业税金及附加	18 152					349	383	462	508	557	612	672	738
1.2.4	增值税	0					0	0	0	0	0	0	0	0
1.2.5	所得税	18 399					0	0	0	0	0	0	0	0
1.2.6	其他流出	0												
2	投资活动净现金流量	−279 932	−54 023	−82 343	−84 307	−59 259	0	0	0	0	0	0	0	0
2.1	现金流入	0												
2.2	现金流出	279 932	54 023	82 343	84 307	59 259	0	0	0	0	0	0	0	0
2.2.1	建设投资	279 932	54 023	82 343	84 307	59 259	0	0	0	0	0	0	0	0
2.2.2	维持运营投资	0	0	0	0	0	0	0	0	0	0	0	0	0
2.2.3	增加流动资金	0	0	0	0	0	0	0	0	0	0	0	0	0
2.2.4	其他流出	0	0	0	0	0	0	0	0	0	0	0	0	0
3	融资活动净现金流量	103 722	54 023	82 343	84 307	59 259	−7 250	−8 241	−10 542	−9 895	−9 649	−10 020	−10 450	−10 949
3.1	现金流入	283 935	54 023	82 343	84 307	59 259	1 402	2 036	565	0	0	0	0	0
3.1.1	资本金投入	98 089	17 654	27 791	29 754	22 890	0	0	0	0	0	0	0	0
3.1.2	建设投资借款	106 942	21 388	32 083	32 083	21 388	0	0	0	0	0	0	0	0
3.1.3	流动资金借款	0	0	0	0	0	0	0	0	0	0	0	0	0
3.1.4	债券	0	0	0	0	0	0	0	0	0	0	0	0	0
3.1.5	短期借款	40 03	0	0	0	0	1 402	2 036	565	0	0	0	0	0

续上表

序号	项目	合计	2002年	2003年	2004年	2005年	2006年	2007年	2008年	2009年	2010年	2011年	2012年	2013年
3.1.6	其他流入	74 900	14 980	0	0	14 980	0	0	0	0	0	0	0	0
3.2	现金流出	180 211	0	0	0	0	8 652	10 276	11 106	9 895	9 649	10 020	10 450	10 949
3.2.1	利息及融资费用支出	69 267	0	0	0	0	6 584	6 475	6 287	6 101	5 904	5 674	5 408	5 100
3.2.2	偿还长期债务本金	106 943	0	0	0	0	2 068	2 399	2 783	3 229	3 746	4 346	5 042	5 849
3.2.3	偿还流动资金借款	0	0	0	0	0	0	0	0	0	0	0	0	0
3.2.4	偿还短期借款	4 003	0	0	0	0	0	1 402	2 036	565	0	0	0	0
3.2.5	股利分配	0	0	0	0	0	0	0	0	0	0	0	0	0
3.2.6	其他流出	0	0	0	0	0	0	0	0	0	0	0	0	0
4	净现金流量	251 099	0	0	0	0	0	0	0	1 965	1 249	4 906	6 219	7 635
5	累计盈余资金		0	0	0	0	0	0	0	1 965	3 214	8 121	14 339	21 975

序号	项目	2014年	2015年	2016年	2017年	2018年	2019年	2020年	2021年	2022年	2023年	2024年	2025年
1	经营活动净现金流量	20 690	17 079	24 134	23 917	24 703	26 469	25 614	29 685	31 812	34 087	36 522	33 629
1.1	现金流入	24 544	26 311	28 208	28 208	30 244	32 430	34 777	37 297	40 003	42 908	46 027	49 377
1.1.1	营业收入	24 544	26 311	28 208	28 208	30 244	32 430	34 777	37 297	40 003	42 908	46 027	49 377
1.1.2	增值税销项税额	0	0	0	0	0	0	0	0	0	0	0	0
1.1.3	补贴收入	0	0	0	0	0	0	0	0	0	0	0	0
1.1.4	其他收入	0	0	0	0	0	0	0	0	0	0	0	0
1.2	现金流出	3 854	9 233	4 074	4 291	5 542	5 961	9 163	7 612	8 191	8 820	9 505	15 748
1.2.1	经营成本	3 044	8 364	3 143	3 231	3 322	3 415	6 442	3 787	4 090	4 424	4 793	11 668
1.2.2	增值税进项税额	0	0	0	0	0	0	0	0	0	0	0	0
1.2.3	营业税金及附加	810	868	931	931	998	1 070	1 148	1 231	1 320	1 416	1 519	1 629

续上表

序号	项目	2014年	2015年	2016年	2017年	2018年	2019年	2020年	2021年	2022年	2023年	2024年	2025年
1.2.4	增值税	0	0	0	0	1 222	1 476	1 574	2 594	2 781	2 980	3 193	2 450
1.2.5	所得税	0	0	0	129	1 222	1 476	1 574	2 594	2 781	2 980	3 193	2 450
1.2.6	其他流出												
2	投资活动净现金流量	0	0	0	0	0	0	0	0	0	0	0	0
2.1	现金流入	0	0	0	0	0	0	0	0	0	0	0	0
2.2	现金流出	0	0	0	0	0	0	0	0	0	0	0	0
2.2.1	建设投资	0	0	0	0	0	0	0	0	0	0	0	0
2.2.2	维持运营投资	0	0	0	0	0	0	0	0	0	0	0	0
2.2.3	增加流动资金	0	0	0	0	0	0	0	0	0	0	0	0
2.2.4	其他流出												
3	融资活动净现金流量	-11 527	-12 199	-12 977	-13 881	-14 929	-16 145	-17 556	0	0	0	0	0
3.1	现金流入	0	0	0	0	0	0	0	0	0	0	0	0
3.1.1	资本金投入	0	0	0	0	0	0	0	0	0	0	0	0
3.1.2	建设投资借款	0	0	0	0	0	0	0	0	0	0	0	0
3.1.3	流动资金借款	0	0	0	0	0	0	0	0	0	0	0	0
3.1.4	债券	0	0	0	0	0	0	0	0	0	0	0	0
3.1.5	短期借款	0	0	0	0	0	0	0	0	0	0	0	0
3.1.6	其他流入	0	0	0	0	0	0	0	0	0	0	0	0
3.2	现金流出	11 527	12 199	12 977	13 881	14 929	16 145	17 556	0	0	0	0	0
3.2.1	利息及融资费用支出	4 742	4 327	3 845	3 286	2 637	1 885	1 012	0	0	0	0	0
3.2.2	偿还长期债务本金	6 786	7 872	9 133	10 595	12 292	14 260	16 543	0	0	0	0	0
3.2.3	偿还流动资金借款	0	0	0	0	0	0	0	0	0	0	0	0
3.2.4	偿还短期借款	0	0	0	0	0	0	0	0	0	0	0	0

续上表

序号	项 目	2014年	2015年	2016年	2017年	2018年	2019年	2020年	2021年	2022年	2023年	2024年	2025年
3.2.5	股利分配	0	0	0	0	0	0	0	0	0	0	0	0
3.2.6	其他流出	0	0	0	0	0	0	0	0	0	0	0	0
4	净现金流量	9 163	4 880	11 156	10 036	9 773	10 324	8 058	29 685	31 812	34 087	36 522	33 629
5	累计盈余资金	31 137	36 017	47 174	57 210	66 983	77 307	85 365	115 051	146 863	180 950	217 472	251 101

附表 2-9

资本金财务现金流量表（经营性模式）（万元）

			建 设 期			运 营 期							
序号	项 目	合计	2002年	2003年	2004年	2005年	2006年	2007年	2008年	2009年	2010年	2011年	2012年	2013年
1	现金流入	552 005				22 890	10 580	11 617	14 009	15 386	16 889	18 542	20 357	22 352
1.1	收费收入	550 066				22 890	10 580	11 617	14 009	15 386	16 889	18 542	20 357	22 352
1.2	补贴收入	0					0	0	0	0	0	0	0	0
1.3	回收资产余值	1 939					0	0	0	0	0	0	0	0
1.4	回收流动资金						0	0	0	0	0	0	0	0
2	现金流出	397 054	17 654	27 791	29 754		11 982	12 251	12 538	12 856	15 640	13 635	14 138	14 717
2.1	资本金	98 089	17 654	27 791	29 754	22 890								
2.2	借款本金偿还	106 943					2 068	2 399	2 783	3 229	3 746	4 346	5 042	5 849
2.3	借款利息支付	69 267					6 584	6 475	6 287	6 101	5 904	5 674	5 408	5 100
2.4	经营成本	86 203					2 981	2 993	3 005	3 018	5 433	3 003	3 017	3 030
2.5	营业税及附加	18 152					349	383	462	508	557	612	672	738
2.6	所得税	18 399					0	0	0	0	0	0	0	0
2.7	其他现金流出	0					0	0	0	0	0	0	0	0
3	净现金流量	154 949	−17 654	−27 791	−29 754	−22 890	−1 402	−634	1 471	2 530	1 249	4 906	6 219	7 635
3.1	净现金流量		−17 654	−45 445	−75 199	−98 090	−99 492	−10 012	−98 654	−96 124	−94 875	−89 969	−83 750	−76 115
3.2	累计净现金流量													

续上表

序号	项 目	2014年	2015年	2016年	2017年	2018年	2019年	运营期 2020年	2021年	2022年	2023年	2024年	2025年
1	现金流入	24 544	26 311	28 208	28 208	30 244	32 430	34 777	37 297	40 003	42 908	46 027	51 316
1.1	收费收入	24 544	26 311	28 208	28 208	30 244	32 430	34 777	37 297	40 003	42 908	46 027	49 377
1.2	补贴收入	0	0	0	0	0	0	0	0	0	0	0	0
1.3	回收资产余值	0	0	0	0	0	0	0	0	0	0	0	1 939
1.4	回收流动资金	0	0	0	0	0	0	0	0	0	0	0	0
2	现金流出	15 381	21 431	17 052	18 172	20 471	22 106	26 719	7 612	8 191	8 820	9 505	15 748
2.1	资本金												
2.2	借款本金偿还	6 786	7 872	9 133	10 595	12 292	14 260	16 543	0	0	0	0	0
2.3	借款利息支付	4 742	4 327	3 845	3 286	2 637	1 885	1 012	0	0	0	0	0
2.4	经营成本	3 044	8 364	3 143	3 231	3 322	3 415	6 442	3 787	4 090	4 424	4 793	11 668
2.5	营业税金及附加	810	868	931	931	998	1 070	1 148	1 231	1 320	1 416	1 519	1 629
2.6	所得税	0	0	0	129	1 222	1 476	1 574	2 594	2 781	2 980	3 193	2 450
2.7	其他现金流出	0	0	0	0	0	0	0	0	0	0	0	0
3	现金流量												
3.1	净现金流量	9 163	4 880	11 156	10 036	9 773	10 324	8 058	29 685	31 812	34 087	36 522	35 568
3.2	累计净现金流量	−66 952	−62 072	−50 916	−40 880	−31 106	−20 782	−12 724	16 961	48 773	82 861	119 383	154 951

计算指标（所得税后）：财务内部收益率为5.88%，财务净现值为30 024万元（$i_c=4.0\%$），投资回收期为21.91年

附表 2-10

贷款偿还能力分析表（经营性模式）（万元）

序号	项 目	合计	2002年	2003年	2004年	2005年	2006年	2007年	2008年	2009年	2010年	2011年	2012年	2013年
1	借款偿还													
1.1	年初借款本息累计		0	21 388	53 471	85 554	106 942	104 874	102 475	99 692	96 463	92 717	88 371	83 330
	本金		0	21 388	53 471	85 554	106 942	104 874	102 475	99 692	96 463	92 717	88 371	83 330

续上表

序号	项　目	合计	2002年	2003年	2004年	2005年	2006年	2007年	2008年	2009年	2010年	2011年	2012年	2013年
1.2	建设期利息						0	0	0	0	0	0	0	0
	本年借款	106 942	21 388	32 083	32 083	21 388	0	0	0	0	0	0	0	0
1.3	本年应计利息	82 244	654	2 291	4 254	5 890	6 545	6 418	6 271	6 101	5 904	5 674	5 408	5 100
	计入建设期利息	13 089	654	2 291	4 254	5 890	0	0	0	0	0	0	0	0
	计入生产期利息	69 155	0	0	0	0	6 545	6 418	6 271	6 101	5 904	5 674	5 408	5 100
1.4	本年还本付息	189 186	654	2 291	4 254	5 890	8 613	8 817	9 055	9 330	9 649	10 020	10 450	10 949
	还本	106 943	0	0	0	0	2 068	2 399	2 783	3 229	3 746	4 346	5 042	5 849
	付息	82 244	654	2 291	4 254	5 890	6 545	6 418	6 271	6 101	5 904	5 674	5 408	5 100
1.5	年末借款本息累计		21 388	53 471	85 554	106 942	104 874	102 475	99 692	96 463	92 717	88 371	83 330	77 481
2	利息备付率（%）						3	8	33	42	11	65	81	100
3	偿债备付率						84	93	116	127	113	149	160	170

序号	项　目	2014年	2015年	2016年	2017年	2018年	2019年	2020年	2021年	2022年	2023年	2024年	2025年
1	借款偿还												
1.1	年初借款本息累计	77 481	70 695	62 823	53 690	43 095	30 803	16 543	0	0	0	0	0
	本金	77 481	70 695	62 823	53 690	43 095	30 803	16 543	0	0	0	0	0
1.2	建设期利息	0	0	0	0	0	0	0	0	0	0	0	0
	本年借款	0	0	0	0	0	0	0	0	0	0	0	0
1.3	本年应计利息	4 742	4 327	3 845	3 286	2 637	1 885	1 012	0	0	0	0	0
	计入建设期利息	0	0	0	0	0	0	0	0	0	0	0	0
	计入生产期利息	4 742	4 327	3 845	3 286	2 637	1 885	1 012	0	0	0	0	0
1.4	本年还本付息	11 527	12 199	12 977	13 881	14 929	16 145	17 556	0	0	0	0	0
	还本	6 786	7 872	9 133	10 595	12 292	14 260	16 543	0	0	0	0	0
	付息	4 742	4 327	3 845	3 286	2 637	1 885	1 012	0	0	0	0	0

续上表

序号	项目	2014年	2015年	2016年	2017年	2018年	2019年	2020年	2021年	2022年	2023年	2024年	2025年
1.5	年末借款本息累计	70 695	62 823	53 690	43 095	30 803	16 543	0	0	0	0	0	0
2	利息备付率(%)	125	20	176	234	409	622	1 136	0	0	0	0	0
3	偿债备付率	179	140	186	172	165	164	146	0	0	0	0	0

附表 2-11 资产负债表(经营性模式)(万元)

序号	项目	2002年	2003年	2004年	2005年	2006年	2007年	2008年	2009年	2010年	2011年	2012年	2013年
1	资产	54 023	136 366	220 673	279 932	272 876	265 135	256 643	249 291	240 319	234 015	227 936	222 091
1.1	流动资产总额	0	0	0	0	0	0	0	1 965	3 214	8 121	14 339	21 975
1.1.1	货币资金	0	0	0	0	0	0	0	1 965	3 214	8 121	14 339	21 975
1.1.1.1	现金												
1.1.2	累计盈余资金	0	0	0	0	0	0	0	1 965	3 214	8 121	14 339	21 975
1.1.3	应收账款	0	0	0	0	0	0	0	0	0	0	0	0
1.1.4	预付账款	0	0	0	0	0	0	0	0	0	0	0	0
1.1.5	存货												
	其他												
1.2	在建工程	54 023	136 366	220 673	279 932	272 876	265 135	256 643	247 326	237 105	225 894	213 597	200 116
1.3	固定资产净值												
1.4	无形及其他资产净值												
2	负债及所有者权益	54 023	136 366	220 673	279 932	272 876	265 135	256 643	249 291	240 319	234 015	227 936	222 091
2.1	流动负债总额	0	0	0	0	1 402	2 036	565	0	0	0	0	0
2.1.1	短期借款	0	0	0	0	1 402	2 036	565	0	0	0	0	0
2.1.2	应付账款												
2.1.3	预收账款												
2.1.4	其他												

续上表

序号	项目	2002年	2003年	2004年	2005年	2006年	2007年	2008年	2009年	2010年	2011年	2012年	2013年
2.2	长期负债	21 388	53 471	85 554	106 942	104 874	102 475	99 692	96 463	92 717	88 371	83 330	77 481
2.2.1	建设投资借款	21 388	53 471	85 554	106 942	104 874	102 475	99 692	96 463	92 717	88 371	83 330	77 481
2.2.2	流动资金借款	0	0	0	0	0	0	0	0	0	0	0	0
2.3	负债小计	21 388	53 471	85 554	106 942	106 277	104 511	100 257	96 463	92 717	88 371	83 330	77 481
2.4	所有者权益	32 634	82 895	135 119	172 990	166 599	160 624	156 386	152 828	147 602	145 643	144 607	144 610
2.4.1	资本金	17 654	45 445	75 199	98 090	98 090	98 090	98 090	98 090	98 090	98 090	98 090	98 090
2.4.2	资本公积	14 980	37 450	59 920	74 900	74 900	74 900	74 900	74 900	74 900	74 900	74 900	74 900
2.4.3	累积盈余公积金	0	0	0	0	0	0	0	0	0	0	0	0
2.4.4	累积未分配利润	0	0	0	0	-6 390	-12 366	-16 604	-20 161	-25 388	-27 347	-28 383	-28 380
	资产负债率（%）	40	39	39	38	39	39	39	39	39	38	37	35

序号	项目	2014年	2015年	2016年	2017年	2018年	2019年	2020年	2021年	2022年	2023年	2024年	2025年
1	资产	216 475	205 146	198 936	192 603	187 236	181 339	173 714	188 415	204 172	221 060	239 154	253 040
1.1	流动资产总额	31 137	36 017	47 174	57 210	66 983	77 307	85 365	115 051	146 863	180 950	217 472	251 101
1.1.1	货币资金	31 137	36 017	47 174	57 210	66 983	77 307	85 365	115 051	146 863	180 950	217 472	251 101
	现金												
	累计盈余资金	31 137	36 017	47 174	57 210	66 983	77 307	85 365	115 051	146 863	180 950	217 472	251 101
1.1.2	应收账款	0	0	0	0	0	0	0	0	0	0	0	0
1.1.3	预付账款	0	0	0	0	0	0	0	0	0	0	0	0
1.1.4	存货												
1.1.5	其他	0	0	0	0	0	0	0	0	0	0	0	0
1.2	在建工程												
1.3	固定资产净值	185 338	169 129	151 762	135 393	120 252	104 031	88 348	73 364	57 309	40 109	21 682	1 939

续上表

序号	项目	2014年	2015年	2016年	2017年	2018年	2019年	2020年	2021年	2022年	2023年	2024年	2025年
1.4	无形及其他资产净值												
2	负债及所有者权益	216 475	205 146	198 936	192 603	187 236	181 339	173 714	188 415	204 172	221 060	239 154	253 040
2.1	流动负债总额	0	0	0	0	0	0	0	0	0	0	0	0
2.1.1	短期借款	0	0	0	0	0	0	0	0	0	0	0	0
2.1.2	应付账款												
2.1.3	预收账款												
2.1.4	其他												
2.2	长期负债	70 695	62 823	53 690	43 095	30 803	16 543	0	0	0	0	0	0
2.2.1	建设投资借款	70 695	62 823	53 690	43 095	30 803	16 543	0	0	0	0	0	0
2.2.2	流动资金借款	0	0	0	0	0	0	0	0	0	0	0	0
2.3	负债小计	70 695	62 823	53 690	43 095	30 803	16 543	0	0	0	0	0	0
2.4	所有者权益	145 780	142 323	145 246	149 508	156 432	164 795	173 714	188 415	204 172	221 060	239 154	253 040
2.4.1	资本金	98 090	98 090	98 090	98 090	98 090	98 090	98 090	98 090	98 090	98 090	98 090	98 090
2.4.2	资本公积	74 900	74 900	74 900	74 900	74 900	74 900	74 900	74 900	74 900	74 900	74 900	74 900
2.4.3	累积盈余公积金	0	0	0	0	0	0	0	0	0	0	0	0
2.4.4	累积未分配利润	−27 327	−30 784	−28 154	−24 318	−18 086	−10 559	−2 532	10 698	24 880	40 079	56 364	68 861
	资产负债率(%)	33	31	27	22	16	9	0	0	0	0	0	0

第三章 水利工程建设项目投资决策分析

——某综合利用水利枢纽项目经济评价案例

学习目的

通过本案例掌握具有公益性与盈利性双重功能的水利水电工程建设项目投资决策的特点和主要内容。掌握水利水电工程投资费用与运行费用的估算,根据功能分摊投资的原则;掌握水利水电工程建设项目融资分析的关键因素,准公共项目的财务分析顺序;掌握水利水电工程建设项目经济效益识别与估算方法。

案例资料

一、概述

(一)项目背景

GX 水利枢纽位于某河干流中游河段,具有防洪、减淤、发电等综合功能。GX 水利枢纽建成后,可有效控制中游河段的洪水和泥沙,与其他骨干水库联合运用,使下游河道在 50 年内不淤积抬高,减轻下游的防洪负担;与此同时,建设 GX 水电站,在满足上述综合开发利用任务的条件下,承担电网的调峰发电、调频、事故备用等任务,为电网提供调峰容量和电量,促进河流两岸地区国民经济和社会的发展。

GX 水利枢纽正常蓄水位 645m,原始库容 165.94 亿 m^3,有效库容 47.76 亿 m^3,正常运行期汛期限制水位 623m,死水位 598m;电站装机容量 2 100MW,正常运行期年平均上网电量 75 亿 kW·h,电站供电范围为某大电网,上网电价为与电网的协议电价。

GX 水利枢纽建设期 9 年,第 10 年可发挥全部效益。考虑该水利枢纽为特大型综合利用水利枢纽,其经济使用寿命期较长,运行期按 50 年计算,项目计算期为 59 年。

GX 水利枢纽开发任务以防洪减淤为主,兼顾发电等综合功能,兼有经营性和非经营性双重性质,为准公益性项目。按照目前大型准公益性项目融资特点,其公益性投资主要从各级政府预算内资金、水利建设基金及其他可用于水利建设的财政性资金中安排;其经营性投资可考虑项目法人自有资金及银行贷款等。根据工程管理设计初步方案,本工程建设期由新组建的

HH 建设管理局负责建设。工程建成后,在 HH 建设管理局的基础上成立 HH 有限责任公司,负责全部工程运行期管理和经营。

(二) 编制依据

本案例为项目建议书阶段,经济评价遵照国家及水利行业有关法律、法规及规程、规范要求进行编制。经济评价的主要依据有:

(1)《水利产业政策》(国发[1997]35 号);

(2)《国务院关于固定资产投资项目试行资本金制度的通知》(国发[1996]35 号);

(3) 水利部《水利建设项目贷款能力测算暂行规定》(水规计[2003]163 号);

(4) 国家发展和改革委员会、建设部《建设项目经济评价方法与参数》(第三版)(发改投资[2006]1325 号);

(5) 水利部《水利建设项目经济评价规范》(SL 72—1994),水利部 1994 年 3 月;

(6)《水电建设项目财务评价暂行规定》(1994 年试行)。

二、费用与效益估算

(一) 投资估算

1. 建设投资估算

GX 水利枢纽工程投资估算包括枢纽建筑工程、机电设备及安装工程、金属结构设备及安装工程、临时工程、其他费用、水库淹没处理补偿费、环境保护及水土保持费用等,建设投资估算是依据 2002 年水利部颁发的《水利工程设计概(估)算编制办法》(水总[2002]116 号)进行编制的。价格基准年为 2005 年,基本预备费率为 15%,不考虑价差预备费。估算的工程建设总投资为 2 129 706 万元,各单项投资估算见表 3-1。

建设投资估算表(万元)　　　　　　　　表3-1

序号	工程或费用名称	合计	第1年	第2年	第3年	第4年	第5年	第6年	第7年	第8年	第9年
1	枢纽部分										
1.1	建筑工程	869 712	43 239	91 720	120 446	164 811	168 704	117 506	72 815	80 516	9 955
1.2	机电设备及安装工程	178 669	0	0	0	0	0	44 667	72 412	30 795	30 795
1.3	金属结构设备及安装工程	66 101	0	0	2 264	7 164	8 738	24 471	22 569	895	0
1.4	临时工程	140 740	24 680	38 566	34 988	15 697	8 153	7 070	5 201	4 815	1 570
1.5	其他费用	191 544	19 833	22 552	23 492	27 908	30 347	24 203	22 646	19 493	1 070
	1.1~1.5 五部分合计	1 446 764	87 751	152 838	181 190	215 580	215 942	217 918	195 642	136 513	43 390
1.6	基本预备费	217 016	13 163	22 926	27 179	32 337	32 391	32 688	29 346	20 477	6 509
1.7	静态投资小计	1 663 779	100 914	175 764	208 369	247 916	248 334	250 605	224 988	156 990	49 899
2	水库淹没环评水保部分										
2.1	水库淹没处理补偿费	365 725	73 145	73 145	73 145	73 145	73 145	0	0	0	0
2.2	环境保护费	15 065	3 013	3 013	3 013	3 013	3 013	0	0	0	0

续上表

序号	工程或费用名称	合计	第1年	第2年	第3年	第4年	第5年	第6年	第7年	第8年	第9年
2.3	水土保持费	24 365	4 873	4 873	4 873	4 873	4 873	0	0	0	0
	2.1~2.3 三部分合计	405 155	81 031	81 031	81 031	81 031	81 031	0	0	0	0
2.4	基本预备费	60 775	12 155	12 155	12 155	12 155	12 155	0	0	0	0
2.5	静态投资小计	465 925	93 185	93 185	93 185	93 185	93 185				
3	建设投资合计	2 129 706	194 099	268 949	301 554	341 102	341 519	250 605	224 988	156 990	49 899

2. 建设期利息估算

根据推荐的融资方案,静态总投资中非债务资金为1 080 856万元(其中政府财政性资金745 248万元,企业资本金335 608万元),贷款本金为1 048 850万元,贷款利率为6.39%,据此估算的建设期利息为397 873万元。

3. 流动资金估算

流动资金是指在项目建成投产后,为维持生产,在供应、生产、销售过程中,供购置生产资料、支付工资和其他生产经营费用所占用的全部周转资金。水利水电建设项目所需流动资金在经营成本中占较小比例,本阶段采用分项详细估算法,经估算运行期流动资金为3 606万元。项目建议书阶段流动资金筹措暂按全部使用资本金,不使用贷款考虑。流动资金在工程投产前一年按照当年流动资金的增加额筹措。

4. 总投资

根据推荐的融资方案,计入建设期利息和流动资金后,GX水利枢纽总投资为2 531 185万元,其中,非债务资金1 080 856万元,贷款1 048 850万元,贷款利息397 873万元,流动资金3 606万元。

(二)固定资产原值形成

本阶段按照投资全部形成固定资产,暂不考虑无形资产和其他资产。根据工程建设进度和生产负荷情况,确定各年固定资产新增原值。

(三)经营成本和总成本费用估算

GX水利枢纽成本费用估算采用要素成本法,按生产要素分项进行估算。本工程成本费用包括材料费、工资及福利费、其他工程管理费用、工程维护费、库区维护费、移民后期扶持基金、固定资产保险费、水资源费、其他费用、经营成本折旧费、财务费用和总成本费用等。

1. 材料费

材料费主要包括生产运行过程中实际消耗的原材料、辅助材料、备品配件等。以电站装机容量为计算基数,按3元/kW估算,材料费每年为630万元。

2. 工资及福利费

该水利枢纽人员编制为500人,按项目所在地区的有关规定,初步估算人均年工资额25 000元/人,基本福利费按工资总额的14%计取。工资及福利费每年为1 425万元。

3. 其他工程管理费用

失业保险金按工资总额的3%计取;劳保统筹费按工资总额的17%计取;住房公积金按工

资总额的10%计取;医疗保险按工资总额的8%计取;养老保险按工资总额的28%计取。其他工程管理费用总额为825万元。

4. 工程维护费

工程维护费(不含库区维护费)包括日常修理费和大修理费,暂按建设投资的1.2%估算,每年费用25 556万元。

5. 库区维护费

暂按上网电量为计算基数,标准为0.001元/(kW·h),库区维护费每年为750万元。

6. 移民后期扶持基金

暂按上网电量为计算基数,标准为0.005元/(kW·h),计算为3 750万元,计提年限为10年。

7. 固定资产保险费

暂按固定资产原值的0.25%提取,为5 324万元。

8. 水资源费

根据《HH水资源费征收管理办法》,发电用水按0.002元/(kW·h)征收水资源管理费,平均每年为1 500万元。

9. 其他费用

本阶段其他费用暂按电站装机容量为计算基数,按6元/kW估算,每年为1 260万元。

10. 经营成本

经营成本为以上各项成本费用之和,项目年经营成本为41 021万元。

11. 折旧费

本阶段工程折旧费由固定资产原值按综合折旧率计算,残值率为5%,折旧年限为50年,年均折旧率为1.9%,年折旧费为48 024万元。

12. 财务费用

财务费用主要是建设投资借款利息。各年财务费用见附表3-2。经测算项目在还贷期各年的财务费用为8 830万~92 446万元。

13. 总成本费用

以上各项成本组成总成本费用。各项成本及总成本费用计算见附表3-2。经初步测算,项目还贷期各年总成本费用为94 125万~181 490万元,还贷后为85 295万元。

(四)收入和税金估算

1. 财务收入

本工程具有防洪、减淤和发电等综合利用功能。鉴于防洪、减淤属非经营性功能,没有直接财务收入,项目财务收入只有水电站的发电销售收入。根据推荐的开发方案,扣除厂用电及输变电损失,水电站年上网电量为75亿kW·h,结合电网其他水电站上网电价实际,预测GX水电站投产后的上网电价为0.29元/(kW·h)(不含增值税),年发电销售收入为217 500万元。

2. 销售税金估算

水利水电建设项目涉及的税金包括增值税、销售税金附加和所得税。销售税金附加包括城市维护建设税和教育费附加,以增值税税额为计算基数,城市维护建设税为增值税的5%,教育费附加为增值税的3%。由于水利水电建设项目用于购买生产原材料的资金较少,所以进项税极少,本阶段分析计算中暂不考虑,增值税主要为销项税,税率为17%,则年增值税额为36 975万元;以此为基数计算的年销售税金附加为2 958万元。

三、投资与成本费用分摊

水利水电建设项目通常以综合利用形式进行开发,即工程建成后具有多种公益性或经营性功能。由于开发目标不同,其建设资金和工程管理运行费来源渠道也可能不同。公益性功能开发的主要资金来源是各级政府财政性资金,经营性功能开发的资金来源更为广泛。综合利用水利建设项目费用分摊的目的是计算项目各项功能应承担的费用及其经济评价指标,以此作为项目资金筹措的依据,同时也可作为各项功能成本核定及产品价格测算的基础,以保证工程能够从政府和企业筹集到资金用于建设,达到既能使项目公益性功能得以有效发挥,又能使水电企业良性运行的目的。

(一)投资分摊原则

GX水利枢纽投资费用分摊遵循的主要原则是:某个专用功能的工程投资费用,由该功能自身承担;为各功能服务的共用工程费用应合理在各功能之间分摊;因兴建工程使某些利益群体受到损害,需采取补救措施,将补偿费用(如水库移民补偿费)作为共用工程费用由各受益功能承担。

(二)投资分摊方法

综合利用水利建设项目投资分摊方法较多。对于GX水利枢纽,无论是属于除害功能的防洪、减淤,还是属于兴利功能的发电,均是以占用库容的开发方式来发挥其相应功能的作用和效益,因此,共用工程投资费用以各功能占用库容的比例进行分摊。

(三)投资分摊结果

GX水利枢纽按照防洪减淤、发电功能所占库容比例分摊,分摊的基数为正常蓄水位以下原始库容。GX水库正常蓄水位以下原始库容为165.94亿m^3,其中拦沙库容为118.18亿m^3,有效库容为47.76亿m^3。对于水库的拦沙库容,一方面的作用是堆积泥沙减少HH下游河道淤积,另一方面也起到抬高水库水位增加发电效益的作用。考虑GX水库开发任务是以防洪减淤为主,其分摊拦沙库容的比例按55%计,发电分摊库容按45%考虑,防洪减淤和发电分摊拦沙库容分别为65亿m^3和53.18亿m^3。对于水库的有效库容,死水位至汛期限制水位之间的库容12.76亿m^3,完全由发电承担;汛期限制水位至正常蓄水位之间的库容为35亿m^3,考虑各功能占用的库容、时间以及在开发任务中的主次地位,防洪减淤分摊有效库容为21.00亿m^3,发电分摊有效库容为14.00亿m^3,防洪减淤共分摊有效库容为21.00亿m^3,发电共分摊有效库容为26.76亿m^3。综合以上库容分摊成果,防洪减淤库容为86.00亿m^3,占总库容的51.83%,发电库容为79.94亿m^3,占总库容的48.17%。

本项目静态总投资为 2 129 706 万元，其中发电专用工程投资为 281 486 万元，共用工程投资为 1 848 220 万元。根据上述库容分配比例分摊共用工程投资，则防洪减淤分摊投资 957 932 万元；电站分摊共用工程投资 890 288 万元，加专用投资后，发电功能共承担投资为 1 171 774 万元。

（四）成本费用分摊

成本费用包括折旧费、材料费、工资及福利费、工程维护费、库区维护费、移民后期扶持基金、固定资产保险费、水资源费、利息支出和其他费用。本项目中库区维护费、移民后期扶持基金、水资源费全部由发电功能承担，其他部分的成本按照投资分摊比例在防洪减淤与发电之间进行分摊。整个经营期，防洪减淤功能分摊成本为 42 304 万元（防洪减淤功能没有贷款能力）；发电功能分摊成本还贷期年平均为 100 505 万元、还贷后年平均为 41 566 万元。

四、资金筹措方案分析

为加强水利建设项目资金管理，提高水利建设项目投资决策的科学性和合理性，减轻政府对其公益性功能的运行费财政补贴负担，维持其非经营性功能的正常运行，水利部颁布了《关于印发〈水利建设项目贷款能力测算暂行规定〉的通知》（水规计[2003]163 号文）。在该规定中明确指出：综合利用水利建设项目，应由供水、发电等有财务收益的功能承担整个工程的年运行费。

具有一定财务收益的准公益性大型水利建设项目的资金来源主要由非债务资金和银行贷款组成。在非债务资金来源中，部分是申请国家和各级地方政府投入的财政预算资金和国债资金等，还有部分资金由企业自筹解决。根据本工程建设与运行管理方案研究，本工程可能获得由政府为防洪减淤功能投入的水利建设基金，该部分资金作为项目资本金使用，没有投资收益要求；HH 有限责任公司投入有投资收益要求的发电资本金；为了减轻资本金筹资压力，还拟部分采用开发银行贷款。资金结构按照非债务资金和债务资金两部分进行分析。本案例根据水利部颁布的《水利建设项目贷款能力测算暂行规定》，首先拟定不同电价方案进行债务资金和非债务资金结构测算，再拟定 HH 有限责任公司收益率方案，分析非债务资金中政府财政性资金与 HH 有限责任公司企业资本金结构。在资金筹措方案分析中考虑由发电财务收入承担防洪减淤功能的年运行费，以工程整体来研究项目合理的资金筹措方案和维持项目正常运行的财务方案。

（一）资金筹措方案拟定

水利建设项目进行贷款能力测算，就是在项目的前期论证和立项决策阶段，就考虑工程项目将来的经济、财务与管理问题，分析拟建项目所需的合理资本金比例及贷款能力，通过调整和改善投资结构，为项目奠定良好的经济基础，使公益性较强的准公益性水利建设项目在社会主义市场经济条件下也能依靠自身的财务收益维持正常运行和良性循环。经初步测算，GX 水利枢纽年销售收入大于年总成本费用，本工程具有一定的贷款偿还能力。本项目电站的上网电价高低对项目财务收入、盈利能力、偿债能力的影响较大，此外，由于企业自筹资本金投资收益要求高低也直接影响项目融资方案，在本案例中重点分析电站上网电价和企业自筹资本金收益要求对融资方案的影响。

1. 单位供电成本

本工程电站装机容量为 2 100MW，年上网电量为 75 亿 kW·h。依据上述成本费用分摊成果，发电功能运营期单位供电成本平均为 0.081 元/(kW·h)，其中还贷期单位供电成本平均为 0.134 元/(kW·h)，还贷后单位供电成本平均为 0.055 元/(kW·h)。如考虑发电功能承担整个工程的年运行费，则还贷期单位供电成本平均为 0.152 元/(kW·h)。

2. 电价方案拟定

根据水利部《水利建设项目贷款能力测算暂行规定》，电价方案可参照下列方法拟定：①参考现行平均上网电价并考虑电力市场变化因素预测的电价；②本地区其他水电站近期批准或协议的上网电价；③按满足发电成本或考虑盈利要求测算的上网电价；④电力部门同意接纳的电价；⑤价格主管部门核准的电价或政策性电价。

电价预测必须结合市场情况与用户承受能力分析拟定。电力供应的市场化程度相对较高，竞争性也较强，依据本工程特点，参照测算的成本电价、现行电价及相关文件资料，本项目贷款能力测算分析拟定的电价方案如下：

(1) 据调查，该地区类似水电站现状平均上网电价为 0.29 元/(kW·h)（不含增值税），以此作为拟定电价方案一。

(2) 根据预测近年来电价变化趋势分析，考虑本工程的供电范围、在电网中的作用及今后竞价上网、择优用电的电价市场形成机制等因素，GX 电站生效时该类型水电站上网电价可达到 0.32 元/(kW·h)，以此作为本工程上网电价方案二。

(3) 目前项目所属电网还有一些同类电站的实际最低上网电价为 0.26 元/(kW·h)，以此作为拟定电价方案三。

以上三个电价方案均高于单位供电成本，因此，电站工程具有一定的盈利空间。

3. HH 投资方税后财务内部收益率方案

按水利部《水利建设项目贷款能力测算暂行规定》，项目建议书阶段，对不同来源的资本金一般采用相同的应付利润率。为合理确定政府财政性资金和其他投资者资本金的比例与额度，本次以还贷期内全部资本金均不分配利润作为基本测算条件。考虑到政府用于防洪减淤功能开发的财政资金没有收益要求，但用于电站开发的企业资本金有投资收益要求，根据现阶段水电行业平均投资收益水平，拟定 HH 企业资本金税后财务内部收益率分别为 7%、8%、9%。

4. 贷款使用条件及还贷资金来源

根据效益、费用分析，本项目具有一定的债务资金融资能力。本工程规模大，工期长，本阶段考虑贷款还贷年限方案为 25 年。用于还贷的资金来源主要为还贷期提取的固定资产折旧费，折旧费不足以还贷时，用项目未分配利润偿还贷款。

（二）非债务资金与债务资金结构分析

拟定 0.26 元/(kW·h)、0.29 元/(kW·h)、0.32 元/(kW·h) 三个电价方案测算本工程最大贷款额度及相应资本金额度方案。

为了使本项目在财务计算期有足够的经营活动净现金流量，使工程具有财务生存能力（财务可持续性），实现工程良性运行，以还贷期内各年扣除公积金后的累计盈余资金不能小于 0 作为最大债务资金融资能力的测算条件。各方案债务资金和非债务资金（项目资本金）结构测算结果见表 3-2。

债务资金和非债务资金结构测算结果汇总表　　　表 3-2

项　　目	方　案　一	方　案　二	方　案　三
电价[元/(kW·h)]	0.26	0.29	0.32
非债务资金(万元)	1 196 341	1 080 856	965 371
债务资金本金(万元)	933 365	1 048 850	1 164 335
工程静态总投资(万元)	2 129 706	2 129 706	2 129 706
建设期利息(万元)	354 065	397 873	441 682
建设总投资(万元)	2 483 771	2 527 579	2 571 388
非债务资金占静态总投资比例(%)	56.174	50.751	45.329
债务资金占静态总投资比例(%)	43.826	49.249	54.671
项目投资税前财务内部收益率(%)	5.128	5.841	6.507
项目投资税后财务内部收益率(%)	3.856	4.426	4.966
项目资本金税前财务内部收益率(%)	4.572	5.48	6.42
项目资本金税后财务内部收益率(%)	3.357	4.061	4.784

从表 3-2 可以看出,当电价分别为 0.26 元/(kW·h)、0.29 元/(kW·h)、0.32 元/(kW·h)时,本工程最大债务资金融资能力分别为 933 365 万元、1 048 850 万元、1 164 335 万元,分别占工程静态总投资的 43.826%、49.249%、54.671%;非债务资金额度分别为 1 196 341 万元、1 080 856 万元、965 371 万元,分别占静态总投资的 56.174%、50.751%、45.329%;建设期利息分别为354 065 万元、397 873 万元、441 682 万元;工程建设总投资(不含流动资金)分别为 2 483 771 万元、2 527 579 万元、2 571 388 万元。以上结果显示,本工程债务资金融资能力与电站上网电价高低直接相关,上网电价越高,则本项目债务融资能力越强,可承受的贷款额度越大。从表 3-2 还可以看出,电价为 0.26 元/(kW·h)时,项目投资税前、税后财务内部收益率分别为5.128%和3.856%,项目资本金税前、税后财务内部收益率分别为4.572%和3.357%,均小于长期贷款利率6.39%;电价为 0.29 元/(kW·h)时,项目投资税前、税后财务内部收益率分别为 5.841% 和 4.426%,项目资本金税前、税后财务内部收益率分别为 5.480% 和4.061%,均小于长期贷款利率6.39%;电价为 0.32 元/(kW·h)时项目投资税前、税后财务内部收益率分别为 6.507% 和 4.966%,项目资本金税前、税后财务内部收益率分别为6.420%和4.784%,税后财务内部收益率均小于长期贷款利率6.39%,税前财务内部收益率均大于长期贷款利率6.39%。本工程财务收益率较低,项目整体财务盈利能力不强。主要原因是,本项目是既有公益性功能,又有经营性功能的综合利用工程。无直接财务收入的防洪减淤功能应分摊的投资占工程建设总投资的 44.98%,占工程总投资比重较大;发电功能应分摊投资占工程建设总投资的55.02%,但发电财务收入需承担项目全部运行费用和贷款偿还。因此,即使上网电价达到 0.32 元/(kW·h),在非债务资金还贷期不分配利润的条件下,本项目债务资金融资成本高于非债务资金,过多使用债务资金,将影响非债务资金的财务收益。

本工程的项目资本金财务内部收益率低于目前水电行业平均财务内部收益率水平,也低于长期贷款利率。很难吸引投资收益要求较高的投资者参与建设该工程。因此,若公益性功能开发投资比重较大的准公益性项目不采取措施,则不利于项目非债务资金的融资。非债务资金是项目获取债务资金的基础,在非债务资金融资困难的情况下,也难以实现债务资金的融资。因此,为了促成本工程的建设,发挥其巨大的社会效益和经济效益,政府可采取投入一定的没有投资收益要求的财政性资金用于本项目公益性功能开发建设,降低资金筹措成本,以吸引其他投资者投资经营性功能的开发建设,达到政府和企业共同受益的目的。

(三) 非债务资金中政府资本金与 HH 企业资本金结构分析

为了合理确定非债务资金中政府财政性资金(资本金)与有投资收益要求的 HH 企业资本金的合理比例,本项目拟定 HH 企业资本金不同财务内部收益率要求方案,分析其对非债务资金构成的影响。非债务资金结构测算结果见表 3-3。

政府资本金与 HH 企业资本金结构测算成果表　　　表 3-3

方案序号	1	2	3	4	5	6	7	8	9
HH 企业资本金目标收益率(%)	7			8			9		
上网电价[元/(kW·h)]	0.26	0.29	0.32	0.26	0.29	0.32	0.26	0.29	0.32
工程静态总投资(万元)	2 129 706								
防洪、减淤分摊投资(万元)	957 932								
政府财政性资金(万元)	811 666	639 018	466 293	904 663	745 248	585 798	972 162	822 421	672 664
政府资本金占防洪、减淤应分摊投资比例(%)	84.731	66.708	48.677	94.439	77.798	61.152	101.485	85.854	70.22
政府资本金占非债务资金比例(%)	67.846	59.121	48.302	75.619	68.95	60.681	81.261	76.09	69.679
水力发电分摊投资(万元)	1 171 774								
HH 企业资本金(万元)	384 675	441 838	499 078	291 678	335 608	379 573	224 179	258 435	292 707
HH 企业资本金占发电应分摊投资比例(%)	32.828	37.707	42.592	24.892	28.641	32.393	19.132	22.055	24.98
非债务资金合计(万元)	1 196 341	1 080 856	965 371	1 196 341	1 080 856	965 371	1 196 341	1 080 856	965 371
非债务资金占静态总投资比例(%)	56.174	50.751	45.329	56.174	50.751	45.329	56.174	50.751	45.329
贷款本金(万元)	933 365	1 048 850	1 164 336	933 365	1 048 850	1 164 335	933 365	1 048 850	1 164 335
建设期利息(万元)	354 065	397 873	441 682	354 065	397 873	441 682	354 065	397 873	441 682
建设总投资(万元)	2 483 771	2 527 579	2 571 388	2 483 771	2 527 579	2 571 388	2 483 771	2 527 579	2 571 388

从表 3-3 中可以看出,HH 企业资本金财务内部收益率分别为 7%、8%、9%,当电价为 0.26 元/(kW·h)时,需政府投入财政性资金分别为 811 666 万元、904 663 万元、972 162 万元,分别占非债务资金的 67.846%、75.619%、81.261%,占防洪减淤功能应分摊投资的 84.731%、94.439%、101.485%;当电价为 0.29 元/(kw·h)时,需政府投入财政性资金分别为 639 018 万元、745 248 万元、822 421 万元,分别占非债务资金的 59.121%、68.950%、76.090%,占防洪减淤功能应分摊投资的 66.708%、77.798%、85.854%;当电价为 0.32 元/(kW·h)时,需政府投入财政性资金分别为 466 293 万元、585 798 万元、672 664 万元,分别占非债务资金的 48.302%、60.681%、69.679%,占防洪减淤功能应分摊投资的 48.677%、61.152%、70.220%。

由表3-3还可以看出,企业资本金财务内部收益率高低对非债务资金构成有影响。在HH企业资本金财务内部收益率一定的条件下,电价越高,需要政府投入的财政性资金额度越低;在电价一定的条件下,HH企业资本金投资收益率要求越高,需要政府投入的财政性资金额度也越高。

从政府角度分析,即使电价为最低上网电价0.26元/(kW·h),需政府投入的财政性资金也小于防洪减淤功能应分摊的投资,这说明政府在支持企业参与综合利用工程开发,满足HH企业资本金投资收益要求的情况下,政府用于公益性功能项目开发建设的投资并没有增加,这充分体现了在非经营性功能与经营性功能综合开发情况下,有财务收入的经营性功能对无财务收入或少财务收入的非经营性功能的带动作用,有利于政府和投资水电的企业实现经济社会效益双赢。

从投资水电开发的企业角度分析,按照现行水电行业平均投入水平,HH企业资本金以不超过水电功能应分摊投资的30%,HH企业资本金财务内部收益率不低于8%,能够被水电投资企业接受。从计算结果分析,当电价高于0.29元/(kW·h),投资收益率达到8%以上时,有利于吸引投资水电的企业注入企业资本金参与本工程的建设。若HH企业资本金财务内部收益率要求越高,企业资本金额度越小,企业自身融资压力减轻,但需要政府投入的财政性资金越多,增加政府投资压力,也不利于工程立项建设。如果企业根据水电行业财务内部收益率水平,提出合理的投资收益要求,既不增加企业自身融资压力,也使政府能够尽快做出决策。因此,政府投入用于公益性功能开发的财政性资金,有利于项目非债务资金融资。

(四)推荐资金筹措方案

本阶段在测算GX水利枢纽财务收入与成本费用的基础上,既考虑政府对项目公益性功能建设开发的支持,同时又考虑HH企业资本金盈利要求,以工程建成后能够良性运行,充分发挥综合利用效益为目的推荐融资方案。

本阶段推荐GX电站上网电价为0.29元/(kW·h),该上网电价为市场平均电价,具有一定的市场竞争能力;HH企业资本金财务内部收益率选择8%,该指标是水电行业平均收益水平,能够发挥企业投资水电站的积极性。以此为条件测算项目资金筹措方案为:非债务资金为1 080 856万元,占静态总投资的50.751%,贷款为1 048 850万元,建设期利息为397 873万元,流动资金为3 606万元,工程建设总投资为2 531 185万元。建议非债务资金1 080 856万元中,政府用于公益性功能开发的财政性资金为745 248万元,占非债务资金的比例为68.950%,企业自筹资本金为335 608万元,占非债务性资金的31.050%。投资计划与资金筹措见表3-4与附表3-1。

投资计划与资金筹措表(万元)　　　　　　表3-4

项目	合计	第1年	第2年	第3年	第4年	第5年	第6年	第7年	第8年	第9年
建设投资	2 129 706	194 099	268 949	301 554	341 102	341 519	250 605	224 989	156 990	49 899
政府财政性资金	745 248	67 921	94 113	105 523	119 362	119 508	87 694	78 730	54 936	17 461
企业资本金	335 607	30 587	42 382	47 520	53 752	53 818	39 491	35 455	24 739	7 863
贷款本金	1 048 851	95 591	132 454	148 511	167 988	168 193	123 420	110 804	77 316	24 574
建设期利息	397 873	3 054	10 535	20 185	31 587	44 347	56 498	67 591	77 921	86 155

该资金筹措方案中,政府财政性资金占公益性功能应分摊投资的 77.795%,体现了经营性功能有效带动公益性功能综合开发的优越性;HH 企业资本金占经营性功能应分摊投资的 28.641%,企业资本金财务内部收益率达到 8%,与水电行业其他项目相比,资本金比例和投资收益水平基本相当,能够被投资者接受。该资金结构既能体现政府对大型基础设施项目的扶持作用,又能满足企业资本金的投资收益要求。因此,上述推荐的资金筹措方案是合适的。

五、财务分析

为了更好地反映推荐资金筹措方案的财务可行性,对该项目进行全面财务分析。

(一) 生存能力分析

本工程自开工建设的第 10 年机组全部投入运行,各年发电销售收入均能够满足总成本费用支出,工程能够维持基本运行。编制项目财务计划现金流量表(附表 3-3),考查经营活动的现金流量可知,经营活动净现金流量大于 0。在工程运行 25 年后,为了使工程能够正常发挥效益,需对机电设备部分进行必要的更新改造,更新改造投资为 225 188 万元,拟在 2 年内投入。更新改造期间项目年盈余资金虽小于 0,但每年累计盈余资金均大于或等于 0,说明本项目具有较好的财务生存能力。

(二) 偿债能力分析

经对项目债务资金融资能力分析,在上网电价达到 0.29 元/(kW·h),贷款利率为 6.39%、贷款偿还期为 25 年时,本项目贷款本金为 1 048 851 万元,建设期利息为 397 873 万元,债务资金总额为 1 446 723 万元。贷款偿还方式为还贷期等本息偿还,每年还款额度为 147 015 万元。在还贷期利息计入总成本后,每年需偿还的贷款本金额度在 54 569 万 ~ 135 185 万元之间。在总成本费用中年计提折旧费为 48 024 万元,还贷期共计提折旧费 768 384 万元,计入成本的利息为 905 516 万元;还贷期累计未分配利润为 678 339 万元,折旧费及累计未分配利润为 1 446 723 万元,等于债务资金总额,满足贷款偿还要求。在工程正常运行前 8 年利息备付率小于 2,但大于 1,工程正常运行 8 年以后,利息备付率均大于 2,说明工程偿债能力尚可。借款还本付息计划表及资产负债表分别见附表 3-4 和附表 3-5。由于推荐的资金筹措方案非债务资金占项目总投资的比例较大,资产负债率最高时只有 57.24%,随着工程投入运行,还款计划逐年实施,资产负债率在逐步下降。该项目具有一定的偿债能力。

(三) 盈利能力分析

利润总额为财务收入(不含增值税)扣除总成本费用与营业税金及附加。税后利润为利润总额扣除所得税,所得税率为 33%。法定盈余公积金为本年净利润的 10%。HH 企业资本金财务内部收益率为 8%。利润与利润分配表见附表 3-6。从利润表中可以看出,工程投入运行后,年财务收入为 217 500 万元,还贷期年利润总额为 33 052 万 ~ 120 417 万元。

还贷后年利润总额为 129 247 万元。在交纳所得税后,还贷期可供分配利润为 753 710 万元,还贷后为 2 944 253 万元。

在财务收入与利润分配计算的基础上,进行不同资金的现金流量分析,项目投资财务现金流量表、项目资本金现金流量表、HH 企业资本金财务现金流量表分别见附表 3-7 ~ 附表 3-9。

从附表 3-7 中可以看出,项目投资财务内部收益率所得税前、所得税后分别为 5.841%、4.426%。项目投资回收期为 25.03 年,项目盈利能力不强。

从附表 3-8 中可以看出,项目资本金所得税后财务内部收益率为 4.061%,小于当期银行长期贷款利率,盈利能力较低。

从附表 3-9 中可以看出,在政府投入 745 248 万元资本金的前提下,HH 企业资本金所得税后财务内部收益率可以达到 8% 的水电行业资本金投资收益率,满足企业盈利能力要求。从政府投资角度分析,政府财政性资金主要用于公益性功能开发,与其他资金配合使用,该资金发挥了巨大的防洪及减淤效益,满足该资金使用要求。

六、经济分析

GX 水利枢纽建成后产生的经济效益主要包括防洪、减淤和水力发电等经济效益。经济效益只分析计算由项目产生的可定量计算的直接经济效益。

(一)效益分析

1. 防洪经济效益

GX 水利枢纽的防洪经济效益是指在有 GX 水利枢纽的情况下,与无 GX 水利枢纽相比减免的耕地、财产等洪灾经济损失,采用频率法计算。防洪经济效益分析的主要内容包括:分析不同频率洪水一次决口的洪水淹没范围、成灾状况、受灾区各类财产总量和洪灾损失率等指标,计算不同频率洪水一次决口的洪灾经济损失,综合分析工程建成后多年平均可减免的洪灾损失。

根据工程建设规模论证分析,GX 水利枢纽建成后,通过防洪调度运用,可将其下游 LM 水文站万年一遇洪峰流量削减到相当于近五年一遇的洪水流量,本河段 62.96 万亩滩地遭受洪水灾害的几率大为减少,可使其下游干流滩区 22.65 万居住人口基本免除洪水灾害。据调查,GX 水利枢纽工程下游滩地平均每亩年产值约 500 元。据此计算本工程保护滩区耕地多年平均防洪效益为 13 908 万元。计算过程见表 3-5。据调查,计入公共设施和乡镇企业财产,考虑不同频率洪水的财产综合损失率,并考虑财产洪灾损失年增长率 2%,计算 GX 水利枢纽工程保护居民财产多年平均防洪效益为 36 626 万元,见表 3-6。

GX 水利枢纽工程保护干流滩区耕地防洪经济效益估算表　　表 3-5

频率(%)	两级洪水频率差(%)	淹没面积(万亩)		单位面积产值(元/亩)	洪灾损失(万元)		有无工程洪灾损失差值(万元)	两级洪水平均减少损失(万元)	多年平均防洪效益(万元)
		无 GX	有 GX		无 GX	有 GX			
50		0	0	800	0	0	0	0	
20	30	42.1	0	800	33 689	0	33 689	16 840	5 052
10	10	56.66	0	800	45 328	0	45 328	39 504	3 950
5	5	62.96	0	800	50 368	0	50 368	47 848	2 392
1	4	62.96	0	800	50 368	0	50 368	50 368	2 015
0.10	0.90	62.96	0	800	50 368	0	50 368	50 369	453
0.01	0.09	62.96	0	800	50 368	0	50 368	50 370	45
合计									13 908

GX水利枢纽工程保护干流滩区财产防洪效益估算表 表3-6

频率(%)	两级洪水频率差(%)	淹没面积(万亩)		人均损失(元/人)	洪灾损失(万元)		有无工程洪灾损失差值(万元)	两级洪水平均减少损失(万元)	多年平均防洪效益(万元)
		无GX	有GX		无GX	有GX			
20		7	0	9 000	63 000	0	63 000	0	
10	10	18.83	0	10 000	188 300	0	188 300	125 650	12 565
5	5	21.66	0	11 000	238 260	0	238 260	213 280	10 664
20	3	22.65	0	12 000	271 800	0	271 800	255 030	7 651
10	1	22.65	0	13 000	294 450	0	294 450	283 125	2 831
0.20	0.80	22.65	0	13 000	294 450	0	294 450	294 450	2 356
0.10	0.10	22.65	0	13 000	294 450	0	294 450	294 450	294
0.01	0.09	22.65	0	13 000	294 450	0	294 450	294 450	265
合计									36 626

2. 减淤经济效益

GX水库的减淤作用主要体现在减少GX水库所在河段和HH河下游两个河段的泥沙淤积量。GX水库建成后，计算期水库拦沙总量为118.18亿m^3。中游河段60年淤积量为320亿t，比无GX工程时减淤约39亿t，相当该河段65年不淤积；下游河段60年淤积量为56亿t，比无GX工程时少淤积约90亿t。通过对下游河道的铺沙计算分析，无GX水库时，下游河道平均将淤高3.47m，有GX水库后，下游河道平均淤高为1.48m，建设GX水库可使下游河道减少淤高1.99m。

在保持下游河段设防流量不变的前提下，分别估算有、无GX水库工程时，下游河段堤防加高、加固及险工改建等费用，计算两者之差，并将两者之差作为GX水库的减淤经济效益。

按照HH河下游标准化堤防工程断面和有关堤防加高、加固及险工改造、涵闸虹吸改建工程资料，推算有、无GX工程时堤防加高所需的土、石方工程量，并按目前土、石方综合单价，计算有、无GX工程时下游河道堤防加高的工程投资，见表3-7。GX水库减淤可减小堤防工程加高的投资2 127 379万元。GX水库拦沙期约35年，因此其减淤作用按工程运行的前35年考虑，折合每年经济效益为60 782万元。

GX水利枢纽工程减少HH河下游淤积效益估算表 表3-7

项目	下游堤防加高工程量(万m^3)						土方单价(元/m^3)	石方单价(元/m^3)	减淤效益(万元)
	无GX工程		有GX工程		有无比较差值				
	土方	石方	土方	石方	土方	石方			
1. 大堤加高	44 172		20 152		24 020	0	35	220	840 700
2. 大堤加固	52 937		20 664		32 273	0	28	220	903 644
3. 险工加高改建	4 671	1 844	1 835	724	2 836	1 120	35	220	345 660
4. 涵闸虹吸改建	1 510	40	593	16	917	24	35	220	37 375
合计效益									2 127 379
每年平均效益									60 782

3. 发电经济效益

GX 水电站装机容量为 2 100MW，运行期多年平均上网电量为 75 亿 kW·h。根据电力系统电力电量平衡结果，GX 电站在系统中除主要担任调峰任务外，还为系统提供负荷备用容量和事故备用容量。发电经济效益采用最优等效替代工程费用估算。拟在附近的煤炭基地修建一座燃煤火力发电厂作为 GX 水电站的替代方案，以该等效替代方案的费用作为 GX 水电站的发电效益。考虑水、火电机组检修时间和厂用电量等方面的差异，水、火电容量可比系数采用 1.1，替代火电厂与水电站电量换算系数采用 1.05。替代火电厂单位千瓦投资为 4 800 元，建设期 4 年，各年投资流程分别为 20%、30%、30%、20%。火电厂的经济使用年限为 20 年，在运行期内考虑设备更新，更新设备投资按火电厂投资的 80% 计算。火电单位电量标准煤耗取 350g/(kW·h)，标准煤价格取 280 元/t。替代火电厂的年运行费按火电厂投资的 5% 计。水力发电效益计算结果见表 3-8。

水力发电经济效益计算结果　　　　　　　　表 3-8

项　　目	数　值	项　　目	数　值
水电站装机容量(MW)	2 100	经济计算期第 6 年	332 640
水电站年上网电量(亿 kW·h)	75	经济计算期第 7 年	332 640
水、火电容量可比系数	1.1	经济计算期第 8 年	221 760
替代火电厂与水电站电量换算系数	1.05	经济计算期第 9 年	132 615
替代火电厂单位千瓦投资(元/kW)	4 800	经济计算期第 10 年	132 615
火电单位电量标准煤耗[g/(kW·h)]	350	经济计算期第 11~27 年	132 615
标准煤价格(元/t)	280	经济计算期第 28 年	576 135
替代火电厂年运行费率(%)	5	经济计算期第 29 年	576 135
建设期(年)	4	经济计算期第 30 年	132 615
火电厂第 1 年投资流程(%)	20	经济计算期第 31~47 年	132 615
火电厂第 2 年投资流程(%)	30	经济计算期第 48 年	576 135
火电厂第 3 年投资流程(%)	30	经济计算期第 49 年	576 135
火电厂第 4 年投资流程(%)	20	经济计算期第 50~58 年	132 615
发电经济效益(万元)	9 070 110	经济计算期第 59 年	-310 905
经济计算期第 5 年	221 760		

(二) 费用分析

费用主要包括工程投资、年运行费和流动资金。

根据项目投资估算结果，工程静态总投资为 2 129 706 万元。本阶段项目投入产出价格按市场价格估算，扣除投资估算中属于转移支付的税金，调整后的投资为 2 072 050 万元。年运行费指工程运行期每年所需支出的全部运行管理费用，包括材料费、工资及福利费、维护费和其他费用等。经分析年运行费为 39 910 万元。根据估算,项目正常运行期需要流动资金 3 508 万元。

(三)经济分析

1. 主要参数

社会折现率采用 8%,价格水平为 2005 年第三季度。

2. 经济盈利能力分析

在以上各项经济效益和费用计算分析基础上,编制本项目经济效益费用流量表(附表 3-10),计算经济内部收益率(EIRR)和经济净现值(ENPV)。GX 水利枢纽经济内部收益率为 10.80%,大于社会折现率 8%,经济净现值 552 712 万元,大于 0,说明建设 GX 工程在经济上是合理的。

七、不确定性分析

该项目财务分析部分由于针对不同的测算条件进行了贷款能力测算,对于一些较敏感因素进行了分析比较,因此,这里不再进行财务敏感性分析。

(一)经济敏感性分析

该项目的不确定性分析主要针对经济分析中的效益与投资向不利方向变化对经济指标的影响进行分析。敏感性因素主要考虑投资增加 10% 和 20%,效益减少 10% 和 20% 的情况。根据分析可知,投资增加 10% 和 20% 后,项目经济内部收益率分别为 9.77% 和 8.88%,效益减少 10% 和 20% 后,项目经济内部收益率分别为 9.66% 和 8.48%,上述敏感性分析方案的经济内部收益率均大于国家规定的社会折现率 8%,从经济角度分析,该项目具有一定的经济抗风险能力。

(二)风险分析

敏感性分析只反映项目评价指标对不确定性因素的敏感程度,但不能反映不确定性因素变化发生的可能性大小,以及对评价指标的影响程度。因此,根据项目特点和实际需要,对项目进行概率风险分析。本次采用简单概率分析法,它是在根据经验设定各种情况发生的可能性(概率)后,计算项目净现值的期望值及净现值大于或等于 0 时的累计概率。分析步骤如下:列出各种要考虑的不确定性因素(敏感因素);设想各不确定性因素可能发生的情况;分别确定每种情况出现的概率;分别求出各可能发生事件的净现值、加权净现值,然后求出净现值的期望值;求出净现值大于或等于 0 时的概率。

GX 水利枢纽项目的不确定性因素有投资与效益。根据分析,本次考虑投资与效益发生变化的幅度有增加 20%、增加 10%、不变、减少 10% 和减少 20% 五种情况,分析确定投资增加 20%、增加 10%、不变、减少 10% 和减少 20% 的概率分别为 0.15、0.25、0.30、0.20、0.10,效益增加 20%、增加 10%、不变、减少 10% 和减少 20% 的概率分别为 0.15、0.20、0.30、0.20、0.15,同时假定投资与效益两个风险因素分别独立发生。

按照上述条件进行概率风险分析的计算过程及结果见表 3-9。

第三章 水利工程建设项目投资决策分析

风险分析决策表 表3-9

| 投资 | | 效益 | | 联合概率 | 经济收益率(%) | 加权经济收益率(%) | 净现值(万元) | 加权净现值(万元) |
变幅	概率	变幅	概率					
1.2	0.15	1.2	0.15	0.022 5	10.80	0.24	663 025	14 918
1.2	0.15	1.2	0.20	0.030 0	9.85	0.30	432 612	12 978
1.2	0.15	1.0	0.30	0.045 0	8.88	0.40	202 199	9 099
1.2	0.15	0.9	0.20	0.030 0	7.87	0.24	−28 214	−846
1.2	0.15	0.8	0.15	0.022 5	6.82	0.15	−258 628	−5 819
1.1	0.25	1.2	0.15	0.037 5	11.79	0.44	838 187	31 432
1.1	0.25	1.2	0.20	0.050 0	10.80	0.54	607 773	30 389
1.1	0.25	1.0	0.30	0.075 0	9.77	0.73	377 360	28 302
1.1	0.25	0.9	0.20	0.050 0	8.70	0.44	146 947	7 347
1.1	0.25	0.8	0.15	0.037 5	7.59	0.28	−83 467	−3 130
1.0	0.30	1.2	0.15	0.045 0	12.96	0.58	1 013 348	45 601
1.0	0.30	1.2	0.20	0.060 0	11.89	0.71	782 935	46 976
1.0	0.30	1.0	0.30	0.090 0	10.80	0.97	552 521	49 727
1.0	0.30	0.9	0.20	0.060 0	9.66	0.58	322 108	19 326
1.0	0.30	0.8	0.15	0.045 0	8.48	0.38	91 695	4 126
0.9	0.20	1.2	0.15	0.030 0	14.33	0.43	1 188 509	35 655
0.9	0.20	1.2	0.20	0.040 0	13.19	0.53	958 096	38 324
0.9	0.20	1.0	0.30	0.060 0	12.01	0.72	727 682	43 661
0.9	0.20	0.9	0.20	0.040 0	10.80	0.43	497 269	19 891
0.9	0.20	0.8	0.15	0.030 0	9.53	0.29	266 856	8 006
0.8	0.10	1.2	0.15	0.015 0	16.00	0.24	1 363 670	20 455
0.8	0.10	1.2	0.20	0.020 0	14.75	0.30	1 133 257	22 665
0.8	0.10	1.0	0.30	0.030 0	13.48	0.40	902 844	27 085
0.8	0.10	0.9	0.20	0.020 0	12.16	0.24	672 430	13 449
0.8	0.10	0.8	0.15	0.015 0	10.80	0.16	442 017	6 630
风险期望值						10.73		526 247

计算得到的经济净现值的期望值为 526 247 万元,经济内部收益率的期望值为 10.73%,略小于确定性评价指标的相应数值,由此看来该项目的经济风险不大。

八、结论

(一)资金筹措方案

在 GX 电站上网电价为 0.29 元/(kW·h)、HH 企业目标收益率为 8% 的条件下,项目资金筹措方案为:非债务资金为 1 080 856 万元,占静态总投资的 50.751%,贷款为 1 048 850 万元,建设期利息为 397 573 万元,流动资金为 3 606 万元,工程建设总投资为 2 531 185 万元。建议非债务资金1 080 856万元中，政府用于公益性功能开发的财政性资金为745 248万元，占非债务资金的比例为68.950%，企业资本金为335 608万元，占非债务资金的31.050%。

（二）财务分析结论

本项目投资财务内部收益率所得税前、所得税后分别为5.841%、4.426%；项目投资回收期为25.03年；项目资本金净利润率为6.820%。在中央及地方政府承担部分非经营性功能投资的前提下，HH企业资本金财务内部收益率满足水电行业目标投资收益率8%的要求。

本工程自开工建设的第10年机组全部投入运行，发电销售收入能够满足总成本费用支出，项目在还贷期有较好的偿债能力，同时也具有较好的财务生存能力。

（三）经济分析结论

本项目经济内部收益率为10.80%，大于社会折现率8%，经济净现值552 712万元，大于0，说明建设GX水利枢纽工程在经济上也是合理的。

（四）不确定性分析结论

经对本项目进行经济敏感性分析和风险分析，表明项目具有较好的经济抗风险能力。

从项目经济分析结果来看，本项目既具有较好的经济效益，又有一定的财务收入，项目财务上是可行的，经济上是合理的。

结语： 本案例重点对项目资金筹措方案分析的思路进行探讨。针对这类既有公益性功能又有经营性功能的多经济属性的项目，按功能进行投资分摊，并按照补偿成本、合理收益、公平负担的原则，围绕项目财务可行性，在考虑水电功能合理投资收益的基础上，分析政府对防洪减淤功能投资的合理比例，以及吸引其他投资者参与项目建设、运营和管理的条件，为政府投资项目的投融资决策提供参考依据。

限于基本资料较少的条件，本案例中投资分摊未按总库容进行分摊，未对电力市场及可能实现的电价进行详细预测分析。在贷款能力测算方案和财务分析中未考虑效益发挥过程和贷款偿还期变化的影响。经济分析、风险分析、不确定性分析等内容较浅。在实际工作中还需对有关参数的取值进行分析，进一步丰富经济评价内容。

思 考 题

1. 对于兼具公益性和盈利性的大型水利枢纽工程，根据功能分摊投资的原则，如何确定政府与企业出资的比例？

2. 决定大型水利枢纽工程项目融资的关键因素是什么？如何确定这类项目资金结构、资金筹措方案和电价水平？

3. 如何对大型水利枢纽工程项目的经济效益进行识别和估算？

第三章 水利工程建设项目投资决策分析

附表 3-1

项目总投资使用计划与资金筹措表（万元）

序号	项 目	合 计	建 设 期								
			1	2	3	4	5	6	7	8	9
1	总投资	2 531 186	197 153	279 485	321 739	372 689	385 866	307 103	292 580	234 911	139 660
1.1	建设投资	2 129 706	194 099	268 949	301 554	341 102	341 519	250 605	224 989	156 990	49 899
1.2	建设期利息	397 873	3 054	10 535	20 185	31 587	44 347	56 498	67 591	77 921	86 155
1.3	流动资金	3 606									3 606
2	资金筹措	2 531 186	197 153	279 485	321 739	372 689	385 866	307 103	292 580	234 911	139 660
2.1	项目资本金	1 084 463	98 508	136 496	153 043	173 114	173 326	127 186	114 185	79 675	28 930
2.1.1	用于建设投资	1 080 856	98 508	136 496	153 043	173 114	173 326	127 186	114 185	79 675	25 324
	国家投资	745 248	67 921	94 113	105 523	119 362	119 508	87 694	78 730	54 936	17 461
	HH 企业资本金	335 608	30 587	42 383	47 520	53 752	53 818	39 491	35 455	24 739	7 863
2.1.2	用于建设投资	3 606	0	0	0	0	0	0	0	0	3 606
	国家投资	0									
	HH 企业资本金	3 606									3 606
2.1.3	用于建设投资	0	0	0	0	0	0	0	0	0	0
	国家投资	0									
	HH 企业资本金	0									
2.2	债务资金	1 446 723	98 645	142 989	168 696	199 575	212 540	179 917	178 395	155 236	110 730
2.2.1	用于建设投资	1 048 851	95 591	132 454	148 511	167 988	168 193	123 420	110 804	77 316	24 574
2.2.2	用于流动资金	0									0
2.2.3	用于建设期利息	397 873	3 054	10 535	20 185	31 587	44 347	56 498	67 591	77 921	86 155
2.3	其他资金	0									

总成本费用估算表（万元）

附表 3-2

序号	项目	合计	1	2	3	4	5	6	7	8	9	计算期 10	11	12	13	14	15	16	17	18
1	外购原材料（燃料）费	31 500										630	630	630	630	630	630	630	630	630
2	工资及福利费	71 250										1 425	1 425	1 425	1 425	1 425	1 425	1 425	1 425	1 425
3	其他工程管理费	41 250										825	825	825	825	825	825	825	825	825
4	工程维护费	1 277 800										25 556	25 556	25 556	25 556	25 556	25 556	25 556	25 556	25 556
5	库区维护费	37 500										750	750	750	750	750	750	750	750	750
6	移民后期扶持资金	187 500										3 750	3 750	3 750	3 750	3 750	3 750	3 750	3 750	3 750
7	固定资产保险费	266 200										5 324	5 324	5 324	5 324	5 324	5 324	5 324	5 324	5 324
8	水资源费	75 000										1 500	1 500	1 500	1 500	1 500	1 500	1 500	1 500	1 500
9	其他费用	63 000										1 260	1 260	1 260	1 260	1 260	1 260	1 260	1 260	1 260
10	经营成本	1 901 050										41 021	41 021	41 021	41 021	41 021	41 021	41 021	41 021	41 021
11	折旧费	2 401 200										48 024	48 024	48 024	48 024	48 024	48 024	48 024	48 024	48 024
12	摊销费	0										0	0	0	0	0	0	0	0	0
13	利息支出	905 517										92 446	88 959	85 249	81 302	77 103	72 636	67 883	62 826	57 446
14	总成本费用合计	5 207 766										181 490	178 004	174 294	170 347	166 148	161 681	156 928	151 871	146 491

序号	项目	19	20	21	22	23	24	25	26	27	计算期 28	29	30	31	32	33	34	35
1	外购原材料（燃料）费	630	630	630	630	630	630	630	630	630	630	630	630	630	630	630	630	630
2	工资及福利费	1 425	1 425	1 425	1 425	1 425	1 425	1 425	1 425	1 425	1 425	1 425	1 425	1 425	1 425	1 425	1 425	1 425
3	其他工程管理费	825	825	825	825	825	825	825	825	825	825	825	825	825	825	825	825	825
4	工程维护费	25 556	25 556	25 556	25 556	25 556	25 556	25 556	25 556	25 556	25 556	25 556	25 556	25 556	25 556	25 556	25 556	25 556
5	库区维护费	750	750	750	750	750	750	750	750	750	750	750	750	750	750	750	750	750
6	移民后期扶持资金	3 750	3 750	3 750	3 750	3 750	3 750	3 750	3 750	3 750	3 750	3 750	3 750	3 750	3 750	3 750	3 750	3 750

续上表

序号	项 目	计 算 期																
		19	20	21	22	23	24	25	26	27	28	29	30	31	32	33	34	35
7	固定资产保险费	5 324	5 324	5 324	5 324	5 324	5 324	5 324	5 324	5 324	5 324	5 324	5 324	5 324	5 324	5 324	5 324	5 324
8	水资源费	1 500	1 500	1 500	1 500	1 500	1 500	1 500	1 500	1 500	1 500	1 500	1 500	1 500	1 500	1 500	1 500	1 500
9	其他费用	1 260	1 260	1 260	1 260	1 260	1 260	1 260	1 260	1 260	1 260	1 260	1 260	1 260	1 260	1 260	1 260	1 260
10	经营成本	41 021	37 271	37 271	37 271	37 271	37 271	37 271	37 271	37 271	37 271	37 271	37 271	37 271	37 271	37 271	37 271	37 271
11	折旧费	48 024	48 024	48 024	48 024	48 024	48 024	48 024	48 024	48 024	48 024	48 024	48 024	48 024	48 024	48 024	48 024	48 024
12	摊销费	0	0	0	0	0	0	0	0	0	0	0	0	0	0	0	0	0
13	利息支出	51 723	45 634	39 156	32 263	24 931	17 130	8 830	0	0	0	0	0	0	0	0	0	0
14	总成本费用合计	140 768	130 929	124 451	117 558	110 226	102 425	94 125	85 295	85 295	85 295	85 295	85 295	85 295	85 295	85 295	85 295	85 295

序号	项 目	计 算 期																
		36	37	38	39	40	41	42	43	44	45	46	47	48	49	50	51	52	53
1	外购原材料(燃料)费	630	630	630	630	630	630	630	630	630	630	630	630	630	630	630	630	630	630
2	工资及福利费	1 425	1 425	1 425	1 425	1 425	1 425	1 425	1 425	1 425	1 425	1 425	1 425	1 425	1 425	1 425	1 425	1 425	1 425
3	其他工程管理费	825	825	825	825	825	825	825	825	825	825	825	825	825	825	825	825	825	825
4	工程维护费	25 556	25 556	25 556	25 556	25 556	25 556	25 556	25 556	25 556	25 556	25 556	25 556	25 556	25 556	25 556	25 556	25 556	25 556
5	库区维护费	750	750	750	750	750	750	750	750	750	750	750	750	750	750	750	750	750	750
6	移民后期扶持资金	3 750	3 750	3 750	3 750	3 750	3 750	3 750	3 750	3 750	3 750	3 750	3 750	3 750	3 750	3 750	3 750	3 750	3 750
7	固定资产保险费	5 324	5 324	5 324	5 324	5 324	5 324	5 324	5 324	5 324	5 324	5 324	5 324	5 324	5 324	5 324	5 324	5 324	5 324
8	水资源费	1 500	1 500	1 500	1 500	1 500	1 500	1 500	1 500	1 500	1 500	1 500	1 500	1 500	1 500	1 500	1 500	1 500	1 500
9	其他费用	1 260	1 260	1 260	1 260	1 260	1 260	1 260	1 260	1 260	1 260	1 260	1 260	1 260	1 260	1 260	1 260	1 260	1 260
10	经营成本	37 271	37 271	37 271	37 271	37 271	37 271	37 271	37 271	37 271	37 271	37 271	37 271	37 271	37 271	37 271	37 271	37 271	37 271
11	折旧费	48 024	48 024	48 024	48 024	48 024	48 024	48 024	48 024	48 024	48 024	48 024	48 024	48 024	48 024	48 024	48 024	48 024	48 024

续上表

序号	项 目	计算期																	
		36	37	38	39	40	41	42	43	44	45	46	47	48	49	50	51	52	53
12	摊销费	0	0	0	0	0	0	0	0	0	0	0	0	0	0	0	0	0	0
13	利息支出	0	0	0	0	0	0	0	0	0	0	0	0	0	0	0	0	0	0
14	总成本费用合计	85 295	85 295	85 295	85 295	85 295	85 295	85 295	85 295	85 295	85 295	85 295	85 295	85 295	85 295	85 295	85 295	85 295	85 295

序号	项 目	计算期					
		54	55	56	57	58	59
1	外购原材料(燃料)费	630	630	630	630	630	630
2	工资及福利费	1 425	1 425	1 425	1 425	1 425	1 425
3	其他工程管理费	825	825	825	825	825	825
4	工程维护费	25 556	25 556	25 556	25 556	25 556	25 556
5	库区维护费	750	750	750	750	750	750
6	移民后期扶持资金	3 750	3 750	3 750	3 750	3 750	3 750
7	固定资产保险费	5 324	5 324	5 324	5 324	5 324	5 324
8	水资源费	1 500	1 500	1 500	1 500	1 500	1 500
9	其他费用	1 260	1 260	1 260	1 260	1 260	1 260
10	经营成本	37 271	37 271	37 271	37 271	37 271	37 271
11	折旧费	48 024	48 024	48 024	48 024	48 024	48 024
12	摊销费	0	0	0	0	0	0
13	利息支出	0	0	0	0	0	0
14	总成本费用合计	85 295	85 295	85 295	85 295	85 295	85 295

附表 3-3

财务计划现金流量表（万元）

序号	项目	合计	1	2	3	4	5	6	7	8	9	10	11	12	13	14	15	16	17
1	经营活动净现金流量	6 634 881	0	0	0	0	0	0	0	0	0	160 400	159 015	157 543	155 976	154 309	152 535	150 648	148 641
1.1	现金流入	10 875 000	0	0	0	0	0	0	0	0	0	217 500	217 500	217 500	217 500	217 500	217 500	217 500	217 500
1.1.1	营业收入	10 875 000	0	0	0	0	0	0	0	0	0	217 500	217 500	217 500	217 500	217 500	217 500	217 500	217 500
1.1.2	增值税销项税额																		
1.1.3	补贴收入																		
1.1.4	其他流入																		
1.2	现金流出	4 240 119	0	0	0	0	0	0	0	0	0	57 100	58 485	59 957	61 524	63 191	64 965	66 852	68 859
1.2.1	经营成本	1 901 050	0	0	0	0	0	0	0	0	0	41 021	41 021	41 021	41 021	41 021	41 021	41 021	41 021
1.2.2	增值税进项税额																		
1.2.3	营业税及附加	147 900	0	0	0	0	0	0	0	0	0	2 958	2 958	2 958	2 958	2 958	2 958	2 958	2 958
1.2.4	增值税																		
1.2.5	所得税	1 821 397	0	0	0	0	0	0	0	0	0	10 907	12 058	13 282	14 584	15 970	17 444	19 013	20 681
1.2.6	其他流出	369 810	0	0	0	0	0	0	0	0	0	2 214	2 448	2 697	2 961	3 242	3 542	3 860	4 199
2	投资活动净现金流量	−2 358 500	−194 099	−268 949	−301 554	−341 102	−341 519	−250 605	−224 989	−156 990	−49 899	−3 606	0	0	0	0	0	0	0
2.1	现金流入																		
2.2	现金流出	2 358 500	194 099	268 949	301 554	341 102	341 519	250 605	224 989	156 990	49 899	3 606	0	0	0	0	0	0	0
2.2.1	建设投资	2 129 706	194 099	268 949	301 554	341 102	341 519	250 605	224 989	156 990	49 899								
2.2.2	维持运营投资																		
2.2.3	流动资金	3 606										3 606							
2.2.4	其他流出																		
3	筹资活动净现金流量	−218 928	194 099	268 949	301 554	341 102	341 519	250 605	224 989	156 990	49 899	−143 409	−147 015	−147 015	−147 015	−147 015	−147 015	−147 015	−147 015
3.1	现金流入	2 531 186	197 153	279 485	321 739	372 689	385 866	307 103	292 580	234 911	136 054	3 606	0	0	0	0	0	0	0
3.1.1	项目资本金投入	1 084 463	98 508	136 496	153 043	173 114	173 326	127 186	114 185	79 675	25 324	3 606							
3.1.2	建设投资借款	1 446 723	98 645	142 989	168 696	199 575	212 540	179 917	178 395	155 236	110 730								
3.1.3	流动资金借款										0								
3.1.4	债券																		

续上表

序号	项 目	合计	1	2	3	4	5	6	7	8	9	10	11	12	13	14	15	16	17
								计 算 期											
3.1.5	短期借款																		
3.1.6	其他流入																		
3.2	现金流出	2 750 113	3 054	10 535	20 185	31 587	44 347	56 498	67 591	77 921	86 155	147 015	147 015	147 015	147 015	147 015	147 015	147 015	147 015
3.2.1	各种利息支出	1 303 390	3 054	10 535	20 185	31 587	44 347	56 498	67 591	77 921	86 155	92 446	88 959	85 249	81 302	77 103	72 636	67 883	62 826
3.2.2	偿还债务本金	1 446 721										54 569	58 056	61 766	65 713	69 912	74 379	79 132	84 189
3.2.3	应付利润(股利分配)																		
3.2.4	其他流出																		
4	净现金流量	4 282 642	0	0	0	0	0	0	0	0	0	13 385	12 001	10 528	8 961	7 294	5 520	3 633	1 626
5	累计盈余资金	67 654 781	0	0	0	0	0	0	0	0	0	13 385	25 385	35 913	44 874	52 168	57 688	61 321	62 947

序号	项 目	18	19	20	21	22	23	24	25	26	27	28	29	30	31	32	33	34
								计 算 期										
1	经营活动净现金流量	146 505	144 233	144 077	141 505	138 769	135 858	132 761	129 466	125 960	125 960	125 960	125 960	125 960	125 960	125 960	125 960	125 960
1.1	现金流入	217 500	217 500	217 500	217 500	217 500	217 500	217 500	217 500	217 500	217 500	217 500	217 500	217 500	217 500	217 500	217 500	217 500
1.1.1	营业收入	217 500	217 500	217 500	217 500	217 500	217 500	217 500	217 500	217 500	217 500	217 500	217 500	217 500	217 500	217 500	217 500	217 500
1.1.2	增值税销项税额																	
1.1.3	补贴收入																	
1.1.4	其他流入																	
1.2	现金流出	70 995	73 267	73 423	75 995	78 731	81 642	84 739	88 034	91 540	91 540	91 540	91 540	91 540	91 540	91 540	91 540	91 540
1.2.1	经营成本	41 021	41 021	37 271	37 271	37 271	37 271	37 271	37 271	37 271	37 271	37 271	37 271	37 271	37 271	37 271	37 271	37 271
1.2.2	增值税进项税额																	
1.2.3	营业税金及附加	2 958	2 958	2 958	2 958	2 958	2 958	2 958	2 958	2 958	2 958	2 958	2 958	2 958	2 958	2 958	2 958	2 958
1.2.4	增值税																	
1.2.5	所得税	22 457	24 345	27 592	29 730	32 005	34 424	36 999	39 738	42 652	42 652	42 652	42 652	42 652	42 652	42 652	42 652	42 652
1.2.6	其他流出	4 559	4 943	5 602	6 036	6 498	6 989	7 512	8 068	8 660	8 660	8 660	8 660	8 660	8 660	8 660	8 660	8 660
2	投资活动净现金流量	0	0	0	0	0	0	0	0	0	0	0	0	0	0	0	−112 594	
2.1	其他流入																	

92

第三章 水利工程建设项目投资决策分析

续上表

序号	项　目	计　算　期																
		18	19	20	21	22	23	24	25	26	27	28	29	30	31	32	33	34
2.2	现金流出	0	0	0	0	0	0	0	0	0	0	0	0	0	0	0	112 594	112 594
2.2.1	建设投资																	
2.2.2	维持运营投资																	
2.2.3	流动资金																	
2.2.4	其他流出																	
3	筹资活动净现金流量	−147 015	−147 015	−147 015	−147 015	−147 015	−147 015	−147 015	−147 015	0	0	0	0	0	0	0	0	0
3.1	现金流入	0	0	0	0	0	0	0	0	0	0	0	0	0	0	0	0	0
3.1.1	项目资本金投入																	
3.1.2	建设投资借款																	
3.1.3	流动资金借款																	
3.1.4	债券																	
3.1.5	短期借款																	
3.1.6	其他流入																	
3.2	现金流出	147 015	147 015	147 015	147 015	147 015	147 015	147 015	147 015	0	0	0	0	0	0	0	0	0
3.2.1	各种利息支出	57 446	51 723	45 634	39 156	32 263	24 931	17 130	8 830									
3.2.2	偿还债务本金	89 568	95 292	101 381	107 859	114 751	122 084	129 885	138 185									
3.2.3	应付利润(股利分配)																	
3.2.4	其他流出																	
4	净现金流量	−510	−2 782	−2 938	−5 510	−8 246	−11 157	−14 254	−17 549	125 960	125 960	125 960	125 960	125 960	125 960	125 960	125 960	125 960
5	累计盈余资金	62 437	59 655	56 717	51 207	42 961	31 804	17 549	0	125 960	251 920	377 880	503 840	629 801	755 761	881 721	895 087	908 453

序号	项　目	计　算　期																
		35	36	37	38	39	40	41	42	43	44	45	46	47	48	49	50	51
1	经营活动净现金流量	125 960	125 960	125 960	125 960	125 960	125 960	125 960	125 960	125 960	125 960	125 960	125 960	125 960	125 960	125 960	125 960	125 960
1.1	现金流入	217 500	217 500	217 500	217 500	217 500	217 500	217 500	217 500	217 500	217 500	217 500	217 500	217 500	217 500	217 500	217 500	217 500
1.1.1	营业收入	217 500	217 500	217 500	217 500	217 500	217 500	217 500	217 500	217 500	217 500	217 500	217 500	217 500	217 500	217 500	217 500	217 500
1.1.2	增值税销项税额																	

续上表

序号	项 目	计 算 期																
		35	36	37	38	39	40	41	42	43	44	45	46	47	48	49	50	51
1.1.3	补贴收入																	
1.1.4	其他流入																	
1.2	现金流出	91 540	91 540	91 540	91 540	91 540	91 540	91 540	91 540	91 540	91 540	91 540	91 540	91 540	91 540	91 540	91 540	91 540
1.2.1	经营成本	37 271	37 271	37 271	37 271	37 271	37 271	37 271	37 271	37 271	37 271	37 271	37 271	37 271	37 271	37 271	37 271	37 271
1.2.2	增值税进项税额																	
1.2.3	营业税金及附加	2 958	2 958	2 958	2 958	2 958	2 958	2 958	2 958	2 958	2 958	2 958	2 958	2 958	2 958	2 958	2 958	2 958
1.2.4	增值税																	
1.2.5	所得税	42 652	42 652	42 652	42 652	42 652	42 652	42 652	42 652	42 652	42 652	42 652	42 652	42 652	42 652	42 652	42 652	42 652
1.2.6	其他流出	8 660	8 660	8 660	8 660	8 660	8 660	8 660	8 660	8 660	8 660	8 660	8 660	8 660	8 660	8 660	8 660	8 660
2	投资活动净现金流量	0	0	0	0	0	0	0	0	0	0	0	0	0	0	0	0	0
2.1	现金流入	0	0	0	0	0	0	0	0	0	0	0	0	0	0	0	0	0
2.2	现金流出	0	0	0	0	0	0	0	0	0	0	0	0	0	0	0	0	0
2.2.1	建设投资																	
2.2.2	维持运营投资																	
2.2.3	流动资金																	
2.2.4	其他流出																	
3	筹资活动净现金流量	0	0	0	0	0	0	0	0	0	0	0	0	0	0	0	0	0
3.1	现金流入	0	0	0	0	0	0	0	0	0	0	0	0	0	0	0	0	0
3.1.1	项目资本金投入																	
3.1.2	建设投资借款																	
3.1.3	流动资金借款																	
3.1.4	债券																	
3.1.5	短期借款																	
3.1.6	其他流入																	
3.2	现金流出	0	0	0	0	0	0	0	0	0	0	0	0	0	0	0	0	0
3.2.1	各种利息支出																	

续上表

序号	项 目	计 算 期																
		35	36	37	38	39	40	41	42	43	44	45	46	47	48	49	50	51
3.2.2.2	偿还债务本金	0	0	0	0	0	0	0	0	0	0	0	0	0	0	0	0	0
3.2.2.3	应付利润(股利分配)																	
3.2.4	其他流出																	
4	净现金流量	125 960	125 960	125 960	125 960	125 960	125 960	125 960	125 960	125 960	125 960	125 960	125 960	125 960	125 960	125 960	125 960	125 960
5	累计盈余资金	1 034 413	1 160 373	1 286 333	1 412 293	1 538 253	1 664 213	1 790 173	1 916 133	2 042 093	2 168 054	2 294 014	2 419 974	2 545 934	2 671 894	2 797 854	2 923 814	3 049 774

序号	项 目	计 算 期							
		52	53	54	55	56	57	58	59
1	经营活动净现金流量	125 960	125 960	125 960	125 960	125 960	125 960	125 960	125 960
1.1	现金流入	217 500	217 500	217 500	217 500	217 500	217 500	217 500	217 500
1.1.1	营业收入	217 500	217 500	217 500	217 500	217 500	217 500	217 500	217 500
1.1.2	增值税销项税额								
1.1.3	补贴收入								
1.1.4	其他流入								
1.2	现金流出	91 540	91 540	91 540	91 540	91 540	91 540	91 540	91 540
1.2.1	经营成本	37 271	37 271	37 271	37 271	37 271	37 271	37 271	37 271
1.2.2	增值税进项税额								
1.2.3	营业税金及附加	2 958	2 958	2 958	2 958	2 958	2 958	2 958	2 958
1.2.4	增值税								
1.2.5	所得税	42 652	42 652	42 652	42 652	42 652	42 652	42 652	42 652
1.2.6	其他流出	8 660	8 660	8 660	8 660	8 660	8 660	8 660	8 660
2	投资活动净现金流量	0	0	0	0	0	0	0	0
2.1	现金流入								

续上表

序号	项目	计算期							
		52	53	54	55	56	57	58	59
2.2	现金流出	0	0	0	0	0	0	0	0
2.2.1	建设投资								
2.2.2	维持运营投资								
2.2.3	流动资金								
2.2.4	其他流出								
3	筹资活动净现金流量	0	0	0	0	0	0	0	0
3.1	现金流入	0	0	0	0	0	0	0	0
3.1.1	项目资本金投入								
3.1.2	建设投资借款								
3.1.3	流动资金借款								
3.1.4	债券								
3.1.5	短期借款								
3.1.6	其他流入								
3.2	现金流出	0	0	0	0	0	0	0	0
3.2.1	各种利息支出	0	0	0	0	0	0	0	0
3.2.2	偿还债务本金	0	0	0	0	0	0	0	0
3.2.3	应付利润(股利分配)								
3.2.4	其他流出								
4	净现金流量	125 960	125 960	125 960	125 960	125 960	125 960	125 960	125 960
5	累计盈余资金	3 175 734	3 301 694	3 427 655	3 553 615	1 679 575	3 805 535	3 931 495	4 057 455

第三章 水利工程建设项目投资决策分析

借款还本付息计划表（万元）

附表 3-4

序号	项目	合计	计算期 1	2	3	4	5	6	7	8	9	10	11	12
1	借款													
1.1	期初借款余额		0	98 645	241 634	410 331	609 906	822 446	1 002 363	1 180 758	1 335 994	1 446 723	1 392 154	1 334 098
1.2	当期还本余额	2 352 240	0	0	0	0	0	0	0	0	0	147 015	147 015	147 015
	其中：还本	1 446 721	0	0	0	0	0	0	0	0	0	54 569	58 056	61 766
	付息	905 517	0	0	0	0	0	0	0	0	0	92 446	88 959	85 249
1.3	期末借款余额		98 645	241 634	410 331	609 906	822 446	1 002 363	1 180 758	1 335 994	1 446 723	1 392 154	1 334 098	1 272 332
2	债券													
2.1	期初债务余额													
2.2	当期还本付息													
	其中：还本													
	付息													
2.3	期末债务余额													
3	借款和债务合计													
3.1	期初余额		0	98 645	241 634	410 331	609 906	822 446	1 002 363	1 180 758	1 335 994	1 446 723	1 392 154	1 334 098
3.2	当期还本付息	2 352 240	0	0	0	0	0	0	0	0	0	147 015	147 015	147 015
	其中：还本	1 446 721	0	0	0	0	0	0	0	0	0	54 569	58 056	61 766
	付息	905 517	0	0	0	0	0	0	0	0	0	92 446	88 959	85 249
3.3	期末余额		98 645	241 634	410 331	609 906	822 446	1 002 363	1 180 758	1 335 994	1 446 723	1 392 154	1 334 098	1 272 332
	计算指标：													
	利息备付率										1.36	1.41	1.47	
	偿债备付率										1.11	1.10	1.09	

续上表

序号	项目	计算期												
		13	14	15	16	17	18	19	20	21	22	23	24	25
1	借款													
1.1	期初借款余额	1 272 332	1 206 619	1 136 707	1 062 327	983 195	899 006	809 438	714 146	612 765	504 906	390 154	268 070	138 185
1.2	当期还本余额	147 015	147 015	147 015	147 015	147 015	147 015	147 015	147 015	147 015	147 015	147 015	147 015	138 185
	其中:还本	65 713	69 912	74 379	79 132	84 189	89 568	95 292	101 381	107 859	114 751	122 084	129 885	138 185
	付息	81 302	77 103	72 636	67 883	62 826	57 446	51 723	45 634	39 156	32 263	24 931	17 130	8 830
1.3	期末借款余额	1 206 619	1 136 707	1 062 327	983 195	899 006	809 438	714 146	612 765	504 906	390 154	268 070	138 185	0
2	债券													
2.1	期初债务余额													
2.2	当期还本付息													
	其中:还本													
	付息													
2.3	期末债务余额													
3	借款和债务合计													
3.1	期初余额	1 272 332	1 206 619	1 136 707	1 062 327	983 195	899 006	809 438	714 146	612 765	504 906	390 154	268 070	138 185
3.2	当期还本付息	147 015	147 015	147 015	147 015	147 015	147 015	147 015	147 015	147 015	147 015	147 015	147 015	138 185
	其中:还本	65 713	69 912	74 379	79 132	84 189	89 568	95 292	101 381	107 859	114 751	122 084	129 885	138 185
	付息	81 302	77 103	72 636	67 883	62 826	57 446	51 723	45 634	39 156	32 263	24 931	17 130	8 830
3.3	期末余额	1 206 619	1 136 707	1 062 327	983 195	899 006	809 438	714 146	612 765	504 906	390 154	268 070	138 185	0
	计算指标:													
	利息备付率	1.54	1.63	1.73	1.85	2.00	2.18	2.43	2.83	3.30	4.01	5.18	7.55	14.64
	偿债备付率	1.08	1.07	1.06	1.05	1.04	1.02	1.00	0.99	0.90	0.99	0.97	0.95	0.94

附表 3-5

资 产 负 债 表（万元）

序号	项目	计算期																
		1	2	3	4	5	6	7	8	9	10	11	12	13	14	15	16	17
1	资产	197 153	476 638	798 377	1 171 066	1 556 932	1 864 035	2 156 614	2 391 525	2 527 579	2 498 813	2 463 023	2 425 775	2 386 977	2 346 528	2 304 323	2 260 251	2 214 192
1.1	流动资产总额	0	0	0	0	0	0	0	0	0	19 258	31 492	42 268	51 493	59 068	64 888	68 840	70 805
1.1.1	货币资金										13 572	25 573	36 101	45 061	52 355	57 875	61 509	63 135
1.1.2	应收账款										3 418	3 418	3 418	3 418	3 418	3 418	3 418	3 418
1.1.3	预付账款										0	0	0	0	0	0	0	0
1.1.4	存货	0	0	0	0	0	0	0	0	0	53	53	53	53	53	53	53	53
1.1.5	其他										2 214	2 448	2 697	2 961	3 242	3 542	3 860	4 199
1.2	在建工程	191 753	476 638	798 377	1 171 066	1 556 932	1 864 035	2 156 614	2 391 525	2 527 579								
1.3	固定资产净值										2 479 555	2 431 531	2 383 507	2 335 484	2 287 460	2 239 435	2 191 411	2 143 387
1.4	无形和其他资产净值																	
2	负债及所有者权益	191 753	476 638	798 377	1 171 066	1 556 932	1 864 035	2 156 614	2 391 525	2 527 579	2 498 813	2 463 023	2 425 775	2 386 977	2 346 528	2 304 323	2 260 251	2 214 192
2.1	流动负债总额	0	0	0	0	0	0	0	0	0	53	53	53	53	53	53	53	53
2.1.1	短期借款										0	0	0	0	0	0	0	0
2.1.2	应付账款										53	53	53	53	53	53	53	53
2.1.3	预收账款																	
2.1.4	其他																	
2.2	建设投资借款	98 645	241 634	410 331	609 906	822 446	1 002 363	1 180 758	1 335 994	1 446 723	1 392 154	1 334 098	1 272 332	1 206 619	1 136 707	1 062 327	983 195	899 006
2.3	流动资金借款										0	0	0	0	0	0	0	0
2.4	负债小计	98 645	241 634	410 331	609 906	822 446	1 002 363	1 180 758	1 335 994	1 446 723	1 392 206	1 334 150	1 272 384	1 206 671	1 136 759	1 062 379	983 247	899 058
2.5	所有者权益	98 508	235 004	388 047	561 160	734 486	861 672	975 857	1 055 532	1 080 856	1 106 606	1 128 873	1 153 391	1 180 305	1 209 769	1 241 943	1 277 003	1 315 133
2.5.1	权益资产	98 508	235 004	388 047	561 160	734 486	861 672	975 857	1 055 532	1 080 856	1 084 462	1 084 462	1 084 462	1 084 462	1 084 462	1 084 462	1 084 462	1 084 462
2.5.2	资本公积																	
2.5.3	累计盈余公积	0	0	0	0	0	0	0	0	0	2 214	2 448	2 697	2 961	3 242	3 542	3 860	4 199
2.5.4	累计未分配利润	0	0	0	0	0	0	0	0	0	19 930	41 963	66 232	92 882	122 065	153 939	188 681	226 472
	计算指标：资产负债率（%）	50.03	50.70	51.40	52.08	52.82	53.77	54.75	55.86	57.24	55.71	54.17	52.45	50.55	48.44	46.10	43.50	40.60

续上表

序号	项　目	计算期																
		18	19	20	21	22	23	24	25	26	27	28	29	30	31	32	33	34
1	资产	2 166 018	2 115 596	2 065 293	2 012 193	1 956 384	1 897 694	1 835 939	1 770 921	1 849 449	1 927 385	2 005 321	2 083 257	2 161 194	2 239 130	2 317 066	2 395 002	2 472 938
1.1	流动资产总额	70 655	68 257	65 978	60 902	53 117	42 451	28 720	11 726	138 278	264 238	390 198	516 158	642 118	768 079	894 039	907 405	920 770
1.1.1	货币资金	62 625	59 843	56 905	51 395	43 148	31 991	17 737	187	126 148	252 108	378 068	504 028	629 988	755 948	881 908	895 274	908 640
1.1.1.2	应收账款	3 418	3 418	3 418	3 418	3 418	3 418	3 418	3 418	3 418	3 418	3 418	3 418	3 418	3 418	3 418	3 418	3 418
1.1.1.3	预付账款	0	0	0	0	0	0	0	0	0	0	0	0	0	0	0	0	0
1.1.4	存货	53	53	53	53	53	53	53	53	53	53	53	53	53	53	53	53	53
1.1.5	其他	4 559	4 943	5 602	6 036	6 498	6 989	7 512	8 068	8 660	8 660	8 660	8 660	8 660	8 660	8 660	8 660	8 660
1.2	在建工程																	
1.3	固定资产净值	2 095 363	2 047 339	1 999 315	1 951 291	1 903 267	1 855 243	1 807 219	1 759 195	1 711 171	1 663 147	1 615 123	1 567 099	1 519 076	1 471 051	1 423 027	1 487 597	1 552 168
1.4	无形和其他资产净值																	
2	负债及所有者权益	2 166 018	2 115 596	2 065 293	2 012 193	1 956 384	1 897 694	1 835 939	1 770 921	1 849 449	1 927 385	2 005 321	2 083 257	2 161 194	2 239 130	2 317 066	2 395 002	2 472 938
2.1	流动负债总额	53	53	53	53	53	53	53	53	53	53	53	53	53	53	53	53	53
2.1.1.1	短期借款																	
2.1.1.2	应付账款	53	53	53	53	53	53	53	53	53	53	53	53	53	53	53	53	53
2.1.1.3	预收账款																	
2.1.4	其他																	
2.2	建设投资借款	809 438	714 146	612 765	504 906	390 154	268 070	138 185	0	0	0	0	0	0	0	0	0	0
2.3	流动资金借款																	
2.4	负债小计	809 490	714 198	612 817	504 958	390 206	268 122	138 237	53	53	53	53	53	53	53	53	53	53
2.5	所有者权益	1 356 582	1 401 397	1 452 475	1 507 235	1 566 178	1 629 572	1 697 701	1 770 869	1 849 397	1 927 333	2 005 269	2 083 205	2 161 141	2 239 077	2 317 013	2 394 949	2 472 885
2.5.1	权益资产	1 084 462	1 084 462	1 084 462	1 084 462	1 084 462	1 084 462	1 084 462	1 084 462	1 084 462	1 084 462	1 084 462	1 084 462	1 084 462	1 084 462	1 084 462	1 084 462	1 084 462
2.5.2	资本公积																	
2.5.3	累计盈余公积	4 559	4 943	5 602	6 036	6 498	6 989	7 512	8 068	8 660	8 660	8 660	8 660	8 660	8 660	8 660	8 660	8 660
2.5.4	累计未分配利润	267 561	311 992	362 411	416 737	475 218	538 121	605 727	678 339	756 275	834 211	912 147	990 083	1 068 019	1 145 955	1 223 891	1 301 827	1 379 763
	计算指标: 资产负债率(%)	37.37	33.76	29.67	25.09	19.95	14.13	7.53	0.00	0.00	0.00	0.00	0.00	0.00	0.00	0.00	0.00	0.00

续上表

序号	项 目	计 算 期																
		35	36	37	38	39	40	41	42	43	44	45	46	47	48	49	50	51
1	资产																	
1.1	流动资产总额	2 550 874	2 628 810	2 706 746	2 784 682	2 862 618	2 940 555	3 018 491	3 096 427	3 174 363	3 252 299	3 330 235	3 408 171	3 486 107	3 564 043	3 641 979	3 719 916	3 797 852
1.1.1	货币资金	1 046 731	1 172 691	1 298 651	1 424 611	1 550 571	1 676 531	1 802 491	1 928 451	2 054 411	2 180 372	2 306 332	2 432 292	2 558 252	2 684 212	2 810 172	2 936 132	3 062 092
1.1.1.1	应收账款	1 034 600	1 160 560	1 286 520	1 412 480	1 538 441	1 664 401	1 790 361	1 916 321	2 042 281	2 168 241	2 294 201	2 420 161	2 546 121	2 672 081	2 798 042	2 924 002	3 049 962
1.1.1.2		3 418	3 418	3 418	3 418	3 418	3 418	3 418	3 418	3 418	3 418	3 418	3 418	3 418	3 418	3 418	3 418	3 418
1.1.1.3	预付账款	0	0	0	0	0	0	0	0	0	0	0	0	0	0	0	0	0
1.1.1.4	存货	53	53	53	53	53	53	53	53	53	53	53	53	53	53	53	53	53
1.1.1.5	其他	8 660	8 660	8 660	8 660	8 660	8 660	8 660	8 660	8 660	8 660	8 660	8 660	8 660	8 660	8 660	8 660	8 660
1.2	在建工程																	
1.3	固定资产净值	1 504 143	1 456 119	1 408 095	1 360 071	1 312 047	1 264 024	1 216 000	1 167 976	1 119 952	1 071 927	1 023 903	975 879	927 855	879 831	831 807	1 783 784	735 760
1.4	无形和其他资产净值																	
2	负债及所有者权益	2 550 874	2 628 810	2 706 746	2 784 682	2 862 618	2 940 555	3 018 491	3 096 427	3 174 363	3 252 299	3 330 235	3 408 171	3 486 107	3 564 043	3 641 979	3 719 916	3 797 852
2.1	流动负债总额	53	53	53	53	53	53	53	53	53	53	53	53	53	53	53	53	53
2.1.1	短期借款																	
2.1.2	应付账款	53	53	53	53	53	53	53	53	53	53	53	53	53	53	53	53	53
2.1.3	预收账款																	
2.1.4	其他																	
2.2	建设投资借款	0	0	0	0	0	0	0	0	0	0	0	0	0	0	0	0	0
2.3	流动资金借款	0	0	0	0	0	0	0	0	0	0	0	0	0	0	0	0	0
2.4	负债小计	53	53	53	53	53	53	53	53	53	53	53	53	53	53	53	53	53
2.5	所有者权益	2 550 822	2 706 694	2 706 694	2 784 630	2 862 566	2 940 502	3 018 438	3 096 374	3 174 310	3 252 246	3 330 183	3 408 119	3 486 055	3 563 991	3 641 927	3 719 863	3 797 799
2.5.1	权益资产	1 084 462	1 084 462	1 084 462	1 084 462	1 084 462	1 084 462	1 084 462	1 084 462	1 084 462	1 084 462	1 084 462	1 084 462	1 084 462	1 084 462	1 084 462	1 084 462	1 084 462
2.5.2	资本公积	8 660	8 660	8 660	8 660	8 660	8 660	8 660	8 660	8 660	8 660	8 660	8 660	8 660	8 660	8 660	8 660	8 660
2.5.3	累计盈余公积	1 457 700	1 535 636	1 613 572	1 691 508	1 769 444	1 847 380	1 925 316	2 003 252	2 081 188	2 159 124	2 237 061	2 314 997	2 392 933	2 470 869	2 548 805	2 626 741	2 704 677
2.5.4	累计未分配利润	0.00	0.00	0.00	0.00	0.00	0.00	0.00	0.00	0.00	0.00	0.00	0.00	0.00	0.00	0.00	0.00	0.00
	计算指标:																	
	资产负债率(%)	0.00	0.00	0.00	0.00	0.00	0.00	0.00	0.00	0.00	0.00	0.00	0.00	0.00	0.00	0.00	0.00	0.00

续上表

序号	项 目	计 算 期							
		52	53	54	55	56	57	58	59
1	资产	3 875 788	3 953 724	4 031 660	4 109 596	4 187 532	4 265 468	4 343 404	4 421 340
1.1	流动资产总额	3 188 052	3 314 012	3 439 973	3 565 933	3 691 893	3 817 853	3 943 813	4 069 773
1.1.1	货币资金	3 175 922	3 301 882	3 427 842	3 553 802	3 679 762	3 805 722	3 931 683	4 057 643
1.1.2	应收账款	3 418	3 418	3 418	3 418	3 418	3 418	3 418	3 418
1.1.3	预付账款	0	0	0	0	0	0	0	0
1.1.4	存货	53	53	53	53	53	53	53	53
1.1.5	其他	8 660	8 660	8 660	8 660	8 660	8 660	8 660	8 660
1.2	在建工程								
1.3	固定资产净值	687 736	639 712	591 687	543 663	495 639	447 615	399 591	351 567
1.4	无形和其他资产净值								
2	负债及所有者权益	3 875 788	3 953 724	4 031 660	4 109 596	4 187 532	4 265 468	4 343 404	4 421 340
2.1	流动负债总额	53	53	53	53	53	53	53	53
2.1.1	短期借款								
2.1.2	应付账款	53	53	53	53	53	53	53	53
2.1.3	预收账款								
2.1.4	其他	0	0	0	0	0	0	0	0
2.2	建设投资借款	0	0	0	0	0	0	0	0
2.3	流动资金借款								
2.4	负债小计	53	53	53	53	53	53	53	53
2.5	所有者权益	3 875 735	3 953 671	4 031 607	4 109 544	4 187 480	4 265 416	4 343 352	4 421 288
2.5.1	权益资产	1 084 462	1 084 462	1 084 462	1 084 462	1 084 462	1 084 462	1 084 462	1 084 462
2.5.2	资本公积								
2.5.3	累计盈余公积	8 660	8 660	8 660	8 660	8 660	8 660	8 660	8 660
2.5.4	累计未分配利润	2 782 613	2 860 549	2 938 485	3 016 422	3 094 358	3 172 294	3 250 230	3 328 166
计算指标:									
	资产负债率(%)	0.00	0.00	0.00	0.00	0.00	0.00	0.00	0.00

利润与利润分配表（万元）

附表 3-6

序号	项目	合计	计算期 1	2	3	4	5	6	7	8	9	10	11	12	13	14	15	16	17
1	营业收入	10 875 000										217 500	217 500	217 500	217 500	217 500	217 500	217 500	217 500
2	营业税金及附加	147 900										2 958	2 958	2 958	2 958	2 958	2 958	2 958	2 958
3	总成本费用	5 207 761										181 490	178 003	174 294	170 347	166 148	161 680	156 927	151 871
4	补贴收入	0										0	0	0	0	0	0	0	0
5	利润总额	5 519 339										33 052	36 539	40 248	44 195	48 394	52 862	57 615	62 671
6	弥补以前年度亏损	0										0	0	0	0	0	0	0	0
7	应纳税所得额	5 519 339										33 052	36 539	40 248	44 195	48 394	52 862	57 615	62 671
8	所得税	1 821 397										10 907	12 058	13 282	14 584	15 970	17 444	19 013	20 681
9	净利润	3 697 975										22 145	24 481	26 966	29 611	32 424	35 417	38 602	41 990
10	期初未分配利润	0										0	0	0	0	0	0	0	0
11	可供分配的利润	3 697 975										22 145	24 481	26 966	29 611	32 424	35 417	38 602	41 990
12	提取法定盈余公积金	369 810										2 214	2 448	2 697	2 961	3 242	3 542	3 860	4 199
13	可供投资者分配的利润	3 328 166										19 930	22 033	24 270	26 650	29 182	31 876	34 742	37 791
14	应付优先股股利	0										0	0	0	0	0	0	0	0
15	提取任意盈余公积金	0										0	0	0	0	0	0	0	0
16	应付普通股股利	0										0	0	0	0	0	0	0	0
17	未分配利润	3 328 166										19 930	22 033	24 270	26 650	29 182	31 876	34 742	37 791

序号	项目	计算期 18	19	20	21	22	23	24	25	26	27	28	29	30	31	32	33	34
1	营业收入	217 500	217 500	217 500	217 500	217 500	217 500	217 500	217 500	217 500	217 500	217 500	217 500	217 500	217 500	217 500	217 500	217 500
2	营业税金及附加	2 958	2 958	2 958	2 958	2 958	2 958	2 958	2 958	2 958	2 958	2 958	2 958	2 958	2 958	2 958	2 958	2 958
3	总成本费用	146 491	140 768	130 929	124 450	117 558	110 226	102 424	94 125	85 295	85 295	85 295	85 295	85 295	85 295	85 295	85 295	85 295
4	补贴收入	0	0	0	0	0	0	0	0	129 247	129 247	129 247	129 247	129 247	129 247	129 247	129 247	129 247
5	利润总额	68 051	73 774	83 613	90 092	96 984	104 316	112 118	120 417	129 247	129 247	129 247	129 247	129 247	129 247	129 247	129 247	129 247
6	弥补以前年度亏损	0	0	0	0	0	0	0	0									
7	应纳税所得额	68 051	73 774	83 613	90 092	96 984	104 316	112 118	120 417	129 247	129 247	129 247	129 247	129 247	129 247	129 247	129 247	129 247

续上表

序号	项 目	计 算 期																
		18	19	20	21	22	23	24	25	26	27	28	29	30	31	32	33	34
8	所得税	22 457	24 345	27 592	29 730	32 005	34 424	36 999	39 738	42 652	42 652	42 652	42 652	42 652	42 652	42 652	42 652	42 652
9	净利润	45 594	49 429	56 021	60 361	64 979	69 892	75 119	80 680	86 596	86 596	86 596	86 596	86 596	86 596	86 596	86 596	86 596
10	期初未分配利润																	
11	可供分配的利润	45 594	49 429	56 021	60 361	64 979	69 892	75 119	80 680	86 596	86 596	86 596	86 596	86 596	86 596	86 596	86 596	86 596
12	提取法定盈余公积金	4 559	4 943	5 602	6 036	6 498	6 989	7 512	8 068	8 660	8 660	8 660	8 660	8 660	8 660	8 660	8 660	8 660
13	可供投资者分配的利润	41 035	44 486	50 419	54 325	58 481	62 903	67 607	72 612	77 936	77 936	77 936	77 936	77 936	77 936	77 936	77 936	77 936
14	应付优先股股利	0	0	0	0	0	0	0	0	0	0	0	0	0	0	0	0	0
15	提取任意盈余公积金																	
16	应付普通股股利	0	0	0	0	0	0	0	0	0	0	0	0	0	0	0	0	0
17	未分配利润	41 035	44 486	50 419	54 325	58 481	62 903	67 607	72 612	77 936	77 936	77 936	77 936	77 936	77 936	77 936	77 936	77 936

序号	项 目	计 算 期																
		35	36	37	38	39	40	41	42	43	44	45	46	47	48	49	50	51
1	营业收入	217 500	217 500	217 500	217 500	217 500	217 500	217 500	217 500	217 500	217 500	217 500	217 500	217 500	217 500	217 500	217 500	217 500
2	营业税金及附加	2 958	2 958	2 958	2 958	2 958	2 958	2 958	2 958	2 958	2 958	2 958	2 958	2 958	2 958	2 958	2 958	2 958
3	总成本费用	85 295	85 295	85 295	85 295	85 295	85 295	85 295	85 295	85 295	85 295	85 295	85 295	85 295	85 295	85 295	85 295	85 295
4	补贴收入	0	0	0	0	0	0	0	0	0	0	0	0	0	0	0	0	0
5	利润总额	129 247	129 247	129 247	129 247	129 247	129 247	129 247	129 247	129 247	129 247	129 247	129 247	129 247	129 247	129 247	129 247	129 247
6	弥补以前年度亏损	0	0	0	0	0	0	0	0	0	0	0	0	0	0	0	0	0
7	应纳税所得额	129 247	129 247	129 247	129 247	129 247	129 247	129 247	129 247	129 247	129 247	129 247	129 247	129 247	129 247	129 247	129 247	129 247
8	所得税	42 652	42 652	42 652	42 652	42 652	42 652	42 652	42 652	42 652	42 652	42 652	42 652	42 652	42 652	42 652	42 652	42 652
9	净利润	86 596	86 596	86 596	86 596	86 596	86 596	86 596	86 596	86 596	86 596	86 596	86 596	86 596	86 596	86 596	86 596	86 596
10	期初未分配利润																	
11	可供分配的利润	86 596	86 596	86 596	86 596	86 596	86 596	86 596	86 596	86 596	86 596	86 596	86 596	86 596	86 596	86 596	86 596	86 596
12	提取法定盈余公积金	8 660	8 660	8 660	8 660	8 660	8 660	8 660	8 660	8 660	8 660	8 660	8 660	8 660	8 660	8 660	8 660	8 660
13	可供投资者分配的利润	77 936	77 936	77 936	77 936	77 936	77 936	77 936	77 936	77 936	77 936	77 936	77 936	77 936	77 936	77 936	77 936	77 936
14	应付优先股股利	0	0	0	0	0	0	0	0	0	0	0	0	0	0	0	0	0

续上表

序号	项　目	计　算　期																
		35	36	37	38	39	40	41	42	43	44	45	46	47	48	49	50	51
15	提取任意盈余公积金	0	0	0	0	0	0	0	0	0	0	0	0	0	0	0	0	0
16	应付普通股股利	0	0	0	0	0	0	0	0	0	0	0	0	0	0	0	0	0
17	未分配利润	77 936	77 936	77 936	77 936	77 936	77 936	77 936	77 936	77 936	77 936	77 936	77 936	77 936	77 936	77 936	77 936	77 936
	附：息税前利润										125 497	125 497	125 497	125 497	125 497	125 497	125 497	125 497
	息税折旧摊销前利润									173 521	173 521	173 521	173 521	173 521	173 521	173 521	173 521	173 521

序号	项　目	计　算　期							
		52	53	54	55	56	57	58	59
1	营业收入	217 500	217 500	217 500	217 500	217 500	217 500	217 500	217 500
2	营业税金及附加	2 958	2 958	2 958	2 958	2 958	2 958	2 958	2 958
3	总成本费用	85 295	85 295	85 295	85 295	85 295	85 295	85 295	85 295
4	补贴收入	0	0	0	0	0	0	0	0
5	利润总额	129 247	129 247	129 247	129 247	129 247	129 247	129 247	129 247
6	弥补以前年度亏损	0	0	0	0	0	0	0	0
7	应纳税所得额	129 247	129 247	129 247	129 247	129 247	129 247	129 247	129 247
8	所得税	42 652	42 652	42 652	42 652	42 652	42 652	42 652	42 652
9	净利润	86 596	86 596	86 596	86 596	86 596	86 596	86 596	86 596
10	期初未分配利润								
11	可供分配的利润	86 596	86 596	86 596	86 596	86 596	86 596	86 596	86 596
12	提取法定盈余公积金	8 660	8 660	8 660	8 660	8 660	8 660	8 660	8 660
13	可供投资者分配的利润	77 936	77 936	77 936	77 936	77 936	77 936	77 936	77 936
14	应付优先股股利	0	0	0	0	0	0	0	
15	提取任意盈余公积金	0	0	0	0	0	0	0	
16	应付普通股股利	0	0	0	0	0	0	0	
17	未分配利润	77 936	77 936	77 936	77 936	77 936	77 936	77 936	77 936
	附：息税前利润								
	息税折旧摊销前利润								

附表 3-7

项目投资财务现金流量表（万元）

序号	项　目	合计	计算期										
			1	2	3	4	5	6	7	8	9	10
1	现金流入	10 985 091	0	0	0	0	0	0	0	0	0	217 500
1.1	营业收入	10 875 000										217 500
1.2	补贴收入	0										
1.3	回收固定资产余值	106 485										
1.4	回收流动资金	3 606										
2	现金流出	4 407 450	194 099	268 949	301 554	341 102	341 519	250 605	224 989	156 990	49 899	47 585
2.1	建设投资	213 312	194 099	268 949	301 554	341 102	341 519	250 605	224 989	156 990		
2.2	流动资金	0									498 99	3 606
2.3	经营成本	1 901 050										41 021
2.4	营业税金及附加	147 900										2 958
2.5	维持运营投资	225 188										
3	所得税前净现金流量	6 577 641	−194 099	−268 949	−301 554	−341 102	−341 519	−250 605	−224 989	−156 990	−49 899	169 915
4	累计所得税前净现金流量	99 986 798	−194 099	−463 043	−764 602	−1 105 704	−1 447 223	−1 697 828	−1 922 817	−2 079 807	−2 129 706	−1 959 790
5	调整所得税	2 120 220										41 414
6	所得税后净现金流量	4 457 421	−194 099	−268 949	−301 554	−341 102	−341 519	−250 605	−224 989	−156 990	−49 899	128 501
7	累计所得税后净现金流量	45 069 032	−194 099	−463 043	−764 602	−1 105 704	−1 447 223	−1 697 828	−1 922 817	−2 079 807	−2 129 706	−2 001 204

序号	项　目	计算期							
		11	12	13	14	15	16	17
1	现金流入	217 500	217 500	217 500	217 500	217 500	217 500	217 500
1.1	营业收入	217 500	217 500	217 500	217 500	217 500	217 500	217 500
1.2	补贴收入							
1.3	回收固定资产余值							
1.4	回收流动资金							
2	现金流出	43 979	43 979	43 979	43 979	43 979	43 979	43 979
2.1	建设投资							
2.2	流动资金							
2.3	经营成本	41 021	41 021	41 021	41 021	41 021	41 021	41 021
2.4	营业税金及附加	2 958	2 958	2 958	2 958	2 958	2 958	2 958
2.5	维持运营投资							
3	所得税前净现金流量	173 521	173 521	173 521	173 521	173 521	173 521	173 521
4	累计所得税前净现金流量	−1 786 269	−1 612 748	−1 439 227	−1 265 705	−1 092 184	−918 663	−745 142
5	调整所得税	41 414	41 414	41 414	41 414	41 414	41 414	41 414
6	所得税后净现金流量	132 107	132 107	132 107	132 107	132 107	132 107	132 107
7	累计所得税后净现金流量	−1 869 097	−1 736 990	−1 604 883	−1 472 776	−1 340 669	−1 208 562	−1 076 454

序号	项　目	计算期																
		18	19	20	21	22	23	24	25	26	27	28	29	30	31	32	33	34
1	现金流入	217 500	217 500	217 500	217 500	217 500	217 500	217 500	217 500	217 500	217 500	217 500	217 500	217 500	217 500	217 500	217 500	217 500
1.1	营业收入	217 500	217 500	217 500	217 500	217 500	217 500	217 500	217 500	217 500	217 500	217 500	217 500	217 500	217 500	217 500	217 500	217 500
1.2	补贴收入																	
1.3	回收固定资产余值																	152 823
1.4	回收流动资金																	
2	现金流出	43 979	43 979	40 229	40 229	40 229	40 229	40 229	40 229	40 229	40 229	40 229	40 229	40 229	40 229	40 229	152 823	152 823
2.1	建设投资																	
2.2	流动资金																	

续上表

序号	项 目	计 算 期																
		18	19	20	21	22	23	24	25	26	27	28	29	30	31	32	33	34
2.3	经营成本	41 021	41 021	37 271	37 271	37 271	37 271	37 271	37 271	37 271	37 271	37 271	37 271	37 271	37 271	37 271	37 271	37 271
2.4	营业税金及附加	2 958	2 958	2 958	2 958	2 958	2 958	2 958	2 958	2 958	2 958	2 958	2 958	2 958	2 958	2 958	2 958	2 958
2.5	维持运营投资																112 594	112 594
3	所得税前净现金流量	173 521	173 521	177 271	177 271	177 271	177 271	177 271	177 271	177 271	177 271	177 271	177 271	177 271	177 271	177 271	64 677	64 677
4	累计所得税前净现金流量	-571 620	-398 099	-220 828	-43 557	133 715	310 986	488 257	665 529	842 800	1 020 071	1 197 342	1 374 614	1 551 885	1 729 156	1 906 427	1 971 104	2 035 782
5	调整所得税	41 414	41 414	42 652	42 652	42 652	42 652	42 652	42 652	42 652	42 652	42 652	42 652	42 652	42 652	42 652	42 652	42 652
6	所得税后净现金流量	132 107	132 107	134 619	134 619	134 619	134 619	134 619	134 619	134 619	134 619	134 619	134 619	134 619	134 619	134 619	22 025	22 025
7	累计所得税后净现金流量	-944 347	-812 240	-677 620	-543 001	-408 381	-273 761	-139 142	-4 522	130 098	264 717	399 337	533 957	668 576	803 196	937 816	959 841	981 867

序号	项 目	计 算 期																
		35	36	37	38	39	40	41	42	43	44	45	46	47	48	49	50	51
1	现金流入	217 500	217 500	217 500	217 500	217 500	217 500	217 500	217 500	217 500	217 500	217 500	217 500	217 500	217 500	217 500	217 500	217 500
1.1	营业收入	217 500	217 500	217 500	217 500	217 500	217 500	217 500	217 500	217 500	217 500	217 500	217 500	217 500	217 500	217 500	217 500	217 500
1.2	补贴收入																	
1.3	回收固定资产余值																	
1.4	回收流动资金																	40 229
2	现金流出	40 229	40 229	40 229	40 229	40 229	40 229	40 229	40 229	40 229	40 229	40 229	40 229	40 229	40 229	40 229	40 229	
2.1	建设投资																	
2.2	流动资金																	
2.3	经营成本	37 271	37 271	37 271	37 271	37 271	37 271	37 271	37 271	37 271	37 271	37 271	37 271	37 271	37 271	37 271	37 271	37 271
2.4	营业税金及附加	2 958	2 958	2 958	2 958	2 958	2 958	2 958	2 958	2 958	2 958	2 958	2 958	2 958	2 958	2 958	2 958	2 958
2.5	维持运营投资																	
3	所得税前净现金流量	177 271	177 271	177 271	177 271	177 271	177 271	177 271	177 271	177 271	177 271	177 271	177 271	177 271	177 271	177 271	177 271	177 271
4	累计所得税前净现金流量	2 213 053	2 390 324	2 567 595	2 744 867	2 922 138	3 099 409	3 276 680	3 453 952	3 631 223	3 808 494	3 985 765	4 163 037	4 340 308	4 517 579	4 694 851	4 872 122	5 049 393
5	调整所得税	42 652	42 652	42 652	42 652	42 652	42 652	42 652	42 652	42 652	42 652	42 652	42 652	42 652	42 652	42 652	42 652	42 652
6	所得税后净现金流量	134 619	134 619	134 619	134 619	134 619	134 619	134 619	134 619	134 619	134 619	134 619	134 619	134 619	134 619	134 619	134 619	134 619
7	累计所得税后净现金流量	1 116 486	1 251 106	1 385 726	1 520 345	1 654 965	1 789 585	1 924 204	2 058 824	2 193 444	2 328 063	2 462 683	2 597 303	2 731 922	2 866 542	3 001 162	3 135 781	2 170 401

续上表

序号	项　目	计　算　期								
		52	53	54	55	56	57	58	59	
1	现金流入	217 500	217 500	217 500	217 500	217 500	217 500	217 500	327 591	
1.1	营业收入	217 500	217 500	217 500	217 500	217 500	217 500	217 500	217 500	
1.2	补贴收入									
1.3	回收固定资产余值								106 485	
1.4	回收流动资金								3 606	
2	现金流出	40 229	40 229	40 229	40 229	40 229	40 229	40 229	40 229	
2.1	建设投资									
2.2	流动资金									
2.3	经营成本	37 271	37 271	37 271	37 271	37 271	37 271	37 271	37 271	
2.4	营业税金及附加	2 958	2 958	2 958	2 958	2 958	2 958	2 958	2 958	
2.5	维持运营投资									
3	所得税前净现金流量	177 271	177 271	177 271	177 271	177 271	177 271	177 271	287 362	
4	累计所得税前净现金流量	5 226 664	5 403 936	5 581 207	5 758 478	5 935 749	6 113 021	6 290 292	6 577 654	
5	调整所得税	42 652	42 652	42 652	42 652	42 652	42 652	42 652	42 652	
6	所得税后净现金流量	134 619	134 619	134 619	134 619	134 619	134 619	134 619	244 710	
7	累计所得税后净现金流量	3 405 021	3 539 640	3 674 260	3 808 880	3 943 499	4 078 119	4 212 739	4 457 450	

计算指标：
项目投资财务内部收益率（所得税前）5.841%；
项目投资财务内部收益率（所得税后）4.426%；
项目投资财务净现值（所得税前）（$i_c=3.37\%$）1 232 896 万元；
项目投资财务净现值（所得税后）（$i_c=3.37\%$）480 463 万元；
项目投资回收期 25.03 年

附表 3-8

项目资本金现金流量表（万元）

序号	项　目	合计	计　算　期																
			1	2	3	4	5	6	7	8	9	10	11	12	13	14	15	16	17
1	现金流入	11 004 985	0	0	0	0	0	0	0	0	0	217 500	217 500	217 500	217 500	217 500	217 500	217 500	217 500
1.1	营业收入	10 875 000										217 500	217 500	217 500	217 500	217 500	217 500	217 500	217 500
1.2	补贴收入	0																	
1.3	回收固定资产余值	126 379																	
1.4	回收流动资金	3 606																	
2	现金流出	7 532 200	98 508	136 496	153 043	173 114	173 326	127 186	114 185	79 675	25 324	205 507	203 051	204 276	205 578	206 964	208 438	210 006	211 675
2.1	项目资本金	1 084 463	98 508	136 496	153 043	173 114	173 326	127 186	114 185	79 675	25 324								
2.2	借款本金偿还	1 446 721										3 606	58 056	61 766	65 713	69 912	74 379	79 132	84 189
2.3	借款利息支付	905 517										54 569	88 959	85 249	81 302	77 103	72 636	67 883	62 826
2.4	经营成本	1 901 050										92 446	41 021	41 021	41 021	41 021	41 021	41 021	41 021
2.5	营业税金及附加	147 900										2 958	2 958	2 958	2 958	2 958	2 958	2 958	2 958
2.6	所得税	1 821 397										10 907	12 058	13 282	14 584	15 970	17 444	19 013	20 681
2.7	维持运营投资	225 188																	
3	净现金流量	3 472 785	−98 508	−136 496	−153 043	−173 114	−173 326	−127 186	−114 185	−79 675	−25 324	11 993	14 449	13 224	11 922	10 536	9 062	7 494	5 825

序号	项　目	计　算　期																	
		18	19	20	21	22	23	24	25	26	27	28	29	30	31	32	33	34
1	现金流入	217 500	217 500	217 500	217 500	217 500	217 500	217 500	217 500	217 500	217 500	217 500	217 500	217 500	217 500	217 500	217 500	217 500
1.1	营业收入	217 500	217 500	217 500	217 500	217 500	217 500	217 500	217 500	217 500	217 500	217 500	217 500	217 500	217 500	217 500	217 500	217 500
1.2	补贴收入																	
1.3	回收固定资产余值																	
1.4	回收流动资金																	
2	现金流出	213 450	215 339	214 836	216 974	219 248	221 668	224 242	226 981	82 880	82 880	82 880	82 880	82 880	82 880	82 880	195 475	195 475
2.1	项目资本金																	

109

续上表

序号	项目	计算期																
		18	19	20	21	22	23	24	25	26	27	28	29	30	31	32	33	34
2.2	借款本金偿还	89 568	95 292	101 381	107 859	114 751	122 084	129 885	138 185	0	0	0	0	0	0	0	0	0
2.3	借款利息支付	57 446	51 723	45 634	39 156	32 263	24 931	17 130	8 830	0	0	0	0	0	0	0	0	0
2.4	经营成本	41 021	41 021	37 271	37 271	37 271	37 271	37 271	37 271	37 271	37 271	37 271	37 271	37 271	37 271	37 271	37 271	37 271
2.5	营业税金及附加	2 958	2 958	2 958	2 958	2 958	2 958	2 958	2 958	2 958	2 958	2 958	2 958	2 958	2 958	2 958	2 958	2 958
2.6	所得税	22 457	24 345	27 592	29 730	32 005	34 424	36 999	39 738	42 652	42 652	42 652	42 652	42 652	42 652	42 652	42 652	42 652
2.7	维持运营投资									134 620	134 620	134 620	134 620	134 620	134 620	134 620	112 594	112 594
3	净现金流量	4 050	2 161	2 664	526	−1 748	−4 168	−6 742	−9 481								22 025	22 025

序号	项目	计算期																
		35	36	37	38	39	40	41	42	43	44	45	46	47	48	49	50	51
1	现金流入	217 500	217 500	217 500	217 500	217 500	217 500	217 500	217 500	217 500	217 500	217 500	217 500	217 500	217 500	217 500	217 500	217 500
1.1	营业收入	217 500	217 500	217 500	217 500	217 500	217 500	217 500	217 500	217 500	217 500	217 500	217 500	217 500	217 500	217 500	217 500	217 500
1.2	补贴收入																	
1.3	回收固定资产余值																	
1.4	回收流动资金																	
2	现金流出	82 880	82 880	82 880	82 880	82 880	82 880	82 880	82 880	82 880	82 880	82 880	82 880	82 880	82 880	82 880	82 880	82 880
2.1	项目资本金																	
2.2	借款本金偿还	0	0	0	0	0	0	0	0	0	0	0	0	0	0	0	0	0
2.3	借款利息支付	0	0	0	0	0	0	0	0	0	0	0	0	0	0	0	0	0
2.4	经营成本	37 271	37 271	37 271	37 271	37 271	37 271	37 271	37 271	37 271	37 271	37 271	37 271	37 271	37 271	37 271	37 271	37 271
2.5	营业税金及附加	2 958	2 958	2 958	2 958	2 958	2 958	2 958	2 958	2 958	2 958	2 958	2 958	2 958	2 958	2 958	2 958	2 958
2.6	所得税	42 652	42 652	42 652	42 652	42 652	42 652	42 652	42 652	42 652	42 652	42 652	42 652	42 652	42 652	42 652	42 652	42 652

续上表

序号	项目	计算期															
		35	36	37	38	39	40	41	42	43	44	45	46	47	48	49	50	51
2.7	维持运营投资																	
3	净现金流量	134 620	134 620	134 620	134 620	134 620	134 620	134 620	134 620								134 620	134 620

序号	项目	计算期							
		52	53	54	55	56	57	58	59
1	现金流入	217 500	217 500	217 500	217 500	217 500	217 500	217 500	347 485
1.1	营业收入	217 500	217 500	217 500	217 500	217 500	217 500	217 500	217 500
1.2	补贴收入								
1.3	回收固定资产余值								126 379
1.4	回收流动资金								3 606
2	现金流出	82 880	82 880	82 880	82 880	82 880	82 880	82 880	82 880
2.1	项目资本金								
2.2	借款本金偿还	0	0	0	0	0	0	0	0
2.3	借款利息支付	0	0	0	0	0	0	0	0
2.4	经营成本	37 271	37 271	37 271	37 271	37 271	37 271	37 271	37 271
2.5	营业税金及附加	2 958	2 958	2 958	2 958	2 958	2 958	2 958	2 958
2.6	所得税	42 652	42 652	42 652	42 652	42 652	42 652	42 652	42 652
2.7	维持运营投资	134 620	134 620	134 620	134 620	134 620	134 620	134 620	
3	净现金流量	134 620	134 620	134 620	134 620	134 620	134 620	134 620	264 605

计算指标：项目资本金财务内部收益率 4.061%

附表 3-9

企业资本金现金流量表（万元）

序号	项　目	合计	计算期																
			1	2	3	4	5	6	7	8	9	10	11	12	13	14	15	16	17
1	现金流入	10 915 361	0	0	0	0	0	0	0	0	0	217 500	217 500	217 500	217 500	217 500	217 500	217 500	217 500
1.1	营业收入	10 875 000										217 500	217 500	217 500	217 500	217 500	217 500	217 500	217 500
1.2	补贴收入	0																	
1.3	回收固定资产余值	39 241																	
1.4	回收流动资金	1 120																	
2	现金流出	6 786 750	30 587	42 382	47 520	53 752	53 818	39 491	35 455	24 739	7 863	205 507	203 051	204 276	205 578	206 964	208 438	210 006	211 675
2.1	项目资本金	339 213	30 587	42 382	47 520	53 752	53 818	39 491	35 455	24 739	7 863	3 606							
2.2	借款本金偿还	1 446 721										54 569	58 056	61 766	65 713	69 912	74 379	79 132	84 189
2.3	借款利息支付	905 517										92 446	88 959	85 249	81 302	77 103	72 636	67 883	62 826
2.4	经营成本	1 901 050										41 021	41 021	41 021	41 021	41 021	41 021	41 021	41 021
2.5	营业税金及附加	147 900										2 958	2 958	2 958	2 958	2 958	2 958	2 958	2 958
2.6	所得税	1 821 397										10 907	12 058	13 282	14 584	15 970	17 444	19 013	20 681
2.7	维持运营投资	225 188																	
3	净现金流量	4 128 410	−30 587	−42 382	−47 520	−53 752	−53 818	−39 491	−35 455	−24 739	−7 863	11 993	14 449	13 224	11 922	10 536	9 062	7 494	5 825

序号	项　目	计算期																
		18	19	20	21	22	23	24	25	26	27	28	29	30	31	32	33	34
1	现金流入	217 500	217 500	217 500	217 500	217 500	217 500	217 500	217 500	217 500	217 500	217 500	217 500	217 500	217 500	217 500	217 500	217 500
1.1	营业收入	217 500	217 500	217 500	217 500	217 500	217 500	217 500	217 500	217 500	217 500	217 500	217 500	217 500	217 500	217 500	217 500	217 500
1.2	补贴收入																	
1.3	回收固定资产余值																	195 475
1.4	回收流动资金																	
2	现金流出	213 450	215 339	214 636	216 974	219 248	221 668	224 242	226 981	82 880	82 880	82 880	82 880	82 880	82 880	82 880	82 880	195 475

续上表

序号	项 目	计 算 期																
		18	19	20	21	22	23	24	25	26	27	28	29	30	31	32	33	34
2.1	项目资本金																	
2.2	借款本金偿还	89 568	95 292	101 381	107 859	114 751	122 084	129 885	138 185	0	0	0	0	0	0	0	0	0
2.3	借款利息支付	57 446	51 723	45 634	39 156	32 263	24 931	17 130	8 830	0	0	0	0	0	0	0	0	0
2.4	经营成本	41 021	41 021	37 271	37 271	37 271	37 271	37 271	37 271	37 271	37 271	37 271	37 271	37 271	37 271	37 271	37 271	37 271
2.5	营业税金及附加	2 958	2 958	2 958	2 958	2 958	2 958	2 958	2 958	2 958	2 958	2 958	2 958	2 958	2 958	2 958	2 958	2 958
2.6	所得税	22 457	24 345	27 592	29 730	32 005	34 424	36 999	39 738	42 652	42 652	42 652	42 652	42 652	42 652	42 652	42 652	42 652
2.7	维持运营投资									134 620	134 620	134 620	134 620	134 620	134 620	134 620	112 594	112 594
3	净现金流量	4 050	2 161	2 664	526	−1 748	−4 168	−6 742	−9 481								22 025	22 025

序号	项 目	计 算 期																
		35	36	37	38	39	40	41	42	43	44	45	46	47	48	49	50	51
1	现金流入	217 500	217 500	217 500	217 500	217 500	217 500	217 500	217 500	217 500	217 500	217 500	217 500	217 500	217 500	217 500	217 500	217 500
1.1	营业收入	217 500	217 500	217 500	217 500	217 500	217 500	217 500	217 500	217 500	217 500	217 500	217 500	217 500	217 500	217 500	217 500	217 500
1.2	补贴收入																	
1.3	回收固定资产余值																	
1.4	回收流动资金																	
2	现金流出	82 880	82 880	82 880	82 880	82 880	82 880	82 880	82 880	82 880	82 880	82 880	82 880	82 880	82 880	82 880	82 880	82 880
2.1	项目资本金																	
2.2	借款本金偿还	0	0	0	0	0	0	0	0	0	0	0	0	0	0	0	0	0
2.3	借款利息支付	0	0	0	0	0	0	0	0	0	0	0	0	0	0	0	0	0
2.4	经营成本	37 271	37 271	37 271	37 271	37 271	37 271	37 271	37 271	37 271	37 271	37 271	37 271	37 271	37 271	37 271	37 271	37 271
2.5	营业税金及附加	2 958	2 958	2 958	2 958	2 958	2 958	2 958	2 958	2 958	2 958	2 958	2 958	2 958	2 958	2 958	2 958	2 958

续上表

序号	项 目	计 算 期																
		35	36	37	38	39	40	41	42	43	44	45	46	47	48	49	50	51
2.6	所得税	42 652	42 652	42 652	42 652	42 652	42 652	42 652	42 652	42 652	42 652	42 652	42 652	42 652	42 652	42 652	42 652	42 652
2.7	维持运营投资																	
3	净现金流量	134 620	134 620	134 620	134 620	134 620	134 620	134 620	134 620									

序号	项 目	计 算 期								
		52	53	54	55	56	57	58	59
1	现金流入	217 500	217 500	217 500	217 500	217 500	217 500	217 500	257 861
1.1	营业收入	217 500	217 500	217 500	217 500	217 500	217 500	217 500	217 500
1.2	补贴收入								
1.3	回收固定资产余值								39 241
1.4	回收流动资金								1 120
2	现金流出	82 880	82 880	82 880	82 880	82 880	82 880	82 880	82 880
2.1	项目资本金								
2.2	借款本金偿还	0	0	0	0	0	0	0	0
2.3	借款利息支付	0	0	0	0	0	0	0	0
2.4	经营成本	37 271	37 271	37 271	37 271	37 271	37 271	37 271	37 271
2.5	营业税金及附加	2 958	2 958	2 958	2 958	2 958	2 958	2 958	2 958
2.6	所得税	42 652	42 652	42 652	42 652	42 652	42 652	42 652	42 652
2.7	维持运营投资								
3	净现金流量	134 620	134 620	134 620	134 620	134 620	134 620	134 620	174 980

计算指标：项目资本金财务内部收益率 8.00%

附表3-10

项目投资经济效益费用流量表(万元)

序号	项 目	合计	1	2	3	4	5	6	7	8	9	10	11	12	13	14	15	16	17
										计 算 期									
1	效益流量	15 585 395	0	0	0	0	0	221 760	332 640	332 640	221 760	243 932	244 942	245 973	247 025	248 097	249 191	250 307	251 445
1.1	项目直接效益	15 471 654	0	0	0	0	0	221 760	332 640	332 640	221 760	243 932	244 942	245 973	247 025	248 097	249 191	250 307	251 445
1.1.1	防洪经济效益	4 274 167										50 534	51 545	52 576	53 627	54 700	55 794	56 910	58 048
1.1.2	减淤经济效益	2 127 370										60 782	60 782	60 782	60 782	60 782	60 782	60 782	60 782
1.1.3	水力发电经济效益	9 070 110						221 760	332 640	332 640	221 760	132 615	132 615	132 615	132 615	132 615	132 615	132 615	132 615
1.2	资产余值回收	113 741																	
1.3	项目间接效益	0																	
2	费用流量	4 273 728	188 845	261 668	293 390	331 867	332 273	243 821	218 898	152 740	48 548	43 418	39 910	39 910	39 910	39 910	39 910	39 910	39 910
2.1	期初建设投资	2 072 050	188 845	261 668	293 390	331 867	332 273	243 821	218 898	152 740	48 548								
2.2	期间维持运营投资	202 670																	
2.3	流动资金	3 508										3 508							
2.4	经营费用	1 995 500										39 910	39 910	39 910	39 910	39 910	39 910	39 910	39 910
2.5	项目间接费用	0																	
3	净效益流量	11 311 659	−188 845	−261 668	−293 390	−331 867	−332 273	−22 061	113 742	179 900	173 212	200 513	205 032	206 063	207 115	208 187	209 281	210 397	211 535

序号	项 目	18	19	20	21	22	23	24	25	26	27	28	29	30	31	32	33	34
									计 算 期									
1	效益流量	252 606	253 791	254 998	256 230	257 487	258 769	260 076	261 410	262 770	264 158	709 093	710 536	268 489	269 990	271 522	273 085	274 679
1.1	项目直接效益	252 606	253 791	254 998	256 230	257 487	258 769	260 076	261 410	262 770	264 158	709 093	710 536	268 489	269 990	271 522	273 085	274 679
1.1.1	防洪经济效益	59 209	60 393	61 601	62 833	64 090	65 372	66 679	68 013	69 373	70 760	72 176	73 619	75 091	76 593	78 125	79 688	81 281
1.1.2	减淤经济效益	60 782	60 782	60 782	60 782	60 782	60 782	60 782	60 782	60 782	60 782	60 782	60 782	60 782	60 782	60 782	60 782	60 782
1.1.3	水力发电经济效益	132 615	132 615	132 615	132 615	132 615	132 615	132 615	132 615	132 615	132 615	576 135	576 135	132 615	132 615	132 615	132 615	132 615

续上表

序号	项 目	计 算 期																
		18	19	20	21	22	23	24	25	26	27	28	29	30	31	32	33	34
1.2	资产余值回收																	
1.3	项目间接效益																	
2	费用流量	39 910	39 910	39 910	39 910	39 910	39 910	39 910	39 910	39 910	39 910	39 910	39 910	39 910	39 910	39 910	141 245	141 245
2.1	期初建设投资																	
2.2	期间维持运营投资																101 335	101 335
2.3	流动资金																	
2.4	经营费用	39 910	39 910	39 910	39 910	39 910	39 910	39 910	39 910	39 910	39 910	39 910	39 910	39 910	39 910	39 910	39 910	39 910
2.5	项目间接费用																	
3	净效益流量	212 696	213 880	215 088	216 320	217 577	218 859	220 166	221 500	222 860	224 247	669 183	670 626	228 578	230 080	231 612	131 840	133 434

序号	项 目	计 算 期																
		35	36	37	38	39	40	41	42	43	44	45	46	47	48	49	50	51
1	效益流量	276 304	277 962	279 654	281 379	283 138	284 933	286 764	288 631	290 536	292 479	233 678	235 699	237 761	683 384	685 529	244 197	246 429
1.1	项目直接效益	276 304	277 962	279 654	281 379	283 138	284 933	286 764	288 631	290 536	292 479	233 678	235 699	237 761	683 384	685 529	244 197	246 429
1.1.1	防洪经济效益	82 907	84 565	86 256	87 982	89 741	91 536	93 367	95 234	97 139	99 082	101 063	103 084	105 146	107 249	109 394	111 582	113 814
1.1.2	减淤经济效益	60 782	60 782	60 782	60 782	60 782	60 782	60 782	60 782	60 782	60 782							
1.1.3	水力发电经济效益	132 615	132 615	132 615	132 615	132 615	132 615	132 615	132 615	132 615	132 615	132 615	132 615	132 615	576 135	576 135	132 615	132 615
1.2	资产余值回收																	
1.3	项目间接效益																	
2	费用流量	39 910	39 910	39 910	39 910	39 910	39 910	39 910	39 910	39 910	39 910	39 910	39 910	39 910	39 910	39 910	39 910	39 910
2.1	期初建设投资																	
2.2	期间维持运营投资																	

续上表

序号	项目	计 算 期																
		35	36	37	38	39	40	41	42	43	44	45	46	47	48	49	50	51
2.3	流动资金																	
2.4	经营费用	39 910	39 910	39 910	39 910	39 910	39 910	39 910	39 910	39 910	39 910	39 910	39 910	39 910	39 910	39 910	39 910	39 910
2.5	项目间接费用																	
3	净效益流量	236 394	238 052	239 743	241 469	243 228	245 023	246 854	248 721	250 626	252 569	193 768	195 789	197 851	643 474	645 619	204 287	206 518

序号	项目	计 算 期							
		52	53	54	55	56	57	58	59
1	效益流量	248 705	251 027	253 395	255 810	258 274	260 788	263 351	−63 813
1.1	项目直接效益	248 705	251 027	253 395	255 810	258 274	260 788	263 351	−177 554
1.1.1	防洪经济效益	116 090	118 412	120 780	123 195	125 659	128 173	130 736	133 351
1.1.2	减淤经济效益								
1.1.3	水力发电经济效益	132 615	132 615	132 615	132 615	132 615	132 615	132 615	−310 905
1.2	资产余值回收								113 741
1.3	期间效益								
2	费用流量	39 910	39 910	39 910	39 910	39 910	39 910	39 910	39 910
2.1	期初建设投资								
2.2	期间维持运营投资								
2.3	流动资金								
2.4	经营费用	39 910	39 910	39 910	39 910	39 910	39 910	39 910	39 910
2.5	项目间接费用								
3	净效益流量	208 795	211 116	213 485	215 900	218 364	220 877	223 441	−103 723

计算指标：经济内部收益率10.80%；经济净现值552 712 万元

第四章 地铁建设项目投资决策分析

——上海地铁 9 号线二期工程建设项目经济评价案例

学习目的

通过本案例掌握具有地铁建设项目投资决策的特点和主要内容。包括其财务评价基础数据如投资额、计算期与运营负荷、财务基准收益率、运营收入估算以及成本费用估算；根据"有无对比原则"确定地铁建设项目的国民经济效益；掌握地铁建设项目投资风险模糊评价方法。

案例资料

一、概述

（一）项目概况

上海地铁 9 号线二期工程西南起自一期工程终点——徐汇区的宜山路站（不含），东北止于浦东新区的东靖路站接外高桥停车场，经过徐汇、卢湾、黄浦和浦东新区四个行政区。线路全长 26.219km，共设 15 座车站，其中换乘车站 9 座。在外高桥规划的五洲大道和东靖路之间设外高桥停车场。二期工程分初期和近期两期建设。初期工程自宜山路站（不含）至民生路站，线路长 14.2km，设 10 座车站，其中换乘车站 7 座。

初期工程建设工程初期投资 98.18 亿元，工期为 2005 年至 2009 年，建设工期 5 年。近期投资 66.72 亿元（其中含一期工程松江新城至松江火车站两站两区间的工程投资 13.50 亿元），远期投资 3.47 亿元，总投资 168.37 亿元（含远期）。二期工程建设中的相关工程费 26.52 亿元，其中：一期工程增加车辆购置费 24 亿元，换乘站其他线路承担的投资 2.52 亿元。

（二）资金来源

初期工程投资 98.18 亿元，静态投资为 90.29 亿元，资金来源如下：

（1）项目公司资本金暂定为 41.24 亿元。

经批准后，本项目资本金 41.24 亿元将按有关规定入股到项目公司，暂由上海申通集团有限公司、徐汇区政府、卢湾区政府、黄浦区政府和浦东新区政府等作为该公司的股东。

(2)项目公司向国内银行贷款筹资56.94亿元。

二、项目财务评价

(一)数据分析

地铁建设项目财务评价基础数据主要是投资额、计算期与运营负荷、财务基准收益率、运营收入估算以及成本费用估算等,具体情况如下:

1. 财务评价投资额

本项目初期总投资包括固定资产投资、建设期借款利息、铺底流动资金和无形及递延资产。

(1)固定资产投资

①土建设备固定资产投资

根据投资估算资料,本项目初期建设正线里程14.2km,土建设备工程投资为768 767万元。土建设备投资使用计划计算见表4-1。

土建设备投资使用计划计算(万元) 表4-1

项　目		合计	第1年	第2年	第3年	第4年	第5年
土建设备投资		768 767	115 315	192 192	192 192	153 753	115 315
其中	资本金	322 882	48 432	80 721	80 721	64 576	48 432
	贷款	445 885	66 883	111 471	111 471	89 177	66 883

②车辆购置费

车辆是轨道交通的主要运输设备,建设期须购车132辆,共需资金132 000万元,其中银行贷款76 560万元,满足初期运量要求。运营期随着运量的增加,再逐步购买车辆来满足运能要求。

(2)建设期借款利息

本项目银行贷款总计523 415万元,建设期利息总计为76 613万元,具体计算见表4-2。

建设期利息计算表(万元) 表4-2

项　目	合计	第1年	第2年	第3年	第4年	第5年
本年借款支用	523 415	66 883	111 471	136 991	114 697	93 373
本年支付利息	76 613	2 047	7 504	15 107	22 809	29 146
年末借款累计		66 883	178 354	315 345	430 042	523 415

(3)铺底流动资金

铺底流动资金采用扩大指标估算法。参照同类管理企业流动资金占经营成本、固定资产投资的比率来确定。按配置车辆分摊指标计算,共需铺底流动资金1 386万元。

(4)无形及递延资产

无形及递延资产主要包括征地费和培训费等,二期工程无形及递延资产为2 093万元。

综上所述,本项目初期固定资产投资900 767万元,其中土建设备投资768 767万元,车辆购置132 000万元;建设期借款利息76 613万元;铺底流动资金为1 386万元;无形及递延资产2 093万元。项目估算初期总投入980 859万元。

2. 计算期与运营负荷

(1) 计算期

项目评价计算期等于建设期加运营期。本项目建设期为2005～2009年,评价计算期30年。

(2) 运营负荷

评价所需客流数据主要依据上海城市综合交通规划研究所提供的客流预测结果,其中预测数据分为初期、近期、远期,评价计算期内各年客流量用内插法计算。

预测结果如表4-3所示。

客流预测汇总表 表4-3

预测年限(年)	年客运量(万人)	预测年限(年)	年客运量(万人)
2012	13 555	2034	29 489
2019	22 702		

3. 财务基准收益率

作为城市公益项目的轨道交通项目,它的运作目前尚没有规定的财务基准收益率,一般操作时以综合利率为基准。本项目以4%作为评价的财务基准收益率。

4. 运营收入估算

(1) 票价分析

收费标准的取值,直接关系到项目本身的盈利能力和清偿能力,并在一定程度上直接影响投资者的资金回报率。因此,确定收费标准应在定性分析上进行量化计算。

本项目的收费标准主要考虑了三个因素:成本票价、公交票价和地铁票价。

① 成本票价

本项目各期成本票价根据运营成本、总成本和客运量的关系分别测算其静态票价,如表4-4所示。

成 本 票 价(元/人次) 表4-4

项 目	2012年	2019年	2034年
运营成本票价	1.14	1.37	1.24
总成本票价	5.53	4.92	3.06

从表中可以反映一个状况,按运营成本反测票价不高,但按总成本测算则票价相对比较高,这主要是由于项目折旧、摊销及财务成本费用过高的原因。

② 公交票价现状

上海市内公共汽车目前单一票价为1.5元、空调车为2元,专线车一般都在2元以上,市内公交车况较以前有所改善,但由于乘车时间长,全线运营距离短,票价优势不明显。

③ 地铁票价现状

上海地铁现行票价情况为:地铁1号和2号线现行票价实行"一票换乘,多级计程"方案:

0～6km 为 2 元;6～16km 为 3 元;16km 以上每增 1km 增加 1 元。从目前地铁票价情况来看，基本符合国内情况，市民对此票价可以承受，同时也吸引了大量客流。从上海地铁 2000 年 6 月票价变动的前后情况来看，对运营公司而言，总的票价收入变动不大，对客流来说，票价提高的确会分流一部分客流，但轨道交通有其固定的乘客群。目前，有关部门已注意到这一情况，票价变动将会在一个合理并相对低廉的价位上运作，从而吸引客流，提升国民经济效益，体现轨道交通作为社会公益项目的特色，从北京、广州地铁现运营的票价来看，情况也基本一致。

对本项目而言，9 号线二期工程全长约 26km，旅客平均乘距为 8.5km，票价按国内其他城市现行地铁收费标准，平均综合票价定位为 3 元;本工程于 2010 年运营，随着经济的增长，票价有上浮的可能，参考人均国内生产总值和人均收入的预测增长幅度计算至评价基年票价确定为 5 元较为可行，这样一方面可保证运营收入，另一方面不使客流流失。

(2)运营收入和税金估算

本项目财务评价主要以运营票价收入为主，其他收入为辅。运营票价收入 = 客运票价 × 客运量，其他收入，包括开发、租赁、广告等收入，暂按运营票价收入的 20% 计算。

本项目需缴纳的营业税金及附加包括营业税、城市维护建设税和教育费附加，按上海市标准，综合税率为 3.41%。所得税税率为 33%。

5. 成本费用估算

运营成本包括生产人员工资及福利、电费、修理费、运营费、管理费、折旧等部分构成。具体分析如下:

(1)职工工资福利费

职工工资及福利费:依据设计定员及预测运营初期工资标准计算工资总额，并以工资总额为基数，提取职工福利费。职工工资参照 2004 年《上海市统计年鉴》中交通运输系统职工年平均工资 27 371 元，职工劳保福利占工资额的 44.5%，则职工人均工资福利合计 39 551 元，评价基年职工人均工资及福利费为 39 551 元/年。

(2)电费

①牵引电力费

运营期牵引电力费单价按照当前的电价水平，对建设期末的牵引用电电价进行预测(表4-5)，为 0.63 元/度。

牵引电力费用计算表　　　　　　　　　　　　　　　　　表4-5

年份	2012	2019	2034
牵引电力用电量(亿度)	0.43	0.9	1.1
电力费(万元)	2 683	5 661	6 906

②动力、照明电力费

运营期动力、照明电力费单价按照当前的电价水平，对建设期末的动力、照明用电电价进行预测(表4-6)，为 0.79 元/度。

动力、照明电力费用计算表　　　　　　　　　　　　　　表4-6

年份	2012	2019	2034
动力照明用电量(亿度)	0.59	0.9	1.06
电力费(万元)	4 659	7 092	8 384

(3) 设备维护及修理费

包括车辆修理费、机电设备修理费、大修理费及更新修理费。根据上海地铁运营资料,暂按评价基年每车公里3元进行测算。

(4) 运营费

包括车辆清洁费、车站清洁费、电话费、车票印刷费、乘客保险费等与运营相关的各项费用。根据上海地铁运营资料,暂按每车公里1.5元进行测算。

(5) 企业管理费

包括管理人员工资及福利费、工会经费、办公费、教育经费等,按以上四项的5.5%进行测算。

(6) 折旧、摊销年限

固定资产折旧是对固定资产磨损和损耗价值的补偿。

①土建结构固定资产折旧。

该资产折旧采用平均年限法。根据《城市快速轨道交通工程项目建设标准》规定,隧道折旧年限为100年,高架桥、房屋折旧年限为50年,轨道折旧年限取15年,净残值率为5%。

$$年折旧率 = \frac{1 - 净残值率}{折旧年限}$$

②机电生产设备固定资产折旧。

机电生产设备折旧采用平均年限法。根据《城市快速轨道交通工程项目建设标准》规定及轨道交通特点,设备折旧年限分别定为:供电、给排水20年,自动扶梯与通风设备18年,车辆基地的维修设备为18年,通信、信号、环控、电力监控、FAS、BAS为15年,自动售检票为10年,净残值率为5%。

③车辆固定资产折旧。

车辆固定资产折旧计算采用平均年限法。根据《城市快速轨道交通工程项目建设标准》规定结合轨道交通车辆特点,车辆折旧年限为25年,净残值率为4%。

④其他按25年摊销,净残值率为5%。

(7) 利息支出

运营期间的固定资产投资利息和流动资金利息计入成本。

(二) 财务评价分析

财务分析主要对项目的盈利能力和偿还能力分析,通过一系列的报表计算出主要指标来反映项目的财务状况。

1. 盈利能力分析

项目盈利能力分析,通过编制财务现金流量表、损益表等,主要考察项目本身及投资各方的盈利水平,主要盈利能力分析见表4-7。

盈利能力分析表 表4-7

名　　称	指标计算结果	备　　注
全投资税前 FIRR	4.33%	
全投资税后 FIRR	3.45%	
全投资税前 FNPV(万元)	48 133	

续上表

名　称	指标计算结果	备　注
全投资税后 FNPV(万元)	-73 947	
全投资税前投资回收期(年)	22.17	含建设期
全投资税后投资回收期(年)	25.05	含建设期
平均投资利润率	2.17%	

表 4-7 中结果表明:项目的财务内部收益率为 4.34%,税后内部收益率达到 3.46%,鉴于项目的社会公益性质,若采取一些措施,项目在财务上是可以接受的。

2. 偿还能力分析

国内银行贷款要求建设期利息当年还清,运营期内按偿还能力先付息后还本。用于本项目还款的资金来源有:利润、折旧费和摊销费及其他用于还款的资金。

根据资金来源及运用表、资产负债表、借款还本付息计算表等的计算,可以得出主要偿还能力见表 4-8。

偿还能力分析表　　　　　　　　　　表 4-8

名　称	指标计算结果	备　注
国内长期贷款偿还期(年)	20.72	含建设期
资产负债率	55.99%	
流动比率	6.10%	

国内长期贷款偿还期为 20.72 年(含建设期),表明本项目远期效益较好,属优质资产,有较强的偿还能力,可以满足银行的贷款条件。

(三) 不确定性分析

1. 财务敏感性分析

由于在项目前期研究阶段,评价采用的数据大部分来自预测和估算,一些因素尚不能确定,这些不确定因素不仅会使项目的收益受很大影响,而且给项目投资者带来一定的投资决策风险。因此,需对项目进行不确定性分析。对本项目而言,影响效益因素的主要是投资、客流、运营成本及票价,考察各因素变化对财务内部收益率的影响,绘制敏感性分析图(图 4-1),直观反映各因素对财务内部收益率的影响程度。财务敏感性分析如表 4-9 所示。

财务敏感性分析表　　　　　　　　　　表 4-9

变动因素	-20%	-15%	-10%	-5%	0%	5%	10%	15%	20%
客票价格	2.06%	2.66%	3.24%	3.80%	4.33%	4.85%	5.35%	5.84%	6.31%
运量	2.45%	2.95%	3.43%	3.89%	4.33%	4.77%	5.19%	5.59%	5.99%
投资	6.25%	5.71%	5.21%	4.76%	4.33%	3.94%	3.58%	3.23%	2.91%
运营成本	4.81%	4.69%	4.57%	4.45%	4.33%	4.21%	4.09%	3.97%	3.85%

从表 4-9 和图 4-1 可以看出,本项目中最敏感的因素是售票价格,其次是投资,再次是运量,最后是运营成本。

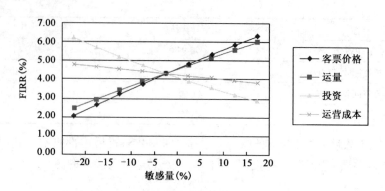

图 4-1　项目投资财务内部收益率敏感性分析图

2. 财务盈亏平衡分析

盈亏平衡分析是用计算的财务盈亏临界值来分析项目的盈利或亏本的一种方法。本项目中采用了盈亏平衡运价率和盈亏平衡发送量这两个指标,见表 4-10。

盈亏分析平衡表　　　　　　　　　　　　　　　　　　　　　　　　　表 4-10

项　　目	2012 年 (第 3 年)	2014 年 (第 5 年)	2019 年 (第 10 年)	2024 年 (第 15 年)	2029 年 (第 20 年)	2034 年 (第 25 年)
盈亏平衡运价率(元/万人公里)	5 859	4 877	5 050	3 878	3 221	3 327
盈亏平衡发送量(元/万人公里)	13 693	13 594	19 766	46 694	15 119	16 914

盈亏平衡点越低,表明项目适应市场变化的能力越大,抗风险能力越强。

(四)分析结果

本项目分析研究结果表明:项目全部投资财务内部收益率(税前)为 4.33%,大于设定的财务基准收益率 4%,全部投资财务内部收益率(税后)为 3.45%。财务净现值为 48 133 万元(税前),大于 0。全投资税前回收期为 22.17 年(含建设期),国内长期贷款偿还期为 20.72 年(含建设期),说明本项目在财务上是可以接受的。

三、项目国民经济评价

(一)数据分析

1. 社会折现率

社会折现率表示从国家角度对资金机会成本和资金时间价值的估量,是项目国民经济评价的重要通用参数,本项目社会折现率取 10%。

2. 影子价格系数的确定

(1)影子汇率

影子汇率即外汇的影子价格,它体现从国家角度对外汇价值的估量,根据我国现阶段的外汇供求情况、进出口结构、换算成本,影子汇率换算系数为 1.08。

(2)影子工资

影子工资换算系数与项目所使用的地方劳动力的状况、结构及当地就业水平有关,本项目的影子工资系数取为1.0。

3. 效益计算

本项目的净效益根据"有无对比原则"来确定。无项目时预测客运量由现有道路承担；有项目时预测客流量由项目承担。

9号线二期工程的建成对于方便市民出行、改善出行条件，强化城市布局，带动地区经济发展具有重要作用，它的建成对国民经济产生众多效益。

(1) 旅客时间节约效益

城市轨道交通系统具有准时、节时的特点，快捷的运输优势产生了节约出行时间的效益。旅客时间节约效益通过乘客在途时间价值计算，该效益实际上由两部分组成。一部分是指乘客选乘本线比不乘本线，而乘地面车辆所节省下来的时间；另一部分从全市的角度出发，由于公交和客运速度的提高，节约了地面公交客流的在途时间。人均时间价值以乘客旅行时间缩短可以创造的价值来计算，旅客时间节约效益见表4-11。

旅客时间节约效益表（万元）　　　　　　　　表4-11

年份	2012	2019	2034
旅客时间节约效益	32 532	90 809	221 170

(2) 提高劳动生产率效益

乘客长时间乘车旅行会导致乘客精神上和体力上的疲劳，从而影响劳动者的生产效益。由于地铁带有空调，较为舒适，且减少了堵车带来的烦躁和疲劳，使乘坐地铁上班的乘客较乘坐公交车上班的乘客有较高的劳动生产率。各年度提高劳动生产效益见表4-12。

提高劳动生产率效益（万元）　　　　　　　　表4-12

年份	2012	2019	2034
提高劳动生产率效益	40 664	113 511	235 915

(3) 代替地面交通，节约投资效益

轨道交通线的建设，可大大减少城市道路上公交车辆的投入，缓解道路上的交通拥挤状况，避免因车辆拥挤而需新建或拓宽道路的现象发生，从而减少综合配套设施，减少公交投入效益如表4-13所示。

减少公交投入效益（万元）　　　　　　　　表4-13

年份	2012	2019	2034
减少公交投入效益	3 448	7 843	11 942

(4) 减少交通事故的效益

随着经济的发展，我国机动车辆增长较快，导致道路交通高峰时间拥挤混乱，交通事故逐年增加。交通事故造成的损失甚至人员伤亡不仅给社会造成负担，而且对个人的身心将造成无法估计的损失，将导致直接损失和间接损失。城市轨道交通基本上是一个独立的系统，不受其他车辆、行人、天气、道路等各种因素的干扰，很少发生交通事故，产生了减少交通事故效益，见表4-14。

减少交通事故效益（万元） 表4-14

年份	2012	2019	2034
减少交通事故效益	1 355	3 405	5 898

(5) 改善环境，减少环保支出的效益（表4-15）

在公路上行驶的车辆，会产生大量的一氧化碳等有害物质，同时因产生大量噪声而污染环境，严重影响市民的身体健康。若要解决该问题，则要增加一定的环保投入。

改善环境质量效益（万元） 表4-15

年份	2012	2019	2034
改善环境质量效益	2 298	5 882	9 554

(二) 国民经济评价分析

评价报表主要有国民经济全部投资效益费用流量表，全部投资现金流量表见附表4-1，自有资金现金流量表见附表4-2。

1. 经济内部收益率（EIRR）

经济内部收益率是反映项目对国民经济净贡献的相对指标。本项目经济内部收益率为15.82%，大于社会折现率（10%）表明对国民经济的净贡献达到或超过了要求的水平，项目是可以接受的。

2. 经济净现值（ENPV）

经济净现值是反映项目对国民经济净贡献的绝对指标。本项目经济净现值657 480万元（大于0），表示国家为建设本项目付出代价后，可以得到符合社会折现率的社会盈余外，还可以得到以现值计算的超额社会盈余，项目是可以接受的。

(三) 分析结果

本项目经济内部收益率15.82%，大于社会折现率（10%）；经济净现值657 480万元，大于0。表明项目对国民经济的净贡献达到或超过了要求的水平，社会效益较好，项目是可以接受的。

上述经济评价只是从可量化的几个方面分析，而且是比较保守的测算，巨大的效益发生在地区发展、沿线土地升值及对宏观经济的影响。因此本项目国民经济效益较好。

本项目还有一些难以定量的国民经济效益和社会效益：
(1) 改善地区的投资环境、居住环境，促进地区经济的发展；
(2) 工程沿线土地的增值效益；
(3) 节约能源效益；
(4) 增加了就业机会，为社会稳定作出了一定贡献。

四、项目投资风险模糊评价

对于地铁建设项目，选取内部收益率（IRR）作为风险评价指标，选取客票价格（u_1）、运量（u_2）、投资（u_3）以及运营成本（u_4）作为风险因素变量。

(一) 风险因素敏感度分析

根据下式计算风险因素敏感度，但在实际分析与计算中，通常用偏差近似代替微分，则有：

第四章 地铁建设项目投资决策分析

$$\delta_i^{(k)} = \left| \frac{\Delta Y^{(k)}}{\Delta u_i^{(k)}} \frac{u_i^{(k)}}{Y^{(k)}} \right| (i = 1, 2, \cdots, m; k = 1, 2, \cdots, n)$$

在上海地铁 9 号线二期工程中,状态 $k = 1,2,3,4,5,6,7,8$ 表示各风险因素变量在状态 -20%、-15%、-10%、-5%、5%、10%、15%、20% 时的敏感度,如下所示:

$\delta_1^{(1)} = 2.7714, \delta_1^{(2)} = 2.6709, \delta_1^{(3)} = 2.5866, \delta_1^{(4)} = 2.4480,$
$\delta_1^{(5)} = 2.4018, \delta_1^{(6)} = 2.3095, \delta_1^{(7)} = 2.2633, \delta_1^{(8)} = 2.1709,$
$\delta_2^{(1)} = 2.3095, \delta_2^{(2)} = 2.2171, \delta_2^{(3)} = 2.1247, \delta_2^{(4)} = 2.0323,$
$\delta_2^{(5)} = 2.0323, \delta_2^{(6)} = 1.9400, \delta_2^{(7)} = 1.8476, \delta_2^{(8)} = 1.8476,$
$\delta_3^{(1)} = 2.4942, \delta_3^{(2)} = 2.3095, \delta_3^{(3)} = 2.0785, \delta_3^{(4)} = 1.9861,$
$\delta_3^{(5)} = 1.8014, \delta_3^{(6)} = 1.6628, \delta_3^{(7)} = 1.6166, \delta_3^{(8)} = 1.4781,$
$\delta_4^{(1)} = 0.5543, \delta_4^{(2)} = 0.5543, \delta_4^{(3)} = 0.5543, \delta_4^{(4)} = 0.5543,$
$\delta_4^{(5)} = 0.5543, \delta_4^{(6)} = 0.5543, \delta_4^{(7)} = 0.5543, \delta_4^{(8)} = 0.5543$。

根据 $\delta_i = \frac{1}{n} \sum_{k=1}^{n} \delta_i^{(k)}$,得到风险因素的敏感度 δ。

$\delta_1 = 2.4538, \delta_2 = 2.0439, \delta_3 = 1.9284, \delta_4 = 0.5543$。

根据公式 $\delta_i' = \frac{\delta_i}{\sum_{i=1}^{m} \delta_i} (i = 1, 2, \cdots, m)$,对风险因素变量敏感度进行归一化处理得到各风险因素变量的权重 δ_i'。

$\delta_1' = 0.3515, \delta_2' = 0.2928, \delta_3' = 0.2763, \delta_4' = 0.0794$。

(二)风险等级区间量化及风险因素评估

1. 风险等级区间量化

根据经验,确定各风险因素的变动区间为 $[-20\%, 20\%]$,按公式计算,相应的风险程度等级如表 4-16 所示。

风险程度等级区间　　　　　　　　　　　　　　　　表 4-16

风险变量	风险等级区间				
	风险很轻	风险较轻	风险一般	风险较重	风险严重
客票价格	[20%,12%]	[12%,4%]	[4%,-4%]	[-4%,-12%]	[-12%,-20%]
运量	[20%,12%]	[12%,4%]	[4%,-4%]	[-4%,-12%]	[-12%,-20%]
投资	[-20%,-12%]	[-12%,-4%]	[-4%,4%]	[4%,12%]	[12%,20%]
运营成本	[-20%,-12%]	[-12%,-4%]	[-4%,4%]	[4%,12%]	[12%,20%]

2. 风险因素评估

本文通过对地铁建设领域的 5 位专家进行调研,获得风险因素评估值,如表 4-17 所示。

风险因素评估表　　　　　　　　　　　　　　　　表 4-17

专　　家	风 险 因 素	估计上限(%)	估计下限(%)	平均估计值(%)
专家 1	客票价格	16	12	14
	运量	14	10	12
	投资	10	6	8
	运营成本	8	4	6

续上表

专家	风险因素	估计上限(%)	估计下限(%)	平均估计值(%)
专家2	客票价格	14	6	10
	运量	12	4	8
	投资	10	2	6
	运营成本	4	2	3
专家3	客票价格	12	4	8
	运量	14	6	10
	投资	12	4	8
	运营成本	10	2	6
专家4	客票价格	16	10	13
	运量	14	6	10
	投资	12	7	9.5
	运营成本	12	5	8.5
专家5	客票价格	8	4	6
	运量	10	3	6.5
	投资	9	4	6.5
	运营成本	7	3	5

(三) 风险模糊评价研究

1. 构建评价矩阵

将风险因素平均评估值代入以下公式:

$$\mu_{i1} = \begin{cases} 1 & a_{i0} \leq x \leq a_{i1} \\ \dfrac{a_{i2}-x}{a_{i2}-a_{i1}} & a_{i1} \leq x \leq a_{i2} \\ 0 & a_{i2} \leq x \leq a_{im} \end{cases} \quad (i=1,2,\cdots,m)$$

$$\mu_{ij} = \begin{cases} 0 & a_{i0} \leq x \leq a_{i,j-2} \\ \dfrac{x-a_{i,j-2}}{a_{i,j-1}-a_{i,j-2}} & a_{i,j-2} \leq x \leq a_{i,j-1} \\ 1 & a_{i,j-1} \leq x \leq a_{i,j} \\ \dfrac{a_{i,j+1}-x}{a_{i,j+1}-a_{i,j}} & a_{i,j} \leq x \leq a_{i,j+1} \\ 0 & a_{i,j+1} \leq x \leq a_{im} \end{cases} \quad (i=1,2,\cdots,m, j=2,\cdots,m-1)$$

$$\mu_{in} = \begin{cases} 0 & a_{i0} \leq x \leq a_{i,n-2} \\ \dfrac{x-a_{i,n-2}}{a_{i,n-1}-a_{i,n-2}} & a_{i,n-2} \leq x \leq a_{i,n-1} \\ 1 & a_{i,n-1} \leq x \leq a_{in} \end{cases} \quad (i=1,2,\cdots,m)$$

得到模糊评价矩阵如下：

$$R^k = \begin{bmatrix} u_{11}(y^k) & u_{12}(y^k) & \cdots & u_{1n}(y^k) \\ u_{21}(y^k) & u_{22}(y^k) & \cdots & u_{2n}(y^k) \\ \vdots & \vdots & \vdots & \vdots \\ u_{m1}(y^k) & u_{m2}(y^k) & \cdots & u_{mn}(y^k) \end{bmatrix}$$

将矩阵进行归一化处理，如下式：

$$r'_{ij} = \frac{u_{ij}}{u_{i1} + u_{i2} + \cdots + u_{in}}$$

得到归一化模糊评价矩阵，如下式：

$$R^{k'} = \begin{bmatrix} r'_{11} & r'_{12} & \cdots & r'_{1n} \\ r'_{21} & r'_{22} & \cdots & r'_{2n} \\ \vdots & \vdots & \vdots & \vdots \\ r'_{m1} & r'_{m2} & \cdots & r'_{mn} \end{bmatrix}$$

计算结果如下所示：

$$\boldsymbol{R}^1 = \begin{bmatrix} 1 & 0.75 & 0 & 0 & 0 \\ 0.875 & 1 & 0.125 & 0 & 0 \\ 0 & 0 & 0.5 & 1 & 0.5 \\ 0 & 0 & 0.75 & 1 & 0.25 \end{bmatrix}$$

$$\boldsymbol{R}^{1'} = \begin{bmatrix} 0.5714 & 0.4286 & 0 & 0 & 0 \\ 0.4375 & 0.5 & 0.0625 & 0 & 0 \\ 0 & 0 & 0.25 & 0.5 & 0.25 \\ 0 & 0 & 0.375 & 0.5 & 0.125 \end{bmatrix}$$

$$\boldsymbol{R}^2 = \begin{bmatrix} 0.75 & 1 & 0.25 & 0 & 0 \\ 0.5 & 1 & 0.5 & 0 & 0 \\ 0 & 0 & 0.75 & 1 & 0.25 \\ 0 & 0.125 & 1 & 0.875 & 0 \end{bmatrix}$$

$$\boldsymbol{R}^{2'} = \begin{bmatrix} 0.375 & 0.5 & 0.125 & 0 & 0 \\ 0.25 & 0.5 & 0.25 & 0 & 0 \\ 0 & 0 & 0.375 & 0.5 & 0.125 \\ 0 & 0.0625 & 0.5 & 0.4375 & 0 \end{bmatrix}$$

$$\boldsymbol{R}^3 = \begin{bmatrix} 0.5 & 1 & 0.5 & 0 & 0 \\ 0.75 & 1 & 0.25 & 0 & 0 \\ 0 & 0 & 0.5 & 1 & 0.5 \\ 0 & 0 & 0.75 & 1 & 0.25 \end{bmatrix}$$

$$\boldsymbol{R}^{3'} = \begin{bmatrix} 0.25 & 0.5 & 0.25 & 0 & 0 \\ 0.375 & 0.5 & 0.125 & 0 & 0 \\ 0 & 0 & 0.25 & 0.5 & 0.25 \\ 0 & 0 & 0.375 & 0.5 & 0.125 \end{bmatrix}$$

$$R^4 = \begin{bmatrix} 1 & 0.875 & 0 & 0 & 0 \\ 0.75 & 1 & 0.25 & 0 & 0 \\ 0 & 0 & 0.5 & 1 & 0.5 \\ 0 & 0 & 0.75 & 1 & 0.25 \end{bmatrix}$$

$$R^{4'} = \begin{bmatrix} 0.5333 & 0.4667 & 0 & 0 & 0 \\ 0.375 & 0.5 & 0.125 & 0 & 0 \\ 0 & 0 & 0.25 & 0.5 & 0.25 \\ 0 & 0 & 0.375 & 0.5 & 0.125 \end{bmatrix}$$

$$R^5 = \begin{bmatrix} 0.25 & 1 & 0.75 & 0 & 0 \\ 0.3125 & 1 & 0.6875 & 0 & 0 \\ 0 & 0 & 0.6875 & 1 & 0.3125 \\ 0 & 0 & 0.125 & 1 & 0.875 \end{bmatrix}$$

$$R^{5'} = \begin{bmatrix} 0.25 & 0.5 & 0.25 & 0 & 0 \\ 0.15625 & 0.5 & 0.34375 & 0 & 0 \\ 0 & 0 & 0.34375 & 0.5 & 0.15625 \\ 0 & 0 & 0.0625 & 0.5 & 0.4375 \end{bmatrix}$$

2. 风险模糊评价

考虑以上风险因素敏感度分析,将所得利用风险因素权重进行加权,得到:

$$\boldsymbol{B}^{k*} = \boldsymbol{\delta}'\boldsymbol{R}^{k'} = (b^{1*}, b^{2*}, \cdots, b^{n*}), b^{j*} = \sum_{i=1}^{m} \delta'_i r'_{ij} (j = 1, 2, \cdots, n)$$

其中,$\boldsymbol{\delta}' = (0.3515, 0.2928, 0.2763, 0.0794)$,则得到

$\boldsymbol{R}^{1*} = (0.3290, 0.2970, 0.1172, 0.1779, 0.0790)$,$\boldsymbol{R}^{2*} = (0.2050, 0.3271, 0.2605, 0.1729, 0.0345)$,$\boldsymbol{R}^{3*} = (0.1977, 0.3222, 0.2233, 0.1779, 0.0790)$,$\boldsymbol{R}^{4*} = (0.2973, 0.3104, 0.1355, 0.1779, 0.0790)$,$\boldsymbol{R}^{5*} = (0.2973, 0.3104, 0.1355, 0.1779, 0.0790)$。

将5位专家的风险评估值进行平均,计算出此项目的总体投资风险水平 $\boldsymbol{B}^*$。

$$\boldsymbol{B}^{k*} = \frac{1}{5}\sum_{k=1}^{p} \boldsymbol{B}^{k*} = (b^{1*}, b^{2*}, \cdots, b^{n*}) = (0.2164, 0.3100, 0.2138, 0.1769, 0.0699)$$

通过上述分析,根据最大风险隶属度原则,取 $b^{3*} = 0.3100$。根据该模型的评价结果,项目投资风险属于轻度,因此,此项目在经济上是可行的。

思 考 题

1. 地铁建设项目投资决策的主要影响因素有哪些?如何减小地铁建设项目投资风险?
2. 根据地铁建设项目的特征,可以采取哪些项目融资方式为地铁建设项目筹集资金?
3. 试对项目投资风险模糊评价方法进行评价。

附表 4-1 全部投资现金流量表（万元）

序号	项目	合计	建设期					运营期										
			1	2	3	4	5	6	7	8	9	10	11	12	13	14	15
			2005年	2006年	2007年	2008年	2009年	2010年	2011年	2012年	2013年	2014年	2015年	2016年	2017年	2018年	2019年
1	现金流入(CI)	3 679 631	0	0	0	0	0	68 755	74 368	79 982	88 052	96 123	104 193	112 263	120 333	128 403	136 474
1.1	客票收入	2 745 130						57 295	61 974	66 652	73 377	80 102	86 827	93 553	100 278	107 003	113 728
1.2	其他收入	549 444						11 460	12 394	13 330	14 675	16 021	17 366	18 710	20 055	21 400	22 746
1.3	回收土建资产残值	325 955						0	0	0	0	0	0	0	0	0	0
1.4	回收车辆残余值	56 518						0	0	0	0	0	0	0	0	0	0
1.5	回收流动资金	2 583						0	0	0	0	0	0	0	0	0	0
2	现金流出(CO)	2 845 299	117 408	192 192	236 192	197 753	160 701	13 725	16 146	18 567	21 071	148 269	162 375	164 188	140 377	162 406	42 196
2.1	土建固定资产投资	1 455 790	115 315	192 192	192 192	153 753	115 315					77 843	130 860	130 860	104 688	78 516	0
2.2	车辆购置费	246 000	0	0	44 000	44 000	44 000	0	0	0	0	45 000	0	0	0	45 000	0
2.3	无形及递延资产	2 093	2 093	0	0	0	0	0	0	0	0	0	0	0	0	0	0
2.4	流动资金	2 584	0	0	0	0	1 386	0	0	0	0	0	473	0	0	0	473
2.5	经营成本	730 919						11 381	13 610	15 839	18 069	20 298	22 527	24 756	26 986	29 215	31 444
2.6	运输税金及附加	112 031						2 345	2 536	2 727	3 003	3 278	3 553	3 828	4 103	4 379	4 654
2.7	营业外净支出	0						0	0	0	0	0	0	0	0	0	0
2.8	所得税	295 883						0	0	0	0	1 850	4 962	4 744	4 600	5 296	5 625
3	净现金流量(CI-CO)	834 332	-117 408	-192 192	-236 192	-197 753	-160 701	55 030	58 222	61 415	66 981	-52 146	-58 182	-51 925	-20 044	-34 003	94 278
4	累计净现金流量		-117 408	-309 600	-545 792	-743 545	-904 246	-849 216	-790 994	-729 579	-662 598	-714 744	-772 926	-824 851	-844 895	-878 898	-784 620
5	所得税前净现金流量	1 130 215	-117 408	-192 192	-236 192	-197 753	-160 701	55 030	58 222	61 415	66 981	-50 296	-53 220	-47 181	-15 444	-28 707	99 903
6	累计所得税前净现金流量		-117 408	-309 600	-545 792	-743 545	-904 246	-849 216	-790 994	-729 579	-662 598	-712 894	-766 114	-813 295	-828 739	-857 446	-757 543

续上表

序号	项目	运营期														
		16	17	18	19	20	21	22	23	24	25	26	27	28	29	30
		2020年	2021年	2022年	2023年	2024年	2025年	2026年	2027年	2028年	2029年	2030年	2031年	2032年	2033年	2034年
1	现金流入(CI)	138 458	140 442	142 426	144 411	146 809	148 379	150 363	152 348	154 332	163 749	158 300	160 285	162 269	164 253	543 861
1.1	客票收入	115 382	117 035	118 684	120 342	121 996	123 649	125 303	126 956	128 610	130 263	131 917	133 571	135 224	136 878	138 531
1.2	其他收入	23 076	23 407	23 742	24 069	24 813	24 730	25 060	25 392	25 722	26 053	26 383	26 714	27 045	27 375	27 706
1.3	回收土建资产残余值	0	0	0	0	0	0	0	0	0	7 433	0	0	0	0	318 522
1.4	回收车辆残余值	0	0	0	0	0	0	0	0	0	0	0	0	0	0	56 518
1.5	回收流动资金	0	0	0	0	0	0	0	0	0	0	0	0	0	0	2 583
2	现金流出(CO)	44 185	46 448	48 819	51 260	62 062	57 075	59 248	60 201	61 740	211 077	60 975	62 883	68 420	91 738	65 602
2.1	土建固定资产投资	0	0	0	0	8 286	0	0	0	0	148 385	0	0	4 585	3 000	0
2.2	车辆购置费	0	0	0	0	0	0	0	0	0	0	0	0	0	24 000	0
2.3	无形及递延资产	0	0	0	0	0	0	0	0	0	0	0	0	0	0	0
2.4	流动资金	0	0	0	0	0	0	0	0	0	0	0	0	0	0	252
2.5	经营成本	31 820	32 197	32 573	32 949	33 325	33 701	34 077	34 453	34 829	35 205	35 581	35 957	36 333	36 709	37 085
2.6	运输税金及附加	4 721	4 789	4 857	4 924	4 992	5 060	5 127	5 195	5 263	5 330	5 398	5 166	5 533	5 601	5 669
2.7	营业外净支出	0	0	0	0	0	0	0	0	0	0	0	0	0	0	0
2.8	所得税	7 644	9 462	11 389	13 387	15 459	18 314	20 044	20 553	21 648	22 157	19 996	21 760	21 969	22 428	22 596
3	净现金流量(CI-CO)	94 273	93 994	93 607	93 151	84 747	91 304	91 115	92 147	92 592	-47 328	97 325	97 402	93 849	72 515	478 259
4	累计净现金流量	-690 347	-596 353	-502 746	-409 595	-324 848	-233 544	-142 429	-50 282	42 310	-5 018	92 307	189 709	283 558	356 073	834 332
5	所得税前净现金流量	101 917	103 456	104 996	106 538	100 206	109 618	111 159	112 700	114 240	-25 171	117 321	119 162	115 818	94 943	500 855
6	累计所得税前净现金流量	-655 626	-552 170	-447 174	-340 636	-240 430	-130 812	-19 653	93 047	207 287	182 116	299 437	418 599	534 417	629 360	1 130 215

第四章 地铁建设项目投资决策分析

附表 4-2 自有资金现金流量表（万元）

序号	项目	合计	建设期					运营期									
			1	2	3	4	5	6	7	8	9	10	11	12	13	14	15
			2005年	2006年	2007年	2008年	2009年	2010年	2011年	2012年	2013年	2014年	2015年	2016年	2017年	2018年	2019年
1	现金流入（CI）	4 075 066	0	0	0	0	0	68 755	74 368	79 982	88 052	114 054	156 494	194 882	203 050	215 325	159 309
1.1	客票收入	2 745 142						57 295	61 974	66 652	73 377	80 102	86 827	93 553	100 289	107 003	113 728
1.2	其他收入	549 018						11 460	12 394	13 330	14 675	16 020	17 365	18 710	20 044	21 401	22 746
1.3	回收土建资产残余值	326 369															
1.4	回收车辆残余值	56 518															
1.5	回收流动资金	775															
1.6	短期贷款	397 244	0	0	0	0	0	0	0	0	0	17 932	52 302	82 619	82 717	86 921	22 835
2	现金流出（CO）	3 693 620	52 572	88 225	114 308	105 865	96 474	68 756	74 369	79 982	88 054	172 761	205 487	243 918	252 116	273 249	158 166
2.1	土建固定资产投资	1 009 905	48 432	80 721	80 721	64 576	48 432	32 028	30 620	28 931	0	77 843	130 860	130 860	104 688	78 516	0
2.2	车辆购置费	169 440	0	0	18 480	18 480	18 480	31 974	30 566	28 877	0	45 000	0	0	0	45 000	0
2.3	无形及递延资产	2 093	2 093	0	0	0	0	0	0	0	0	0	0	0	0	0	0
2.4	自有流动资金	776		0	0	0	416	54	54	54	54	0	0	0	0	0	142
2.5	借款本金偿还（含长短期）	919 691	0	0	0	0	29 146	23 002	27 603	32 485	40 039	0	17 932	52 302	82 619	82 717	86 921
2.6	借款利息支付（含债券）	454 182	2 047	7 504	15 107	22 809	29 146	32 028	30 620	28 931	26 943	24 492	25 511	27 429	29 121	29 126	29 379
	其中：长期借款利息	429 988	2 047	7 504	15 107	22 809		31 974	30 566	28 877	26 889	24 438	24 437	24 438	24 438	24 437	24 438
	短期贷款利息	22 166		0	0	0	0	0	0	0	0	0	1 001	2 918	4 610	4 616	4 850
	流动资金贷款利息	2 028		0	0	0	0	54	54	54	54	54	73	73	73	73	91
2.7	经营成本	729 919						11 381	13 610	15 839	18 069	20 298	22 527	24 756	26 986	28 215	31 444
2.8	运输税金及附加	112 031						2 345	2 536	2 727	3 003	3 278	3 553	3 828	4 103	4 379	4 654
2.9	营业外净支出	0						0	0	0	0	0	0	0	0	0	0
2.10	所得税	295 583						0	0	0	0	1 850	4 962	4 743	4 599	5 296	5 626
3	净现金流量（CI−CO）	381 450	−52 572	−88 225	−114 308	−105 865	−96 474	0	0	0	0	−58 707	−48 993	−49 036	−49 066	−57 924	1 143
4	累计净现金流量		−52 572	−140 797	−255 105	−360 970	−457 444	−457 444	−457 444	−457 444	−457 444	−516 151	−565 144	−614 180	−663 246	−721 170	−720 027
5	净现金流量现值	186 975	−50 550	−81 569	−101 620	−90 494	−79 295	0	0	0	0	−39 660	−31 825	−30 628	−29 468	−34 028	634
6	累计净现金流量现值		−50 550	−132 119	−233 739	−324 233	−403 528	−403 528	−403 528	−403 528	−403 528	−443 188	−475 013	−505 641	−535 109	−569 137	−568 503

续上表

序号	项目	16 2020年	17 2021年	18 2022年	19 2023年	20 2024年	21 2025年	22 2026年	23 2027年	24 2028年	25 2029年	26 2030年	27 2031年	28 2032年	29 2033年	30 2034年
1	现金流入(CI)	138 458	140 442	142 426	144 411	146 809	148 379	150 363	152 348	154 332	215 667	158 300	160 285	162 269	164 253	542 053
1.1	客票收入	115 382	117 035	118 689	120 342	121 996	123 649	125 303	126 956	128 610	130 263	131 913	133 571	135 224	136 878	138 531
1.2	其他收入	23 076	23 407	23 737	24 069	24 399	24 730	25 060	25 392	25 722	26 053	26 387	26 714	27 045	27 375	27 707
1.3	回收土建资产残余值					414					7 433					318 522
1.4	回收车辆残余值															56 518
1.5	回收流动资金															775
1.6	短期贷款	0	0	0	0	0	0	0	0	0	51 918	0	0	0	0	0
2	现金流出(CO)	136 905	138 521	140 115	141 692	143 671	121 360	59 339	60 292	61 832	211 168	115 881	62 675	68 511	91 829	65 527
2.1	土建固定资产投资	0	0	0	0	8 286	0	0	0	0	148 385	0	0	0	0	0
2.2	车辆购置费	0	0	0	0	0	0	0	0	0	0	0	0	4 585	3 000	0
2.3	无形及递延资产														24 000	
2.4	自有流动资金	0	0	0	0	0	0	0	0	0	0	0	0	0	0	76
2.5	借款本金偿还(含长短期)	66 918	70 242	73 763	77 414	73 328	60 488	0	0	0	0	51 918	0	0	0	0
2.6	借款利息支付	25 803	21 831	17 533	13 018	8 281	3 797	0	0	0	0	2 988	0	0	0	101
	其中:长期借款利息(含债券)	24 438	21 740	17 442	12 927	8 190	3 706	0	0	0	0	0	0	0	0	0
	短期贷款贷款利息	1 274	0	0	0	0	0	0	0	0	0	2 897	0	0	0	0
	流动资金贷款利息	91	91	91	91	91	91	91	91	91	91	91	91	91	91	101
2.7	经营成本	31 820	32 197	32 573	32 949	33 325	33 701	34 077	34 453	34 829	35 205	35 581	35 957	36 333	36 709	37 085
2.8	运输税金及附加	4 721	4 789	4 857	4 924	4 992	5 060	5 127	5 195	5 263	5 330	5 398	5 166	5 533	5 601	5 669
2.9	营业外净支出	0	0	0	0	0	0	0	0	0	0	0	0	0	0	0
2.10	所得税	7 643	9 462	11 389	13 387	15 459	18 314	20 044	20 553	21 649	22 157	19 996	21 461	21 969	22 428	22 596
3	净现金流量(CI−CO)	1 553	1 921	2 311	2 719	3 138	27 019	91 024	92 056	92 500	4 499	42 419	97 610	93 758	72 424	476 526
4	累计净现金流量	−718 474	−716 553	−714 242	−711 523	−708 385	−681 366	−590 342	−498 286	−405 786	−401 287	−358 868	−261 258	−167 500	−95 076	381 450
5	净现金流量现值	829	986	1 141	1 290	1 432	11 859	38 408	37 350	36 086	1 687	15 300	33 749	31 266	23 223	146 922
6	累计净现金流量现值	−567 674	−566 688	−565 547	−564 257	−562 825	−550 966	−512 558	−475 208	−439 122	−437 435	−422 135	−388 386	−357 120	−333 897	−186 975

第四章 地铁建设项目投资决策分析

附表 4-3

损 益 表（万元）

序号	项目	合计	建设期					运营期									
			1	2	3	4	5	6	7	8	9	10	11	12	13	14	15
			2005年	2006年	2007年	2008年	2009年	2010年	2011年	2012年	2013年	2014年	2015年	2016年	2017年	2018年	2019年
1	客票收入	2 745 135						57 295	61 974	66 652	73 377	80 102	86 827	93 553	100 278	107 003	113 728
2	其他收入	549 027						11 459	12 395	13 330	14 675	16 020	17 365	18 711	20 056	21 401	22 746
3	运输税金及附加	112 331						2 345	2 536	2 727	3 003	3 278	3 553	3 828	4 103	4 379	4 654
4	营业支出	2 286 909						76 681	77 503	78 043	78 284	78 063	85 603	94 061	102 292	107 975	114 772
5	营业外净支出	0						0	0	0	0	0	0	0	0	0	0
6	利润总额	894 924						-10 271	-5 670	-788	6 766	14 782	15 037	14 374	13 938	16 049	17 048
6.1	弥补以前年度亏损	15 941						0	0	0	6 766	9 175	0	0	0	0	0
6.2	应纳税所得额	878 983						-10 271	-5 670	-788	0	5 607	15 037	14 374	13 938	16 049	17 048
7	利税总额	1 007 257						-7 927	-3 134	1 940	9 769	18 060	18 590	18 202	18 041	20 428	21 702
8	所得税	295 583						0	0	0	0	1 850	4 962	4 743	4 599	5 296	5 626
9	税后利润	599 341						-10 271	-5 670	-788	6 766	12 932	10 075	9 631	9 339	10 753	11 422
10	特种基金	0															
11	可供分配利润	599 340						-10 271	-5 670	-788	6 766	12 932	10 074	9 631	9 338	10 753	11 422
11.1	盈余公积金	60 929						0	0	0	0	1 293	1 007	963	934	1 075	1 142
11.2	应付利润	0															
11.3	未分配利润	538 406						-10 271	-5 670	-788	6 766	11 639	9 067	8 668	8 404	9 678	10 280
11.4	累计未分配利润							-10 271	-15 941	-16 729	-9 963	1 676	10 743	19 411	27 815	37 493	47 773
12	投资利润率（%）							-1.05	-0.58	-0.08	0.69	1.34	1.22	1.05	0.95	1.01	1.07
13	投资利税率（%）							-0.81	-0.32	0.2	1	1.64	1.51	1.33	1.23	1.28	1.36
14	资本金利润率（%）							-2.25	-1.24	-0.17	1.48	2.86	2.65	2.33	2.09	2.21	2.34

续上表

序号	项　目	16 2020年	17 2021年	18 2022年	19 2023年	20 2024年	21 2025年	22 2026年	23 2027年	24 2028年	25 2029年	26 2030年	27 2031年	28 2032年	29 2033年	30 2034年
1	客票收入	115 382	117 035	118 689	120 342	121 996	123 649	125 303	126 956	128 610	130 263	131 917	133 571	135 224	136 878	138 531
2	其他收入	23 076	23 407	23 738	24 068	24 399	24 730	25 061	25 391	25 722	26 053	26 383	26 714	27 045	27 376	27 706
3	运输税金及附加	4 721	4 789	4 857	4 924	4 992	5 060	5 127	5 195	5 263	5 330	5 398	5 466	5 533	5 601	5 669
4	营业支出	110 576	106 980	103 057	98 919	94 557	87 821	84 496	84 872	83 467	83 843	92 308	89 787	90 163	90 690	92 096
5	营业外净支出	0	0	0	0	0	0	0	0	0	0	0	0	0	0	0
6	利润总额	23 161	28 673	34 513	40 568	46 846	55 498	60 740	62 281	65 602	67 143	60 595	65 032	66 573	67 962	68 472
6.1	弥补以前年度亏损	0	0	0	0	0	0	0	0	0	0	0	0	0	0	0
6.2	应纳税所得税额	23 161	28 673	34 513	40 568	46 846	55 498	60 740	62 281	65 602	67 143	60 595	65 032	66 573	67 962	68 472
7	利税总额	27 882	33 463	39 370	45 492	51 838	60 558	65 868	67 476	70 865	72 473	65 993	70 498	72 106	73 563	74 141
8	所得税	7 643	9 462	11 389	13 387	15 459	18 314	20 044	20 553	21 649	22 157	19 996	21 461	21 969	22 428	22 596
9	税后利润	15 518	19 211	23 124	27 181	31 387	37 184	40 696	41 728	43 953	44 986	40 599	43 571	44 604	45 534	45 876
10	特种基金															
11	可供分配利润	15 518	19 211	23 124	27 180	31 387	37 184	40 696	41 728	43 954	44 986	40 598	43 571	44 604	45 535	45 877
11.1	盈余公积金	1 552	1 921	2 312	2 718	3 139	3 718	4 070	4 173	4 395	4 499	4 060	4 357	4 460	4 553	4 588
11.2	应付利润															
11.3	未分配利润	13 966	17 290	20 811	24 462	28 248	33 465	36 626	37 555	39 558	40 487	36 538	39 214	40 143	40 981	41 289
11.4	累计未分配利润	61 739	79 029	99 840	124 302	152 550	186 015	222 641	260 196	299 754	340 241	376 779	415 993	456 136	497 117	538 406
12	投资利润率(%)	1.45	1.8	2.16	2.54	2.92	3.46	3.79	3.89	4.09	3.83	3.46	3.71	3.79	3.81	3.84
13	投资利税率(%)	1.75	2.1	2.47	2.85	3.23	3.78	4.11	4.21	4.42	4.14	3.77	4.03	4.11	4.13	4.16
14	资本金利润率(%)	3.18	3.94	4.74	5.58	6.44	7.62	8.35	8.56	9.01	9.13	8.24	8.84	9.05	9.12	6.1

第四章 地铁建设项目投资决策分析

附表 4-4

资金来源与运用表（万元）

序号	项目	合计	建设期					运营期								
			1	2	3	4	5	6	7	8	9	10	11	12	13	14	15
			2005年	2006年	2007年	2008年	2009年	2010年	2011年	2012年	2013年	2014年	2015年	2016年	2017年	2018年	2019年
1	资金来源	4 113 757	119 455	199 696	251 299	220 562	189 847	23 001	27 602	32 484	40 038	121 986	155 235	188 868	192 840	212 604	94 162
1.1	利润总额	894 924						−10 271	−5 670	−788	6 766	14 782	15 037	14 374	13 938	16 049	17 048
1.2	折旧费	1 176 332						33 063	33 063	33 063	33 063	33 063	37 356	41 666	45 976	49 425	53 739
1.3	摊销费	2 090						209	209	209	209	209	209	209	209	209	209
1.4	固定资产投资长期借款	522 445	66 883	111 471	136 991	114 697	92 403	0	0	0	0	0	0	0	0	0	0
1.5	流动资金借款	1 808	0	0	0	0	970.2						330.75				330.75
1.6	自有资金	737 444	52 572	88 225	114 308	105 865	96 474	0	0	0	0	60 000	50 000	50 000	50 000	60 000	0
1.6.1	用于土建工程投资	552 882	48 432	80 721	80 721	64 576	48 432	0	0	0	0	40 000	50 000	50 000	50 000	40 000	0
1.6.2	用于车辆购置	105 440	0	0	18 480	18 480	18 480	0	0	0	0	20 000				20 000	0
1.6.3	用于投资方向调节税	0	0	0	0	0	0	0	0	0	0						
1.6.4	用于建设期贷款利息	416	0	0	0	0	416	0	0	0	0						
1.6.5	用于建设期贷款利息	76 613	2 047	7 504	15 107	22 809	29 146	0	0	0	0						
1.6.6	用于无形及递延资产	2 093	2 093	0	0	0	0										
1.7	回收土建工程残余值	326 369						0	0	0	0	0	0	0	0	0	0
1.8	回收车辆残余值	56 518						0	0	0	0	0	0	0	0	0	0
1.9	回收流动资金	2 583						0	0	0	0	13 932	52 302	82 619	82 717	86 921	22 835
1.10	其他短期贷款	393 244	0	0	0	0	0										

137

续上表

序号	项目	合计	建设期					运营期									
			1	2	3	4	5	6	7	8	9	10	11	12	13	14	15
			2005年	2006年	2007年	2008年	2009年	2010年	2011年	2012年	2013年	2014年	2015年	2016年	2017年	2018年	2019年
2	资金运用	3 000 160	119 455	199 696	251 299	220 562	189 847	23 002	27 603	32 485	40 039	124 693	154 226	187 905	191 906	211 529	93 019
2.1	土建工程投资	1 456 890	115 315	192 192	192 192	153 753	115 315	0	0	0	0	77 843	130 860	130 860	104 688	78 516	0
2.2	车辆购置费	246 000	0	0	44 000	44 000	44 000	0	0	0	0	45 000	0	0	0	45 000	0
2.3	无形及递延资产	2 093	2 093	0	0	0	0	0	0	0	0	0	0	0	0	0	0
2.4	投资方向调节税	0	0	0	0	0	0	0	0	0	0	0	0	0	0	0	0
2.5	建设期利息	76 613	2 047	7 504	15 107	22 809	29 146	0	0	0	0	0	0	0	0	0	0
2.6	流动资金	2 584					1 386	0	0	0	0	1 850	473	0	0	0	473
2.7	所得税	296 683											4 962	4 743	4 599	5 296	5 626
2.8	建设基金	0	0	0	0	0	0	0	0	0	0	0	0	0	0	0	0
2.9	应付利润	0	0	0	0	0	0	0	0	0	0	0	0	0	0	0	0
2.10	长期借款本金偿还	522 447	0	0	0	0	0	23 002	27 603	32 485	40 039	0	0	0	0	0	0
2.11	短期借款本金偿还	397 244	0	0	0	0	0	0	0	0	0	0	17 932	52 302	82 619	82 717	86 921
2.12	流动资金借款本金偿还	1 808	0	0	0	0	0	0	0	0	0	0	0	0	0	0	0
3	盈余资金（含盈余公积金）	1 117 596	0	0	0	0	0	0	0	0	0	1 293	1 007	963	934	1 075	1 142
4	累计盈余资金		0	0	0	0	0	0	0	0	0	1 293	2 300	3 263	4 197	5 272	6 414

续上表

序号	项目	16 2020年	17 2021年	18 2022年	19 2023年	20 2024年	21 2025年	22 2026年	23 2027年	24 2028年	25 2029年	26 2030年	27 2031年	28 2032年	29 2033年	30 2034年
1	资金来源	76 113	81 625	87 465	93 520	100 212	105 826	111 068	112 609	114 149	175 041	114 334	118 771	120 312	131 852	501 181
1.1	利润总额	23 161	28 673	34 513	40 568	46 846	55 498	60 740	62 281	65 602	67 143	60 595	65 032	66 573	67 962	68 472
1.2	折旧费	52 952	52 952	52 952	52 952	52 952	50 328	50 328	50 328	48 547	48 547	53 739	53 739	53 739	53 890	54 910
1.3	摊销费	0	0	0	0	0	0	0	0	0	0	0	0	0	0	0
1.4	固定资产投资长期借款	0	0	0	0	0	0	0	0	0	0	0	0	0	0	0
1.5	流动资金借款	0	0	0	0	0	0	0	0	0	0	0	0	0	0	176.4
1.6	自有资金	0	0	0	0	0	0	0	0	0	0	0	0	0	0	0
1.6.1	用于土建工程投资	0	0	0	0	0	0	0	0	0	0	0	0	0	0	0
1.6.2	用于车辆购置	0	0	0	0	0	0	0	0	0	0	0	0	0	10 000	0
1.6.3	用于投资方向调节税															
1.6.4	用于流动资金															
1.6.5	用于建设期贷款利息															
1.6.6	用于无形及递延资产															
1.7	回收土建工程余值	0	0	0	0	414	0	0	0	0	7 433	0	0	0	0	318 522
1.8	回收车辆残余值	0	0	0	0	0	0	0	0	0	0	0	0	0	0	56 518
1.9	回收流动资金	0	0	0	0	0	0	0	0	0	51 918	0	0	0	0	2 583
1.10	其他短期贷款	0	0	0	0	0	0	0	0	0	0	0	0	0	0	0

续上表

序号	项 目	运营期														
		16	17	18	19	20	21	22	23	24	25	26	27	28	29	30
		2020年	2021年	2022年	2023年	2024年	2025年	2026年	2027年	2028年	2029年	2030年	2031年	2032年	2033年	2034年
2	资金运用	74 561	79 704	85 152	90 801	97 073	78 802	20 044	20 553	21 649	170 542	71 914	21 461	26 554	49 428	24 656
2.1	土建工程投资	0	0	0	0	8 286	0	0	0	0	148 385	0	0	5 685	3 000	0
2.2	车辆购置费	0	0	0	0	0	0	0	0	0	0	0	0	0	24 000	0
2.3	无形及递延资产															
2.4	投资方向调节税	0	0	0	0	0	0	0	0	0	0	0	0	0	0	0
2.5	建设期利息															
2.6	流动资金	0	0	0	0	0	0	0	0	0	0	0	0	0	0	252
2.7	所得税	7 643	9 462	11 389	13 387	16 559	18 314	20 044	20 553	21 649	22 157	19 996	21 461	21 969	22 428	22 596
2.8	建设基金															
2.9	应付利润	0	0	0	0	0	0	0	0	0	0	0	0	0	0	0
2.10	长期借款本金偿还	44 083	70 242	73 763	77 414	73 328	60 488	0	0	0	0	0	0	0	0	0
2.11	短期借款本金偿还	22 835	0	0	0	0	0	0	0	0	0	51 918	0	0	0	0
2.12	流动资金借款本金偿还	0	0	0	0	0	0	0	0	0	0	0	0	0	0	1 808
3	盈余资金（含盈余公积金）	1 552	1 921	2 312	2 718	3 139	27 023	91 024	92 056	92 501	4 499	42 419	97 310	93 757	82 424	476 527
4	累计盈余资金	7 966	9 887	12 199	14 917	18 056	45 079	136 103	228 159	320 660	325 159	367 578	464 888	558 645	641 069	1 117 596

第四章 地铁建设项目投资决策分析

附表 4-5

资产负债表（万元）

序号	项目	建设期					运营期									
		1	2	3	4	5	6	7	8	9	10	11	12	13	14	15
		2005年	2006年	2007年	2008年	2009年	2010年	2011年	2012年	2013年	2014年	2015年	2016年	2017年	2018年	2019年
1	资产	119 455	319 151	570 450	791 012	980 859	947 587	914 313	881 041	847 768	938 631	1 033 407	1 123 355	1 182 791	1 257 777	1 205 414
1.1	流动资产总额	0	0	0	0	1 386	1 386	1 386	1 386	1 386	2 679	4 159	5 122	6 056	7 131	8 746
1.1.1	流动资产全值	0	0	0	0	1 386	1 386	1 386	1 386	1 386	1 386	1 859	1 859	1 859	1 859	2 331
1.1.2	累计盈余资金	0	0	0	0	0	0	0	0	0	1 293	2 300	3 263	4 197	5 272	6 415
1.2	在建工程占用资金	117 362	317 058	568 357	788 919	977 380										
1.3	土建固定资产净值						808 545	780 903	753 262	725 620	697 978	745 616	841 960	933 993	996 406	1 030 061
1.4	车辆资产净值						135 772	130 350	124 928	119 506	114 084	151 935	144 785	137 635	130 485	166 607
1.5	无形资产递延资产净值	2 093	2 093	2 093	2 093	2 093	1 884	1 674	1 465	1 256	1 047	837	628	419	209	0
2	负债及所有者权益	119 455	319 151	570 450	791 012	980 859	947 586	914 314	881 041	847 768	938 631	1 033 407	1 123 355	1 182 791	1 257 748	1 205 415
2.1	负债总额	66 883	178 354	315 345	430 042	523 415	500 413	472 811	440 326	400 287	418 219	452 920	483 237	483 335	487 539	423 784
2.1.1	流动负债总额	0	0	0	0	970	970	970	970	970	18 902	53 603	83 920	84 018	88 222	24 467
2.1.1.1	流动资金借款	0	0	0	0	970	970	970	970	970	970	1 301	1 301	1 301	1 301	1 632
2.1.1.2	其他短期贷款	0	0	0	0	0	0	0	0	0	17 932	52 302	82 619	82 717	86 921	22 835
2.1.2	长期借款本金	66 883	178 354	315 345	430 042	522 445	499 443	471 841	439 356	399 317	399 317	399 317	399 317	399 317	399 317	399 317
2.2	所有者权益	52 572	140 797	255 105	360 970	457 444	447 173	441 503	440 715	447 481	520 412	580 487	640 118	699 456	770 209	781 631
2.2.1	资本金	52 572	140 797	255 105	360 970	457 444	457 444	457 444	457 444	457 444	517 444	567 444	617 444	667 444	727 444	727 444
2.2.2	资本公积金															
2.2.3	累计盈余公积金						0	0	0	0	1 293	2 301	3 264	4 198	5 273	6 415
2.2.4	累计未分配利润						−10 271	−15 941	−16 729	−9 963	1 675	10 742	19 410	27 814	37 492	47 772
2.2.5	累计未分配建设基金															
3	资产负债率（%）	55.99	55.88	55.28	54.37	53.36	52.81	51.71	49.98	47.22	44.56	43.83	43.02	40.86	38.76	35.16
4	流动比率（%）					142.86	142.86	142.86	142.86	142.86	140.17	7.76	6.1	7.21	8.08	35.75

141

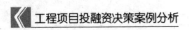

续上表

序号	项目	16 2020年	17 2021年	18 2022年	19 2023年	20 2024年	21 2025年	22 2026年	23 2027年	24 2028年	25 2029年	26 2030年	27 2031年	28 2032年	29 2033年	30 2034年
1	资产	1 154 015	1 102 985	1 052 345	1 002 111	960 584	937 280	977 976	1 019 704	1 061 658	1 167 994	1 156 674	1 200 244	1 244 849	1 300 385	1 722 252
1.1	流动资产总额	10 298	12 219	14 531	17 249	20 388	47 411	138 435	230 491	322 992	327 490	369 909	467 220	560 977	643 402	1 120 180
1.1.1	流动资产全值	2 331	2 331	2 331	2 331	2 331	2 331	2 331	2 331	2 331	2 331	2 331	2 331	2 331	2 331	2 583
1.1.2	累计盈余资金	7 967	9 888	12 200	14 918	18 057	45 080	136 104	228 160	320 661	325 159	367 578	464 889	558 646	641 071	1 117 597
1.2	在建工程占用资金	0	0	0	0	8 286	0	0	0	0	148 385	0	0	0	0	0
1.3	土建固定资产净值	985 988	941 914	897 840	853 766	809 692	776 529	735 079	693 628	651 959	614 290	717 814	672 953	628 092	587 665	545 554
1.4	车辆资产净值	157 729	148 852	139 974	131 096	122 218	113 340	104 462	95 585	86 707	77 829	68 951	60 071	51 195	42 318	56 518
1.5	无形资产递延资产净值	0	0	0	0	0	0	0	0	0	0	0	0	0	0	0
2	负债及所有者权益	1 198 098	1 173 227	1 126 108	1 079 526	1 033 913	997 768	977 976	1 019 705	1 063 658	987 995	1 156 675	1 200 247	1 244 850	1 300 384	1 722 252
2.1	负债总额	400 949	356 867	286 625	212 862	135 448	62 120	1 632	1 632	1 632	53 550	1 632	1 632	1 632	1 632	0
2.1.1	流动负债总额	1 632	1 632	1 632	1 632	1 632	1 632	1 632	1 632	1 632	53 550	1 632	1 632	1 632	1 632	0
2.1.1.1	流动资金借款	1 632	1 632	1 632	1 632	1 632	1 632	1 632	1 632	1 632	1 632	1 632	1 632	1 632	1 632	0
2.1.1.2	其他短期贷款	0	0	0	0	0	0	0	0	0	51 918	0	0	0	0	0
2.1.2	长期借款负债	399 317	355 235	284 993	211 230	133 816	60 488	0	0	0	0	0	0	0	0	0
2.2	所有者权益	797 149	816 360	839 483	866 664	898 465	935 648	976 344	1 018 073	1 062 026	934 445	1 155 043	1 198 615	1 243 218	1 298 752	1 722 252
2.2.1	资本金	727 444	727 444	727 444	727 444	727 858	727 858	727 858	727 858	727 858	735 291	735 291	735 291	735 291	745 291	1 122 914
2.2.2	资本公积金															
2.2.3	累计盈余公积金	7 967	9 888	12 200	14 918	18 057	21 775	25 845	30 018	34 413	38 912	42 972	47 329	51 789	56 342	60 930
2.2.4	累计未分配利润	61 738	79 028	99 839	124 302	152 550	186 015	222 641	260 197	299 755	160 242	376 780	415 995	456 138	497 119	538 408
2.2.5	累计未分配建设基金															
3	资产负债率(%)	30.92	25.99	20.23	13.52	6.47	0.17	0.17	0.16	0.15	4.58	0.14	0.14	0.13	0.13	0
4	流动比率(%)	631.11	748.85	890.56	1 057.14	1 249.49	2 905.64	8 484.1	14 125.83	19 794.8	611.56	22 670.18	28 633.92	34 379.92	39 431.36	

第四章 地铁建设项目投资决策分析

附表 4-6

投资计划与资金筹措表（万元）

序号	项目	合计	建设期					运营期								
			1	2	3	4	5	6	7	8	9	10	11	12	13	14	15
			2005年	2006年	2007年	2008年	2009年	2010年	2011年	2012年	2013年	2014年	2015年	2016年	2017年	2018年	2019年
1	总投资	1 783 080	119 455	199 696	251 299	220 562	189 847	0	0	0	0	122 843	131 333	130 860	104 688	123 516	473
1.1	土建工程投资	1 455 790	115 315	192 192	192 192	153 753	115 315	0	0	0	0	77 843	130 860	130 860	104 688	78 516	0
1.2	投资方向调节税	0	0	0	0	0	0	0	0	0	0	0	0	0	0	0	0
1.3	车辆购置费	2 462 000	0	0	44 000	44 000	44 000					45 000	0	0	0	45 000	0
1.4	无形及递延资产	2 093	2 093	0	0	0	0										
1.5	建设期利息	76 613	2 047	7 504	15 107	22 809	29 146	0	0	0	0	0	0	0	0	0	0
1.6	流动资金	2 584	0	0	0	0	1 386	0	0	0	0	0	473	0	0	0	473
2	资金筹措	2 180 624	119 455	199 696	251 299	220 562	189 847	0	0	0	0	140 775	183 635	213 479	187 405	210 437	23 308
2.1	自有资金	1 259 127	52 572	88 225	114 308	105 865	96 474	0	0	0	0	122 843	131 002	130 860	104 688	123 516	142
2.1.1	流动资金	776	0	0	0	0	416	0	0	0	0	0	142	0	0	0	142
2.1.2	土建工程投资	1 010 205	48 432	80 721	80 721	64 576	48 432	0	0	0	0	77 843	130 860	130 860	104 688	78 516	0
2.1.3	车辆购置费	169 440	0	0	18 480	18 480	18 480	0	0	0	0	45 000	0	0	0	45 000	0
2.1.4	无形及递延资产	2 093	2 093	0	0	0	0										
2.1.5	建设期利息	76 613	2 047	7 504	15 107	22 809	29 146	0	0	0	0	0	0	0	0	0	0
2.2	借款	921 497	66 883	111 471	136 991	114 697	93 373	0	0	0	0	17 932	52 633	82 619	82 717	86 921	23 166
2.2.1	长期借款	522 445	66 883	111 471	136 991	114 697	92 403	0	0	0	0	0	0	0	0	0	0
2.2.2	流动资金借款	1 808	0	0	0	0	970	0	0	0	0	0	331	0	0	0	331
2.2.3	其他短期借款	397 244	0	0	0	0	0	0	0	0	0	17 932	52 302	82 619	82 717	86 921	22 835

续上表

序号	项目	运营期														
		16	17	18	19	20	21	22	23	24	25	26	27	28	29	30
		2020年	2021年	2022年	2023年	2024年	2025年	2026年	2027年	2028年	2029年	2030年	2031年	2032年	2033年	2034年
1	总投资	0	0	0	0	8 286	0	0	0	0	148 385	0	0	4 585	27 000	252
1.1	土建工程投资	0	0	0	0	8 286	0	0	0	0	148 385	0	0	4 585	3 000	0
1.2	投资方向调节税	0	0	0	0	0	0	0	0	0	0	0	0	0	0	0
1.3	车辆购置费	0	0	0	0	0	0	0	0	0	0	0	0	0	24 000	0
1.4	无形及递延资产															
1.5	建设期利息	0	0	0	0	0	0	0	0	0	0	0	0	0	0	0
1.6	流动资金	0	0	0	0	0	0	0	0	0	0	0	0	0	0	252
2	资金筹措	0	0	0	0	8 286	0	0	0	0	200 603	0	0	4 585	27 000	252
2.1	自有资金	0	0	0	0	8 286	0	0	0	0	148 685	0	0	4 585	27 000	76
2.1.1	流动资金	0	0	0	0	0	0	0	0	0	0	0	0	0	0	76
2.1.2	土建工程投资	0	0	0	0	8 286	0	0	0	0	148 685	0	0	4 585	3 000	0
2.1.3	车辆购置费	0	0	0	0	0	0	0	0	0	0	0	0	0	24 000	0
2.1.4	无形及递延资产															
2.1.5	建设期利息															
2.2	借款	0	0	0	0	0	0	0	0	0	51 918	0	0	0	0	176
2.2.1	长期借款	0	0	0	0	0	0	0	0	0	0	0	0	0	0	0
2.2.2	流动资金借款	0	0	0	0	0	0	0	0	0	0	0	0	0	0	176
2.2.3	其他短期借款	0	0	0	0	0	0	0	0	0	51 918	0	0	0	0	0

第四章 地铁建设项目投资决策分析

财务总成本及经营成本表

附表 4-7

序号	项目	合计	运营期											
			6	7	8	9	10	11	12	13	14	15	16	17
			2010年	2011年	2012年	2013年	2014年	2015年	2016年	2017年	2018年	2019年	2020年	2021年
1	年车公里(万车公里/年)		876	1 079	1 283	1 487	1 690	1 894	2 097	2 301	2 505	2 708	2 742	2 775
2	年客流量(万人次/年)		11 936	12 746	13 555	14 862	16 168	17 475	18 782	20 089	21 395	22 702	23 155	23 607
3	年客运周转量(万人公里)		98 785	106 851	114 917	126 512	138 107	149 702	161 297	172 893	184 488	196 083	198 934	201 785
4	经营成本(万元)	730 916	11 380	13 611	15 839	18 069	20 297	22 527	24 756	26 986	29 215	31 444	31 820	32 197
4.1	职工工资及福利(万元)	107 295	1 051	1 475	1 898	2 322	2 746	3 170	3 593	4 017	4 441	4 865	4 904	4 944
4.2	电力费(万元)	304 010	5 796	6 569	7 342	8 115	8 888	9 661	10 434	11 207	11 980	12 753	12 919	13 086
4.3	修理费(万元)	187 670	2 627	3 238	3 849	4 460	5 070	5 681	6 292	6 903	7 514	8 125	8 225	8 326
4.4	营运费(万元)	93 836	1 313	1 619	1 924	2 230	2 535	2 841	3 146	3 452	3 757	4 062	4 113	4 163
4.5	管理费(万元)	38 105	593	710	826	942	1 058	1 174	1 291	1 407	1 523	1 639	1 659	1 678
5	摊销(万元)	2 090	209	209	209	209	209	209	209	209	209	209	0	0
6	折旧(万元)	1 176 332	33 063	33 063	33 063	33 063	33 063	37 356	41 666	45 976	49 425	53 739	52 952	52 952
7	财务费用(万元)	377 565	32 028	30 620	28 931	26 943	24 492	25 511	27 429	29 121	29 126	29 379	25 803	21 831
8	总成本(万元)	2 284 909	76 681	77 503	78 043	78 284	78 063	85 603	94 061	102 292	107 975	114 772	110 576	104 980
9	车公里总成本(元/车公里)		87.57	71.81	60.83	52.66	46.19	45.2	44.85	44.45	43.11	42.38	40.33	38.55
10	车公里经营成本(元/车公里)		13	12.61	12.35	12.15	12.01	11.9	11.8	11.93	11.66	11.61	11.61	11.6
11	人次总成本(元/人次)		6.42	6.08	5.76	5.27	4.83	4.9	5.01	5.09	5.05	5.06	4.78	4.53
12	人次经营成本(元/人次)		0.95	1.07	1.17	1.22	1.26	1.29	1.32	1.34	1.37	1.39	1.37	1.36
13	人公里总成本(元/人公里)		0.78	0.73	0.68	0.62	0.57	0.57	0.58	0.59	0.59	0.59	0.56	0.53
14	人公里经营成本(元/人公里)		0.115	0.127	0.138	0.143	0.147	0.15	0.153	0.156	0.158	0.16	0.16	0.16

续上表

序号	项目	18 2022年	19 2023年	20 2024年	21 2025年	22 2026年	23 2027年	运营期 24 2028年	25 2029年	26 2030年	27 2031年	28 2032年	29 2033年	30 2034年
1	年车公里(万车公里/年)	2 809	2 842	2 875	2 909	942	2 976	3 009	3 043	3 076	3 110	3 143	3 176	3 210
2	年客流量(万人次/年)	24 060	24 512	24 965	25 417	25 870	26 322	26 775	27 227	27 679	28 132	28 584	29 037	29 489
3	年客运周转量(万人公里)	204 636	207 486	210 337	213 188	216 039	218 890	221 741	224 592	227 443	230 294	233 145	235 996	238 847
4	经营成本(万元)	32 572	32 949	33 324	33 701	34 078	34 452	34 830	35 204	35 581	35 957	36 333	36 709	37 085
4.1	职工工资及福利(万元)	4 983	5 023	5 063	5 102	5 142	5 181	5 221	5 260	5 300	5 339	5 379	5 418	5 458
4.2	电力费(万元)	13 252	13 419	13 585	13 752	13 918	14 084	14 251	14 417	14 584	14 750	14 916	15 083	15 249
4.3	修理费(万元)	8 426	8 526	8 626	8 727	8 827	8 927	9 028	9 128	9 228	9 329	9 429	9 529	9 630
4.4	营运费(万元)	4 213	4 263	4 313	4 363	4 414	4 464	4 514	4 564	4 614	4 664	4 715	4 765	4 815
4.5	管理费(万元)	1 698	1 718	1 737	1 757	1 777	1 796	1 816	1 835	1 855	1 875	1 894	1 914	1 933
5	摊销(万元)	0	0	0	0	0	0	0	0	0	0	0	0	0
6	折旧(万元)	52 952	52 952	52 952	50 328	50 328	50 328	48 547	48 547	53 739	53 739	53 739	53 890	54 910
7	财务费用(万元)	17 533	13 018	8 281	3 793	91	91	91	91	2 988	91	91	91	101
8	总成本(万元)	103 057	98 919	94 557	87 821	84 496	84 872	83 467	83 843	92 308	89 787	90 163	90 690	92 096
9	车公里总成本(元/车公里)	36.69	34.81	32.88	30.19	28.72	28.52	27.74	27.56	30.01	28.87	28.69	28.55	28.69
10	车公里经营成本(元/车公里)	11.6	11.59	11.59	11.59	11.58	11.58	11.57	11.57	11.57	11.56	11.56	11.56	11.55
11	人次总成本(元/人次)	4.28	4.04	3.79	3.46	3.27	3.22	3.12	3.08	3.33	3.19	3.15	3.12	3.12
12	人次经营成本(元/人次)	1.35	1.34	1.33	1.33	1.32	1.31	1.3	1.29	1.29	1.28	1.27	1.26	1.26
13	人公里总成本(元/人公里)	0.5	0.48	0.45	0.41	0.39	0.39	0.38	0.37	0.41	0.39	0.39	0.38	0.39
14	人公里经营成本(元/人公里)	0.159	0.159	0.158	0.158	0.158	0.157	0.157	0.157	0.156	0.156	0.156	0.156	0.155

借款还本付息计算表（万元）

附表 4-8

序号	项目	合计	建设期					运营期								
			1	2	3	4	5	6	7	8	9	10	11	12	13	14	15
			2005年	2006年	2007年	2008年	2009年	2010年	2011年	2012年	2013年	2014年	2015年	2016年	2017年	2018年	2019年
1	借款及还本付息																
1.1	年初借款本金累计		0	66 883	178 354	315 345	430 042	523 415	500 413	472 813	440 326	400 287	418 219	452 919	483 237	483 335	487 539
1.1.1	国外借款	0		0	0	0	0	0	0	0	0	0	0	0	0	0	0
1.1.2	国内借款（含债券）			66 883	178 354	315 345	430 042	522 445	499 443	471 843	439 356	399 317	399 317	399 317	399 317	399 317	399 317
1.1.3	短期贷款及流动资金			0	0	0	0	970	970	970	970	970	18 902	53 602	83 920	84 018	88 222
1.2	本年借款	921 496	66 883	111 471	136 991	114 697	93 373	0	0	0	0	17 932	52 632	82 619	82 717	86 921	23 166
1.2.1	国外借款	0		0	0	0	0	0	0	0	0	0	0	0	0	0	0
1.2.2	国内借款（含债券）	522 445	66 883	111 471	136 991	114 697	92 403	0	0	0	0	0	0	0	0	0	0
1.2.3	短期贷款及流动资金	399 051	0	0	0	0	970	0	0	0	0	17 932	52 632	82 619	82 717	86 921	23 166
1.3	本年应计利息	454 169	2 047	7 504	15 107	22 809	29 146	32 028	30 620	28 931	26 934	24 492	25 511	27 429	29 121	29 126	29 379
1.3.1	国外借款	0	0	0	0	0	0	0	0	0	0	0	0	0	0	0	0
1.3.2	国内借款（含债券）	429 977	2 047	7 504	15 107	22 809	29 146	31 974	30 566	28 877	26 880	24 438	24 438	24 438	24 438	24 438	24 438
1.3.3	短期贷款及流动资金	24 192	0	0	0	0	0	54	54	54	54	54	1 073	2 991	4 683	4 688	4 941
1.4	本年还本	919 691	0	0	0	0	0	23 002	27 603	32 485	40 039	0	17 932	52 302	82 619	82 717	86 921
1.4.1	国外借款	0	0	0	0	0	0	0	0	0	0	0	0	0	0	0	0
1.4.2	国内借款（含债券）	522 447	0	0	0	0	0	23 002	27 603	32 485	40 039	0	0	0	0	0	0

续上表

序号	项目	合计	建设期					运营期									
			1	2	3	4	5	6	7	8	9	10	11	12	13	14	15
			2005年	2006年	2007年	2008年	2009年	2010年	2011年	2012年	2013年	2014年	2015年	2016年	2017年	2018年	2019年
1.4.3	短期贷款及流动资金	397 244	0	0	0	0	0	0	0	0	0	0	17 932	52 302	82 619	82 717	86 921
1.5	本年付息	454 169	2 047	7 504	15 107	22 809	29 146	32 028	30 620	28 931	26 934	24 492	25 511	27 429	29 121	29 126	29 379
2	借款还本付息资金																
2.1	资金来源	2 778 960	0	0	0	0	0	23 001	27 602	32 484	40 038	122 843	148 934	185 162	187 306	206 233	87 063
2.1.1	可用于还款利润	538 406						−10 271	−5 670	−788	6 766	11 639	9 067	8 668	8 404	9 678	10 280
2.1.2	可用于还款基本折旧	1 178 332						33 063	33 063	33 063	33 063	33 063	37 356	43 666	45 976	49 425	53 739
2.1.3	运营期自有资金	662 888	0	0	0	0	0	0	0	0	0	60 000	50 000	50 000	50 000	60 000	0
2.1.4	其他资金来源	399 334	0	0	0	0	0	209	209	209	209	18 141	52 511	82 828	82 926	87 130	23 044
2.1.4.1	无形及递延资产摊销费	2 090						209	209	209	209	209	209	209	209	209	209
2.1.4.2	短期贷款	397 244	0	0	0	0	0	0	0	0	0	17 932	52 302	82 619	82 717	86 921	22 835
2.1.4.3	其他资金	0															
2.2	其他支出	801 383	0	0	0	0	0	0	0	0	0	122 843	131 002	130 860	104 688	123 516	142
2.2.1	运营期土建工程投资	687 023						0	0	0	0	77 843	130 860	130 860	104 688	78 516	0
2.2.2	运营期车辆购置投资	114 000						0	0	0	0	45 000	0	0	0	45 000	0
2.2.3	运营期流动资金自筹	360						0	0	0	0	0	142	0	0	0	142
2.3	可用于还本的资金	1 975 582	0	0	0	0	0	23 002	27 603	32 485	40 039	0	17 932	52 302	82 619	82 717	86 921

续上表

序号	项目	16 2020年	17 2021年	18 2022年	19 2023年	20 2024年	21 2025年	22 2026年	23 2027年	24 2028年	25 2029年	26 2030年	27 2031年	28 2032年	29 2033年	30 2034年
1	借款及还本付息															
1.1	年初借款本金累计	423 784	356 867	286 625	212 862	135 448	62 120					53 550				
1.1.1	国外借款	0	0	0	0	0	0	0	0	0	0	0	0	0	0	0
1.1.2	国内借款（含债券）	399 317	355 235	284 993	211 230	133 816	60 488	0	0	0	0	0	0	0	0	0
1.1.3	短期贷款及流动资金	24 467	1 632	1 632	1 632	1 632	1 632	1 632	1 632	1 632	1 632	53 550	1 632	1 632	1 632	1 632
1.2	本年借款	0	0	0	0	0	0	0	0	0	51 918	0	0	0	0	176
1.2.1	国外借款	0	0	0	0	0	0	0	0	0	0	0	0	0	0	0
1.2.2	国内借款（含债券）	0	0	0	0	0	0	0	0	0	0	0	0	0	0	0
1.2.3	短期贷款及流动资金	0	0	0	0	0	0	0	0	0	51 918	0	0	0	0	176
1.3	本年应计利息	25 803	21 831	17 533	13 018	8 281	3 793	91	91	91	91	2 988	91	91	91	101
1.3.1	国外借款	0	0	0	0	0	0	0	0	0	0	0	0	0	0	0
1.3.2	国内借款（含债券）	24 438	21 740	17 442	12 927	8 190	3 702	0	0	0	0	2 988	0	0	0	0
1.3.3	短期贷款及流动资金	1 365	91	91	91	91	91	91	91	91	91	0	91	91	91	101
1.4	本年还本	66 918	70 242	73 763	77 414	73 328	60 488	0	0	0	0	51 918	0	0	0	0
1.4.1	国外借款	0	0	0	0	0	0	0	0	0	0	0	0	0	0	0
1.4.2	国内借款（含债券）	44 083	70 242	73 763	77 414	73 328	60 488	0	0	0	0	0	0	0	0	0

续上表

序号	项目	16 2020年	17 2021年	18 2022年	19 2023年	20 2024年	21 2025年	22 2026年	23 2027年	24 2028年	25 2029年	26 2030年	27 2031年	28 2032年	29 2033年	30 2034年
1.4.3	短期贷款及流动资金	22 835	0	0	0	0	0	0	0	0	0	51 918	0	0	0	0
1.5	本年付息	25 803	21 831	17 533	13 018	8 281	3 793	91	91	91	91	2 988	91	91	91	101
2	借款还本付息资金															
2.1	资金来源	66 918	70 242	73 763	77 414	81 614	83 793	86 954	87 883	88 105	148 385	90 277	92 953	93 882	104 871	471 240
2.1.1	可用于还款利润	13 966	17 290	20 811	24 462	28 248	33 465	36 626	37 555	39 558	40 487	36 538	39 214	40 143	40 981	41 289
2.1.2	可用于还款基本折旧	52 952	52 952	52 952	52 952	52 952	50 328	50 328	50 328	48 547	48 547	53 739	53 739	53 739	53 890	54 910
2.1.3	运营期自有资金	0	0	0	0	414	0	0	0	0	7 433	0	0	0	10 000	375 041
2.1.4	其他资金来源	0	0	0	0	0	0	0	0	0	51 918	0	0	0	0	0
2.1.4.1	无形及递延资产摊销费	0	0	0	0	0	0	0	0	0	0	0	0	0	0	0
2.1.4.2	短期贷款	0	0	0	0	0	0	0	0	0	51 918	0	0	0	0	0
2.1.4.3	其他资金	0	0	0	0	0	0	0	0	0	0	0	0	0	0	0
2.2	其他支出	0	0	0	0	8 286	0	0	0	0	148 385	0	0	4 585	27 000	76
2.2.1	运营期土建工程投资	0	0	0	0	8 286	0	0	0	0	148 385	0	0	4 585	0	0
2.2.2	运营期车辆购置投资	0	0	0	0	0	0	0	0	0	0	0	0	0	3 000	0
2.2.3	运营期流动资金自筹	0	0	0	0	0	0	0	0	0	0	0	0	0	24 000	76
2.3	可用于还本的资金	66 918	70 242	73 763	77 414	73 328	83 793	86 954	87 883	88 105	0	90 277	92 953	89 297	77 871	471 164

下篇

工程项目融资决策案例

第五章 BOT 融资

学习目的

BOT 项目融资模式是目前比较成熟和应用最广的项目融资模式。通过本章案例学习,掌握标准 BOT 模式及其各种衍生模式的基本内涵、典型运作模式、融资结构、操作程序和特许权协议特点;重点掌握 BOT 模式融资结构中的投资结构、资金结构和资信结构、项目资信增级方法、项目风险的分担与管理方法等。

案例 1 马来西亚南北高速公路项目 BOT 融资

一、项目背景

马来西亚南北高速公路项目设计全长 900km,最初是由马来西亚政府所属的公路管理局负责建设,但是在公路建成 400km 之后,由于财政方面的困难,政府无法继续将项目建设下去,采取其他的融资方式便成为了唯一可取的途径。在众多方案中,马来西亚政府选择了 BOT 融资模式。

经过历时两年左右时间的谈判,马来西亚联合工程公司(UEM-United Engineers Malaysia Berhad)在 1989 年完成了高速公路项目的资金筹措,使得项目得以重新开工建设。BOT 项目融资模式在马来西亚高速公路项目中的运用,在国际金融界获得了很高的评价,被认为是 BOT 模式的一个成功范例。

二、项目融资结构

从 1987 年年初开始,经过为期两年的项目建设、经营、融资安排的谈判,马来西亚政府与国内的马来西亚联合工程公司签署了一项关于建设经营南北高速公路的特许权合约。马来西亚联合工程公司为此成立了一家项目子公司——南北高速公路项目有限公司(PLUS),以政府的特许权合约为核心组织起来项目的 BOT 融资结构(图 5-1)。

项目的 BOT 融资结构由三个部分组成。

(一)政府的特许权合约

马来西亚政府是南北高速公路项目的真正发起人和特许权合约结束后的拥有者。政府通过提供一项为期 30 年的南北高速公路建设经营特许权合约,不仅使得该项目由于财政困难未能动工的512km工程按照原计划建设并投入使用,而且通过项目的建设和运营带动周边经济的发展。

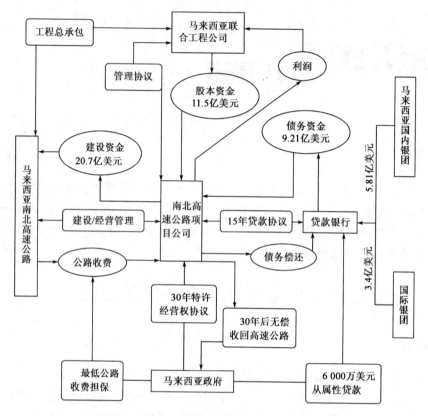

图5-1 马来西亚南北高速公路BOT项目融资结构

对于项目的投资者和经营者以及项目的贷款银行,政府的特许权合约是整个BOT融资的关键核心。该合约的主要内容包括以下几个方面:

(1)南北高速公路项目公司负责承建512km的高速公路,负责经营和维护高速公路,并有权根据一个双方商定的收费方式对公众收取公路的使用费。

(2)南北高速公路项目公司负责安排项目建设所需要的资金。但是,政府将为项目提供一项总金额为1.65亿马来西亚元(6 000万美元)的从属性备用贷款,作为对项目融资的信用支持,该项贷款可在11年内分期提取,利率8%,并具有15年的还款宽限期,最后的还款在特许权协议结束时截止。

(3)政府将原已建好的约400km高速公路(已完工路段316km、施工中路段55km)的经营权益在特许权期间转让给南北高速公路项目公司。但是,项目公司必须根据合约对其公路设施加以改进。

(4)政府向项目公司提供最低公路收费的收入担保,即无论在任何情况下,如果公路交通流量不足,公路的使用费收入低于合约中规定的水平,政府负责向项目公司支付其差额部分。

(5)特许权合约为期30年。在特许权合约到期日,南北高速公路项目公司将无偿地将900km的南北高速公路的所有权转让给马来西亚政府。政府的特许权合约不仅构成了BOT

项目融资的核心,也构成了项目贷款的信用保证结构核心。

(二)项目的投资者和经营者

项目的投资者和经营者是 BOT 模式的主体,在这个案例中,主体是马来西亚联合工程公司所拥有的马来西亚南北高速公路项目公司。

在这个总造价为 57 亿马来西亚元(21 亿美元)的项目中,南北高速公路项目公司作为经营者和投资者,除了股本资金投入之外,还需要负责项目建设的组织、与贷款银行谈判安排项目融资内容,并在 30 年的时间内经营和管理这条高速公路。

马来西亚联合工程公司作为工程的总承包,负责组织安排由 40 多家工程公司组成的工程承包集团,在为期七年的时间内完成 512km 的高速公路建设。

(三)项目的国际贷款银团

英国投资银行——摩根格兰福(Morgan Grenfell)作为项目的融资顾问,为项目组织了为期 15 年总金额为 25.35 亿马来西亚元(9.21 亿美元)的有限追索项目贷款,占项目总建设费用的 44.5%。其中 16 亿马来西亚元(5.81 亿美元)来自马来西亚的银行和其他金融机构,是当时马来西亚国内银行提供的最大的一笔项目融资贷款,9.35 亿马来西亚元(3.4 亿美元)来自由十几家外国银行组成的国际银团。对于 BOT 融资模式,这个金额是一个很大的数目。

项目贷款是有限追索的,贷款银团被要求承担项目的完工风险和市场风险。然而,由于政府特许权合约中所提供的项目最低收入担保,项目的市场风险相对减轻了,并在某种意义上转化成为一种政治风险,因而贷款银团所承担的主要商业风险为项目的完工风险。项目的延期将在很大程度上影响到项目的收益。但是,与其他类型项目融资的完工风险不同,公路项目可以分段建设、分段投入使用,从而相对减少了完工风险对整个项目的影响。

项目建设所需要的其他资金将由项目投资者在七年的建设期内以股本资金形式投入。第一阶段是承包人的优先股;第二阶段是 RCCPS 股,即可赎回(Redeem)、可兑换(Changeable)、累积的(Cumulative)、优先的(Preferred)股票(Stock)。

三、融资结构简评

(一)采用 BOT 模式为马来西亚政府和项目投资者以及经营者均带来了很大的利益

从政府的角度,由于采用了 BOT 模式,可以使南北高速公路按原订计划建成并投入使用,对于促进国民经济的发展具有很大的好处,并且可以节省大量的政府建设资金,在 30 年特许权合约结束以后还可以无条件回收这一公路。

从项目投资者和经营者的角度,BOT 模式的收入是十分可观的、马来西亚联合工程公司可以获得两个方面的利益:第一,根据预测分析,在 30 年的特许权期间内南北高速公路项目公司可以获得大约两亿美元价值的净利润;第二,作为工程总承包商,在七年的建设期内从承包工程中可以获得大约 1.57 亿美元价值的税前净利润。

(二)对 BOT 融资模式中的风险问题的分析

采用 BOT 模式的基础设施项目,在项目的风险方面与工业或矿业项目案例有所不同,具有一定的特殊性。这些特殊性对 BOT 模式的应用具有相当的影响。

（1）基础设施项目的建设期比一般的项目要长得多。如果采用贴现净现值的方法（Discounted Cash Flow，DCF）计算项目的投资收益，则会由于建设期过长而导致项目净现值大幅度减少。尽管类似高速公路这样的项目，可以分段建设、分段投入使用，然而，基础设施项目的固定资产寿命比一般的工业项目要长得多，经营成本和维修成本按照单位使用量计算也比工业项目要低，从而经营期的资金要求量也相对比较低。

（2）对于公路建设项目，有关风险因素的表现形式和对项目的影响程度与其他采用BOT融资模式的基础设施项目也有所不同。首先，公路项目的完工风险要低于其他采用BOT融资模式的基础设施项目，如桥梁、隧道、发电厂等，这是因为在前面反复提到的公路项目可以分段建设、分段投入使用、分段取得收益。如果项目的某段工程出现延期，或由于某种原因无法建设，虽然对整个项目的投资收益会造成一定的影响，但是不会像桥梁、隧道等项目那样颗粒无收。正因为如此，在马来西亚南北高速公路的BOT项目融资中，贷款银行同意承担项目的完工风险。其次，公路项目的市场风险表现也有所不同。对于电厂、电力输送系统、污水处理系统等基础设施项目，政府的特许权协议一般承担百分之百的市场责任，即负责按照规定的价格购买项目生产的全部产品。这样，项目融资的贷款银行不承担任何市场需求方面的风险，项目产品的价格也是根据一定的公式（与产品的数量、生产成本、通货膨胀指数等要素挂钩）确定的。然而，对于公路、桥梁等项目，由于市场是面对公众，由使用者的数量以及支付一定的使用费构成，所以面临着较大的不确定性因素。项目使用费价格的确定，不仅仅是与政府谈判的问题，也必须考虑到公众的承受能力和心理因素。

如果处理不好，类似收费加价这样的经济问题就会演变成为政治问题。因此，在公路建设项目中，政府在特许权合约中关于最低收益担保的条款，成为BOT融资模式中非常关键的一个条件。

（3）项目所在国金融机构的参与对于促成大型项目BOT融资起着很重要的作用。在BOT融资结构中，由于政府的特许权合约在整个项目融资结构中起着举足轻重的作用，从项目贷款银团的角度看，项目的国家风险和政治风险就变成了一个十分重要的考虑因素，这方面包括政府违约、外汇管制等一系列问题。项目所在国的银行和金融机构，通常对本国政治风险的分析判断比外国银行要好得多和准确得多，能够吸引到若干家本国的主要金融机构参与马来西亚南北高速公路的项目融资安排中，这一点被国际金融界认为是十分成功的。

案例2 中国台湾某高速铁路项目BOT融资方案

一、项目概况

该高速铁路为连接台北、高雄两大都市与其西半部各主要县市的高速铁路系统，路线全长345km。

该高速铁路是全世界最大规模的BOT模式的公共工程之一，建设总成本约达4 806亿元，计划总金额约为6 313亿元。由该地区高速铁路股份有限公司负责兴建、运营阶段的工作，特许期限自1998年起算，为期35年，事业发展用地50年，期限过后将以有偿或无偿的方式交还当地政府经营，当地交通主管部门应于2033年的前3年（即2030年），将接续运营的机构通知该高速铁路股份有限公司。

该高速铁路路线全长345km,共设置12个车站,已开始运营台北、板桥、桃园、新竹、台中、左营、台南、嘉义8个站,并于2010年增设加入运营南港、新竹、彰化、云林4个站。

该高速铁路于2007年1月5日通车后,成为当地重要的长途交通动脉之一,亦为当地轨道工业指标。每日单向45~46个班次,累积载客量已突破1000万人次。2008年时每日载客量可达23.1万人次,进入运营成熟期后可达32.3万人次。

该地区兴建高速铁路的提议始于20世纪80年代,主要是为了解决日益增加的城际运输需求,1990年经当地政府部门核定其《南北高速铁路建设计划》,该高速铁路的筹建进入执行阶段。当时规划于6年内完成,但是由于经费来源及采用的系统规格等前置作业的时间过长,使得兴建工程迟至1999年才正式启动,而办理方式也由原本的政府逐年编列预算改为民间投资参与。

1999年动工后,原本预定于2005年10月31日完工通车,但由于机电、信号标志工程与试车进度大幅落后,通车时间因此延后一年。2006年10月又因独立验证报告未能及时完成而再次延后,直到当地交通主管部门于12月24日核准其通车。2007年1月5日通车并进行试运营,2月1日开始正式运营,运营区间为板桥站——左营站。台北站——板桥站段因工程延误,于同年3月2日才正式纳入运营区间。

该高速铁路采用日本新干线系统作为总体基础,部分细部设计以及号志、机电系统方面则采用欧洲规格。与原有某铁路管理局路线的1067mm轨距不同的是轨道方面比照一般高速铁路新线标准,全线皆采用1435mm的标准轨距。

信号系统方面,采用兼容于单线双向运行的数字化自动行车控制系统(ATC),行车管理中心则将设置于桃园站。列车是由川崎重工、日本车辆、日立制作所生产的高铁700T型,为JR东海与JR西日本设计的新干线700系列车改良而成;列车的最高营运速度设定为300km/h,台北至高雄南北交通的行车时间,将由目前当地台铁自强号列车的3h59′,大幅缩短为1h27′。

二、项目参与方

该高速铁路BOT方案项目参与方众多,相互关系极为复杂,可以看作是一个庞大的系统工程。为了方便后面章节对其风险的研究,现结合图5-2,将其主要参与方在BOT项目中的角色说明如下:

(1)东道国政府(Host Government)。当地政府,它是BOT项目的最终拥有者;颁布支持BOT项目的政策和措施;确定BOT项目的执行程序以及对项目的选定;授予特许协议;对项目进行宏观管理;接受项目公司在特许权期满时移交的项目。代表政府直接参与高速铁路项目管理的当地政府"高速铁路工程局"。

(2)项目公司(Project Company)。它通常是由一些项目投资公司、国际承包商、设备供应商、运营公司组成,依照东道国政府的法律来建立。此项目中,项目特许权招标的中标者,即项目特许公司是由大陆工程、太平洋电线电缆、东元电机、长荣海运、富邦物产以及机电系统供应商等公司法人组成的某高速铁路企业联盟。项目公司是由上述公司法人为主要股东投资组建的高速铁路有限责任公司。从图5-2中可以看出:项目公司是整个BOT项目的核心,是项目的主办者,它在特许期内拥有特许协议规定的特许权;全面负责项目的融资、建设及运营;负责对贷款银行债务和利息的清偿,以及在股东中利润分配特许期期满时负责将其移交给东道国政府。

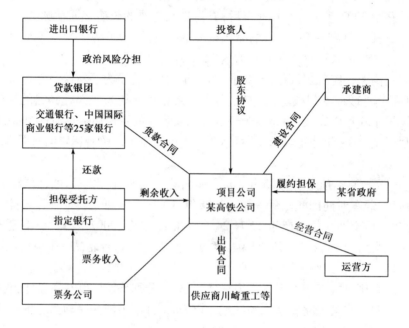

图 5-2　某高速铁路 BOT 项目基本结构图

(3)投资人(Investor)。一般分为两类:一类虽然为项目注入股本金,成为股东,但他们并不直接参与项目的经营管理;另一类称为项目的发起人,它不仅为项目注入股本金,而且还负责项目的承办。该高速铁路 BOT 项目的投资人有当地大陆工程、太平洋电线电缆、东元电机、长荣海运、富邦物产等。

(4)贷款人(Lenders)。各类商业银行、金融机构、基金会等。它们为项目需要的大部分资金贷款,是项目的债权人,按贷款协议,有计划、分期地投入资金,并对贷款的使用进行监督。在此案例中,贷款人为交通银行、中国国际商业银行等 25 家贷款银行。

(5)承包商(Contractor)。即项目的承建者,承包商可以是项目公司的股东或其所属企业。在此案例中,有来自日本、德国等国家,中国香港地区和当地的施工单位。它与项目公司签订承包合同,合同一般为总承包合同,包括设计和采购(EPC)合同。

(6)运营公司(Operator)。受项目公司委托,按照双方签订的运营合同对已完成的项目进行运行,管理、设备的维护以及收费。

(7)用户(Users)。指 BOT 项目所提供的"产品"或服务的对象一般为公众或东道国的公用事业机构。为保证 BOT 项目的正常收入,项目公司一般与东道国管理部门或公用事业机构签订购买协议,保证项目的最低收入。但对于一些项目,如本案项目,它只提供客运服务,且服务对象主要为个体用户,在这种情况下,BOT 项目公司与用户是没有合同的。

(8)供应商(Suppliers)。即为 BOT 项目的运行提供原材料的供应商。项目的运行可能需要一些原材料,如火电厂所需要的煤或石油。因此,项目公司常与当地的一家供应商签订供应合同,确保项目运行之需。该高速铁路的设备供应商主要是日本、德国和法国。

(9)信托银行(Trust Bank)。项目公司按贷款人的要求,常在一家银行设立一个信托账号(或称为第三账户),在满足必要的开支之后,项目收益直接汇入该账户。设立信托账号的东道国政府银行即为信托银行。设立信托账号主要是保护贷款担保人的权利,确保项目收益的合理分配。

(10)保险公司(Insures)。接受项目公司的保险费,为项目进行提供保险的公司。它按照保险合同为项目各种险别的风险提供保险。为项目提供保险是项目公司分散风险的一种方法。

除上述BOT项目的主要参与方,根据项目的主要参与情况,项目公司还可能雇用顾问公司,就有关法律和财务方面的问题进行咨询。

各单位之间的责任关系如下:

(1)当地政府与项目特许公司之间是高速铁路特许权委托代理关系。

当地政府与承包此项工程的特许公司——高速铁路企业联盟之间,就双方的责任进行了多轮会谈,明确了"政府必须办理事项"、"特许公司最小工作范围"("实际投资额度"不得少于高铁总建设经费的40%)及"特许公司选择性工作范围"。

(2)当地政府与高速铁路工程局之间是政府职权的委托代理关系。

(3)高速铁路工程局与高速铁路公司之间是政府机构与项目公司之间以协作监控为纽带的伙伴关系。

某高速铁路工程局除了在促成民营资本、用地取得等方面支持协助高速铁路公司以外,还负责对公司、工程进度和资金运用等进行严格监控。从一年多的执行情况看,该高速铁路工程局与高速铁路公司形成了伙伴关系,工程局积极协助公司排除障碍并解决困难,但不干预公司内部事务。

(4)项目特许公司、机构投资人、公众、贷款银行与高速铁路公司之间是投资人与被投资人之间的资本经营委托代理关系。

(5)该高速铁路公司与各建筑商之间是工程施工与委托代理关系。

三、法律保障

为了鼓励当地民营资本参与交通项目建设,出台了一系列法规。其中为了配合高速铁路实现民营资本兴建的目标,于1994年12月5日颁布了《奖励民间参与交通建设条例》(以下简称"奖参条例"),其基本内容有:

(1)资金融通。为了鼓励民间参与基础设施建设,"奖参条例"在利息、贷款等方面为民间机构制定了专门的优惠政策,并相继出台了《政府对民间机构参与交通建设补贴利息或(政府)投资部分建设办法》《民间机构参与交通建设长期优惠贷款办法》和《发行人募集与发行有价证券处理标准》等。项目由民营资本兴建并负责运营,民营资本在计算了项目的自偿能力以后,决定该高速铁路的规划、建设和土地征用,台北、台中和高雄3个城市的车站以及台北市区高速铁路线路的地下部分由政府负责投资,经费1 057亿元台币,占建设总经费的25%。"奖参条例"还要求项目主管机关与金融机构洽谈,给予民间机构长期优惠贷款(贷款期限超过7年)。

(2)税收减免。税收减免是鼓励民间参与交通设施的重要手段,"奖参条例"出台了相应的优惠政策,而且颁布了《民间机构参与交通建设免纳营利事业所得税办法》《民间机构参与交通建设进口货物免征及分期缴纳关税的办法》《民间机构参与交通建设适用投资抵减办法》和《民间机构参与交通建设减免地价税、房屋税及契税标准》。

(3)土地租金优惠和相关土地开发。为了解决民营资本交通项目遇到土地征用难题,当地相继出台了《奖励民间参与交通建设使用公用土地租金优惠办法》《奖励民间参与交通建设区段征收取得土地处理办法》《奖励民间参与交通建设毗邻地区禁限建办法》和《奖励民间参与交通建设使用土地上空或地下处理及审核办法》等,详细规定了土地使用开发的相关优惠政策。

四、效益保障

为了保证该高速铁路项目实现满足运输需求和提高运输质量的规划目标,也为了保证民营资本者取得好的回报,当地政府先后制定了"高速铁路站区联外道路系统改善计划"(以下简称"道路计划")和"高速铁路嘉义车站联外轻轨运输规划"(以下简称"轻轨规划")。"道路计划"同意办理高速铁路桃园、新竹、台中、嘉义、台南、高雄6站所涉及的25个站区的联外道路拓宽计划,并制定具体方案。"轻轨规划"晚于"道路计划",其目的同样是为了满足高速铁路联外运输服务系统的需要。所不同的是,该项目所处通道客流充沛,但缺乏便捷的大众运输系统,该规划能够有效缓解通道的运输负荷,有盈利潜力。

五、项目融资结构

项目融资结构见表5-1。

项目融资结构　　　　表5-1

融资结构	原计划投资	一年后修改投资
总投资	5 076 亿	5 675 亿
资金来源:		
股本投入	30%	30%
政府资金	1 057 亿	1 057 亿
高铁公司	4 019 亿	4 618 亿
自有资金	1 219 亿	1 385 亿
贷款	70%, 2 800 亿	70%, 3 232 亿

六、项目风险分担方案

BOT项目的风险具有明显的阶段性,因此,针对该高铁BOT项目的风险,分别设计出项目完工前后两个风险分担方案,见表5-2和表5-3。

针对此风险分担与应对方案,具体的应对方案如下节分析。

某高铁 BOT 项目完工前风险分担方案

表 5-2

风险类型	承担者	分担方案
项目合同批准手续	当地政府发起人	根据特许权协议,当地政府有义务协助报批
融资协议批准手续	发起人	保留较长的报批期
建设成本超预算	总承包商	固定工期、固定价格,超奖迟罚
	发起人	循环贷款
	项目公司	提供股东支持
通货膨胀	总承包商	自行承担
汇率风险	总承包商	自行承担
工期拖延	发起人	工期拖延 105d 之内,对当地政府偿额,按天超额累计
最后工期的拖延发起人		工期拖延 405d,视作放弃。当地政府有权利执行履约保函,代偿债务
第三方责任	保险商	项目公司应当购买保险
法律变更	当地政府	项目公司有权因政治风险停止履行义务;当地政府赔偿相当于贷款余额加 5 年分红
	总承包商	总承包商承担因建筑质量不合格引起的损失
不可抗力	当地政府	允许工期延长,偿付终止费
	保险商	项目公司应当购买保险

某高铁 BOT 项目完工后风险分担方案

表 5-3

风险类型	承担者	分担方案
客运数量、票价	客运公司,保险商	视作不可抗力;项目公司应当购买保险
通货膨胀	发起人,项目公司,贷款人	预售票价中已含通货因素;股东应提供支持
低估运营成本	发起人,项目公司,贷款人	投标时应考虑过此问题;股东应提供支持
利率	掉期对方,发起人	80% 的债务应掉期;可采用固定利率;股东支持
预提税	项目公司	贷款协议中规定还贷应是净额;为避税,贷款人应让贷款
汇率风险	客运公司,发起人,贷款人	汇率以 1998 年 1 月为基准,变动 5%,票价可调整
兑换风险	当地政府,发起人,贷款人	项目公司应在中国境内外开户;当地政府应承担兑换义务;以储备账户缓解
法律变更风险	当地政府	视作政治风险,项目公司有权终止履行义务;当地政府应赔偿损失
票价批准	当地政府,发起人	只能由一个物价部门审批,或者调整票价,或者支付补偿费
不可抗力	当地政府,客运公司	当地政府应付全部赔偿
	保险商	保险商根据保险协议赔偿

七、项目风险应对方案

（一）完工风险的应对

完工风险是该高铁 BOT 项目的核心风险，其分担与应对方案对于项目的成败关系重大。在此项目中，项目公司与总承包商签订固定价格、固定工期的"交钥匙"承包合同，并明确规定在建设期间发生的建设成本超支、通货膨胀和汇率风险，均由总承包商自行承担，从而将完工风险转移给了总承包商。

除此之外，项目公司将在项目特许期内的建设期和运营期分别向当地政府提交履约保证金和维护保证金，以确保其履行特许权协议项下的义务。并且应规定，如果发生了除当地政府的违约或不可抗力以外的任何原因造成的工程完工延误，当地政府即可得到违约赔偿金。这样，此项目对于完工风险的分配方案才会比较合理，应对措施也比较有效。

（二）客运量预测风险的应对

对于客运专线项目，客运量预测是否准确对项目影响较大。如果车流量远远低于先前的预测，项目就不能按预期的标准生产出产品或提供服务，就不会有足够的现金流量支付经营费用，提供利润和偿还债权人本息。因此，车流量评估是否准确，对于项目融资的成败至关重要。此处采用的方法主要有：

首先，贷款人依靠自己的力量，聘请专门的工程技术人员和独立的评估师对车流量进行评估，在准确评估的基础上，做出是否放款的决定。

其次，有关协议中由政府或其所属的交通部门保证最低车流量。

最后，在此项目中，特许权协议应规定：如果客运数量不足使项目公司无法履行其提供规定的开行列数，应被视为不可抗力事件，该风险由当地政府承担。

（三）市场风险的应对

价格的波动直接带来的市场风险通过一定的价格调节机制在政府和项目公司之间合理分担。

客运专线作为铁路运输通道中与既有线并行的运输方式，其票价也应立足于与既有线合理分工协作，分担既有线压力，充分满足旅客出行需要。同时，客运专线运输企业作为独立经营的经济实体，若要在激烈的市场竞争中站稳脚跟，在制定票价时就应当考虑竞争环境中企业的收益以及客票价格对出行旅客的吸引力。因此，本文建立满足社会效益、企业效益以及客运通道内既有线合理分工的多层模型来确定客运专线客票价格，其优化目标是在同时兼顾三方利益的基础上，得到最优或接近最优的票价制订方案。

该高速铁路由当地政府与项目公司签订，具有"或取或付"性质的协议，规定由当地政府和高铁总公司共同作为首要义务人承担特许期间的市场风险。通过这一协议安排，项目公司的风险降低了不少，但是由于该高速铁路的客运量预测与现实情况不符，使得当地政府和项目公司不得不承担起供大于求的市场风险。因此，对于签订长期供应协议的双方，尤其是作为购买方的政府或其所属部门来说，在项目可行性研究阶段做好详细准确的市场需求预测也是降低市场风险必不可少的一步。

价格风险方面,明确了票价的构成并采用固定价格和浮动价格方式有效地控制了价格风险。对票价应明确了构成包括运营费和建设费。计算固定价格部分费用在特许期内各年的数值固定不变,不随通货膨胀等因素变化而调整;计算浮动价格部分,在特许期各年的数值也不随通货膨胀等因素变化而调整,但在一定条件下需随人民币与美元的汇率变化而进行调整,即汇率变化在15%以内不作调整,超过15%时需相应调高或调低浮动票价。

(四)法律风险的应对

在此案例中,设计并建立双向调整条款,将以往由政府单方面承担的法律变更风险,转变为由当地政府和项目公司共同承担。根据特许权协议的规定,由于法律变更导致项目公司的资本投资或经常性支出增加且在一定范围内,风险将由项目公司承担;超出该范围,则由当地政府承担,可通过采取附加费或延长特许期等方式予以补偿。但另一方面,如果因法律变更导致项目公司资本投资或经常性支出减少所带来的益处,也要通过采取票价浮动等方式,使当地政府能够与项目公司分享。

(五)外汇风险的应对

外汇风险包括外汇兑换风险、外汇自由汇出风险及汇率变化风险。对于前两类,要求当地政府承诺项目外汇兑换及汇出,允许项目公司在特许期内将本项目以台币收入兑换成美元并汇出境外,用以支付项目支出,贷款还本付息以及利润汇出。对于汇率风险,则根据项目的不同阶段采取不同的分配方案和应对措施。在建设期,由承包商承担汇率变动引起的建设成本上升的风险。完工后,则将汇率变动因素纳入调整范围,使汇率风险在当地政府和项目公司之间合理分摊。票价包括固定价格(占总价的80%)和浮动价格(占总价的20%)两部分,固定价格在特许期内固定不变,浮动价格在一定条件下随人民币对美元的汇率变化而进行调整。

(六)通货膨胀风险的应对

由项目公司为整个特许期内的通货膨胀做出假设,并据此明确规定每个运营年度的运营费用,从而项目公司承担了因实际通货膨胀率与假设通货膨胀率之间差异所带来的风险。

(七)不可抗力风险的应对

由项目公司自费购买在保险市场所能够投保的全部不抗力风险,包括财产一切险、列车故障损坏险及业务中断险等。对于不可投保的不可抗力风险,如属政策变化或政府行为等因素导致,则由政府承担,否则由项目公司和当地政府共同承担。

(八)技术风险应对

针对某高速铁路多达26项的两种互不兼容的系统,考虑将此技术风险由设备供应商承担。高速铁路采用"欧洲铁路联盟"的技术和设备。然而就在第二年,该高速铁路公司撕毁与欧洲企业签订的合同,改为采用日本机车技术与系统安全设备,日本企业不仅取得950亿元的核心机电工程,而且以后又陆续取得590亿元的轨道铺设工程。"欧洲高铁联盟"被迫提请国际商务仲裁,结果裁定该高速铁路公司赔偿"欧洲高铁联盟"6 500万美元(21亿元)。此举不仅使该高速铁路公司赔出巨款,也因为片面将欧洲机电系统改为日本机电系统,形成所谓"欧日混血",由此,人为地造成了无法估量、难以应对的技术风险。

八、某高速铁路 BOT 项目融资风险管理分析

（1）政府风险分担高，政策及制度变数大。在该高速铁路的例子中，高速铁路的融资计划对银团并没有太大的诱因，银团之所以会答应融资是因为政府的保证，其中包含中长期资金以及四大基金的转贷。即使如此，融资银行对于该高速铁路仍有疑虑，在政府不能确保融资的情况下，拒绝签署三方融资合约，当地政府为了不让这个 BOT 项目胎死腹中，从规定上限的买回金额，到确保银行债权的买回金额。为了建构对自己兴建项目有利的条件，该高速铁路公司在议约阶段始终不放弃解约权，迫使当地行政机关与行政部门作出让步或修法。在高速铁路公司不放弃解约权的议约过程中，当地行政机关一度要认赔后收回该项目自建，却因政治人物的批示而节节退让，BOT 方式在这里其实已经有名无实。一般 BOT 方案中，贷款银团必须监督特许者，但是在本案例中银团是单纯的放款机构，政府既要保证该高速铁路可以顺利兴建，又必须确保银行的债权，BOT 案中的风险分担转变成增加风险。该地区获航发会和中技社投入关键的 75 亿，该高速铁路公司可向银团再借贷 250 亿，加上先前被银团冻结的融资额度 380 亿解冻，该高速铁路公司可向银行融资动用的金额高达 630 亿元，已经足够通车前支出。

（2）政府信用失守，融资成本剧增。当地政府不但没有扮演好在 BOT 中应有的角色，甚至介入承包商的机电设施采购案中，左右机电设施的承包。时任某地区领导人将高速公路做政治的筹码，最终导致该高速铁路机电设施规格混血、遭受商业仲裁，同时因日本厂商的延误通车。这些情况都让该高速铁路在集资过程中远远地背离了当初的成本目标，融资成本剧增，造成更大的财务负担。这些负担被该高速铁路移转到国营事业、开发基金、融资银行以及政府具有影响力的各个公司法人、财团法人。该高速铁路公司是盈利的公司法人，以盈利的理性选择来看，风险越小越好，投资能赚越多越好，但是，投资该高速铁路的股东们，却背负更大的风险，不计成本援助该高速铁路公司，甚至还出现在高速铁路原始五位股东都不愿意继续出资的情况下加码高速铁路公司。中钢每次加码该高速铁路公司股价都会重挫，但是还是愿意前后共注资该高速铁路公司 57 亿；公有股占主导的银行也愿意在承担高速铁路融资后再度购买该高速铁路公司的股票，承担债权与股权双重的风险；航发会愿意在没有法人愿意投资该高速铁路时购买该高速铁路公司特别股份 45 亿，不考虑该高速铁路通车冲击民航业的情况；法人则愿意花费出资总资产的 68% 投资该高速铁路 30 亿元，这些公司法人以及财团法人愿意在风险最大的时候帮助该高速铁路公司，最主要是因为这些法人中或深或浅可以看见政府的影子。当地政府指使手边的财团法人与公司法人冒着赔钱的风险，持续地注资该高速铁路，致使其风险远远超出了预期的水平。

（3）经验不足，缺乏有效的风险防范机制。以融资为例，该高速铁路由"奖参条例"规定的政府得收买修改成政府应收买，为了更进一步满足该高速铁路融资条件，由应收买的 3 295 亿元收购金额，增加了以银行估价成本为收购条件。该高速铁路公司为了确保融资，不断修正兴建成本的行为在政府不平等的保证收购条件下，实质是增加了政府的风险。中标后，该高速铁路公司抓住执政者不愿意让该高速铁路项目失败的心理，继续挤压合约中弹性的部分，极大化自身的利益并排除自身的风险，所排除的部分就转嫁政府承担。

该高速铁路公司财务规划以及仲裁事件让集资过程艰巨，与银行约定的十一次集资只有一次成功。为了避免高速铁路公司违约，当地政府利用权力与其他官方可以掌控法人的资源，

以投资来解释零出资。利用法律的灰色地带甚至是玩弄文字来达到注资高速铁路的目的。由上一届当地政府担保债权,由下一届当地政府承购股权。中钢、官股有影响力的银行、航发会、中技社,前后共投资该高速铁路242亿,以满足该高速铁路资金的缺口避免该高速铁路公司违约。

除此之外,当地行政机关为了配合该高速铁路融资而修改法令,让更多的法人投资该高速铁路变得合法化。其中保护金融稳定的法令对于该高速铁路都不适用,保障投资人的规范对于该高速铁路也不适用,BOT中最大风险完全回归于当地政府。根据委托代理人理论,道德危机之所以产生是因为代理人与委托人有不同的利益,代理人无需完全负担其行动后果,但委托人可能无法明确辨识代理人是否隐藏行动或不诚实地履行契约。

依照该高速铁路这个个案,政府承担了大多数的风险,该高速铁路还是延后一年通车、成本超支,但政府又无法过度干预,当地政府几乎为该高速铁路提供了无上限的担保,并不断地投入政府所能掌握的资金来满足该高速铁路对于自有资金的需求,政府欲引进新制度来改变行为,在计划不严谨,相关经验不充足,而在政治左右下,该高速铁路BOT的实质上已经不再是BOT。

案例3　某东南亚国家电站项目BOOT融资

一、项目概况

(一)项目背景

某东南亚国家是一个普遍缺电的国家,而长期以来某市存在严重的电力不足,政府鼓励私营企业投资建电厂,以解决电力需求的燃眉之急。从1996年开始,该国最大的私营企业之一的子公司与一家美国投资公司在该国成立了一家项目公司,并通过参与政府的公开招标,取得了该市投资建设和经营电站的特许经营权。从1997年开始,该国遭受亚洲金融风暴的严重冲击,原贷款银行停止对项目的资金支持,使项目搁浅。

2000年3月,某中方公司及其全资子公司经中间商介绍开始与项目业主接触,经过反复谈判与落实相关项目条件,最终确定中方以BOOT方式启动该项目,并于2002年9月与当地另一家公司合作,签署相关股权转让协议,收购了原项目公司100%的股份,由此获得了其拥有的电站特许经营权,具体表现为:原项目公司已经与该国国家石油天然气公司签署了为期20年的天然气供应合约;与该国国家电力公司签署了为期20年的上网售电协议。

2003年3月,项目正式开始,建设范围包括电厂以及15km的输气管线,总投资额为9843万美元,扣除自有资金580万美元,外部资金来源为9263万美元,包括700万美元的援外基金和7.1亿人民币的出口信贷。建成后,将由3台55MW的发电机组同时运行,从实现联合循环发电的商业运营之日起,20年内,电站的经营权属于中方公司。

(二)参与各方

投资方:某中方公司及其全资子公司,当地另一家公司。

合作对象包括:

(1)国内某汽轮电机有限责任公司是项目的核心设备燃气轮机及发电机的供应商。

(2) 该国国家电力公司,购电合同的买方。
(3) 该国国家石油天然气公司,燃料天然气供应商。

(三) 投资环境

该国是东南亚最大的国家,在东南亚地区具有较强的影响力。受东南亚金融危机的影响,国内经济当时正处于复苏阶段,基础设施建设领域具有很大需求,是我国在东南亚地区开展承包工程业务最大的潜在市场。随着近年来两国关系和经贸关系的持续发展,特别是我国向该国提供4亿美元优惠出口买方信贷的落实,双方经贸合作正面临着难得的发展机遇。

自从爆发了金融危机之后,该国国内大量遭到破坏的独立电厂有待政府重新安置,根据当时最新总统令,由于1997年第39号总统令而被延期的私营电力项目,又得以继续进行;政府采取的另一举措就是建立私营电力复议小组。

由于该国政府意识到能源改革的必要性,2003年4月21日,该国国家能源与矿产资源部通过电力及能源使用局发布了国家电力行业发展2003~2020年前景规划,而这一规划将指导该国在2003~2020年电力部门所需采取的战略举措。

当时,该国电力部门最大的国有电力公司的所有发电厂均只能供应国内有限的电力需求。在用电高峰时期,电力使用通常会超出该公司的供电能力,这种情况在发电机维修时更加严重,甚至会出现自动断电。这种电力危机显示出该国电力供求的严重不平衡。

由于政府财政状况的原因,项目所在地迟迟没有投资电厂,该地区人民生活用电紧张,电力需求缺口大。根据实际情况,该国政府鼓励私营企业投资建电厂,以解决电力需求的燃眉之急。

(四) 项目特点

首先是角色冲突。中方公司占有项目公司90%的股份,并与项目公司签署了建设电站的EPC合同,电站开环发电之后,对开环运营进行了全面安排,中方公司从不同层次介入了项目公司的运营管理。可以说,抛开在外国投资遇到的常规性问题,最突出的问题在于,中方公司如何同时做好B——建设者、O——投资人和业主和T——运营管理者这三个角色。特别是在业主与承包商这对所有工程建设项目中最常见、最突出、最传统的矛盾当中,中方公司自身成为了矛盾的两个对立面。

其次,该项目作为一个BOOT项目,面临的风险也比较多。原先的项目之所以搁浅,也是因为原贷款银行不看好当时该国的市场,并且认为该国的国别风险很大,故停止了对项目的资金支持。总的来说,该项目主要有政治风险、财务风险、技术风险、市场风险、建设风险、运营风险等。

最后,项目投资将近1亿美元,这对于中方公司的融资能力是个不小的考验。

二、项目管理

(一) 项目现场组织机构

项目的承包模式是BOOT,中方公司在该项目的管理中扮演着多重角色。

作为EPC承包商:在"总、分公司两家联合,分公司为主"的指导方针下,成立了项目领导管理小组,该小组是项目EPC工作的最高领导机构,日常事项由领导小组的组员负责处理,预算超支等重大事项由组长和副组长共同决策。项目经理由分公司的代表担任,项目的设计和采购工作由分公司在成都组建的项目部完成,资金管理由设在北京的项目财务部完成。由于该国不允许外国劳工进入,土建施工全部由当地的承包商完成,由项目公司派出的20余名工作人员负责现场和财务管理。

作为业主:项目公司在项目上设立了办公机构,公司董事会由三方股东的9名董事构成,分别在分公司和总公司聘请总经理和财务经理,共同负责项目公司的日常工作。

作为运营管理者:与美国某公司签订了客户支持协议CSA服务协议,14年内提供定期的维修服务,以保证电厂的正常运行。另外,派遣有经验的电厂运营管理人员进行组织和管理。

(二)项目招投标

至今,项目的发展经历了如下三个阶段。

1. 第一阶段

1996年开始,原项目公司以BOOT方式承建:

(1)规模:130MW。

(2)技术:GFCC(燃气—蒸汽联合循环)。

(3)承包商:美国某公司。

(4)资金来源:银行贷款。

(5)其他条件:贷款协议、购电协议、政府准证、政府颁发的土地使用权准证等均已办妥。

从1997年开始该国遭受亚洲金融风暴严重冲击,经济衰退,原贷款银行不看好该国当时的市场,并且认为该国国别风险很大,故停止了对项目的资金支持,项目搁浅。

2. 第二阶段

2000年3月份,中方公司经中间商介绍,开始与项目业主接触,尝试以中国的银行提供出口信贷,由中方做EPC承包商建设此项目。

此时,项目的预期框架如下。

(1)规模:3×55MW。

(2)工作范围:15km输气管线及电厂。

(3)资金来源:由中方公司帮助安排中国的银行提供支持。

(4)贷款期:10年(含两年宽限期),利率 = 浮动利率 + 系数。

(5)银行保函或L/C:金融危机后,政府规定所有银行不能开立信用证。

(6)购买还款保险:从商业保险公司购买中长期还款信用险。

如上所述,由于该国政府规定所有银行不能开立信用证,同时从商业保险公司购保时,因保险费抬高,造成项目融资成本上升,使项目不能成立。

3. 第三阶段

为使项目重新启动,项目业主与中方讨论各种可能性,最终双方认为可尝试以BOOT方式重新启动项目建设。在BOOT的前提下,如果讨论的模式能够实现,项目的运作框架考虑如下。

(1)项目公司:中方总公司、分公司和当地公司。

(2)还款担保:与该国政府签订上网售电和供气购气协议,相当于政府为燃料供应和产品销售提供担保,从而保证投资回收和创造效益。

(三)工程设计管理

中方接手项目后,仍将采用燃气—蒸汽联合循环工艺技术。我国某汽轮电机公司引进美国 GE 公司技术,合作生产的燃气轮机发电机组,与其生产的汽轮发电机组配套,其性能完全能达到国外同类产品的指标,但价格相对便宜,在国内和国际市场都具有相当的竞争力。

本项目拟定采用此项技术,既能保证其成熟性和可靠性,又能降低项目的初次成本,对项目的成立大有好处。

(四)资金管理和采购管理

作为一个多角色的承包商,在财务管理上应该做好严格清晰的划分。企业的一切经营行为最终反映成一定的财务成果,核算过程和成果归集的划分将会对经营行为产生良好的制约效果。为此,中方设立了专门的 EPC 财务管理中心,统一核算建设阶段的收入、支出和管理资金。EPC 财务管理中心与项目公司之间根据 EPC 合约确定结算关系。同时,项目公司作为中方集团公司投资的海外子公司,其财务管理由另外的集团财务管理中心进行专项管理,在年度预算和决算方面,按照集团子公司的统一管理制度进行。此外,项目公司自身制订完整的财务管理制度,报股东会批复后执行。每个财务管理中心都会从自身的管理制度出发,维护和规范其核算范围内的企业经营行为。

该电站工程,也带动了中国产品成批出口。电站除了燃机和开关站是进口的,其他机电设备全由中国制造,例如余热锅炉产自杭州,变压器产自常州,汽轮发电机组和旁路烟道是哈尔滨的厂家生产。项目公司和国内公司签订的采购合同有 200 多个,涉及的厂家至少有 300 家,为他们"走出去"提供了机会。但是中国机电设备企业在工程设计理念和售后服务方面还需要大力改进。比如汽轮发电机的机身,从国内发货过来是 3 万个零件,需要工程人员一件件拼装。而欧美厂商的同类产品,发货过来不超过 20 个模块,拼装时简便而且可保证质量。

(五)合同管理

承包商作为一个多角色的集合体,其在合同管理上也有很大的特殊性,关键是分清责任。权利和义务相互对应,不同的角色应当承担不同的责任,而规范的合约是划分责任义务的最佳方式。从这一点出发,中方严格按照国际通用条款,与项目电厂签署了 EPC 承包合同,明确各自的工作责任范围。在实现开环发电前夕的关键阶段,项目电厂管理层与 EPC 管理团队依据合同充分协调和密切配合,是顺利实现发电的可靠保证。进入开环发电运营后,将运营工作划分为几个主要方面,协助项目电厂签署单项合同,包括以 CSA 服务协议来保证主要设备的稳定运营、以劳务合同约束国内的劳务提供方等。

(六)风险管理

由于 BOOT 方式的特殊性,风险因素也有其特殊性,且风险影响程度远远大于其他建设项目承包形式。因此,对项目风险的正确分析是该项目取得最大经济利益的关键所在。中方承包商对于项目风险进行了如下分析并提出了具体的对策。

1. 政治风险

该项目所在地区远离该国的政治中心,人民生活平静,未发生过大面积的种族、宗教或针对华人的流血冲突,社会环境相对安定,经济环境和政治环境相对独立。虽然在项目施工阶段经常发生村民集体示威事件,使项目施工在某种程度上受到了阻碍。但总体来说,政治风险在项目公司所能接受的范围之内。

在政治方面考虑的风险以及应对措施主要有以下几个方面:首先是该国政权的动荡与更迭,但是经济危机后,该国的政治与经济发展日趋独立;其次是该国对华人的排斥与歧视,但由于近些年来华人经济实力和社会地位的日趋提高,同时也由于该项目所在地区远离该国的政治中心,社会环境相对安定;最后是征用和国有化,中方也在与该国政府签署的相关文件中明确规定了免于征收和国有化。

2. 融资风险

该项目总投资额为9 843万美元,面对巨额融资的困难,项目公司争取到中方保险公司为该项目提供出口信贷的还款担保以及海外投资险,范围包括:征收、汇兑限制、战争及其影响、政治性违约等。这就把项目将来可能面临的政治性风险以及财务风险转移给了保险公司,也使项目公司的融资工作更为顺利。

3. 利率风险

当前贷款利率为3% ~ 4%,该项目技术经济分析中采用4.5%的利率,已适当考虑其风险。

4. 技术风险(表5-4)

项目技术风险及对策　　　　　　　　　表5-4

风险内容	对策
机组连续运行的稳定性	选用国内最先进的燃气—蒸汽联合循环机组
	GE合作技术
	已有国内、外成功运行经验
机组运行连续性	已有国内连续运行经验
	效益分析参数为8 000h
机组出力保证	三套机组并列
	实际出力160MW
环境	水源、电量充足
	近10年无地震记录
	变电站已建妥待用
	项目所在地区华人人口比例大
	没有污染排放
气源	气源丰富
	承诺在运营期内提供足够的气量

5. 汇率风险

美元和当地货币的汇率风险:根据购电协议PPA中规定的电价计算公式,电价只与当期汇率有关。同时,PPA规定的支付方式保证了卖方按照双方同意的电价回收美元。

美元与人民币的汇率风险:结合该项目的财务特点(贷款期10年,投资回收期6~7年,还款期6~7年),预计美元兑人民币汇率风险的风险期为6~7年。在这段时间内,如果人民币升值,在不可预见风险费用中已适当考虑;如果人民币贬值,将无风险。

6. 汇兑风险

该国现行外汇自由汇兑政策,中方提请该国政府支持信中正式明确,同时投保海外投资险以使其风险降为最低。

7. 市场风险

市场风险的内容主要有两个方面:市场容量和物价变化。该地区的市场潜在容量是1 630MV·A,且金融危机后未建新厂;对于物价变化的风险,在电价计算时已计入物价指数。

8. 运输风险

综合项目所在地的自然条件等因素之后,该项目在材料和设备的运输上主要采用海运的方式,大大增加运输延期和材料设备损坏的概率。

9. 运营期风险

运营期风险具体包括财产、收款和操作风险,可以采取的相应措施包括:投保财产险、最大的风险和最小的风险——政府承担PPA规定的付款责任、预期的操作人数:2班×5人和最大限度地采用集中控制系统。

从另一个角度,为项目提供贷款的中方银行也对该项目的风险作了足够的分析,并制订了一系列的措施。例如,中方银行于2002年3月开始就该项目与中方总公司进行接触。在对项目本身的可行性和风险因素进行充分考察、分析的基础上,基于以下几点考虑,认为该电站项目方案可行:①该电站地处电力缺乏地区,建设燃气电站的市场风险较小;②原项目公司分别与该国国家电力公司和国家油气公司签订了长期的售电协议和天然气供应协议,有效地保证了该项目上、下游产品渠道的畅通;③该国政府出具了安慰信,对该电站项目的建设和实施给予支持;④项目技术较为成熟,建设风险较小。

为进一步防范项目风险,中方银行对该项目的融资方案和担保措施进行了进一步的设计:①要求本项目投保海外投资险;②要求在当地银行开立保管账户,方便银行监督项目资金流向;③要求本项目投保主要商业险种;④要求提供项目还款担保(从这一点来看,该项目不是严格意义上的项目融资)。在落实以上条件的基础上,2003年2月在经过相关项目审批程序后,正式向中方总公司提供项目贷款7.1亿元人民币,实现该电站项目的债务融资。

综上所述,在确认项目的合法性及财务预测可行性的前提下(即不考虑法律风险和长期财务风险),电站项目风险主要有政治风险(包括征收、汇兑、战争等)和商业风险(包括建设期中的完工风险、运营期内的市场风险、购电方与天然气供应商的违约和信用风险。由于项目90%左右的比例以美元计价,除可能因人民币升值而存在汇兑损失外几乎不存在金融风险)。

而政治风险和市场风险由海外投资保险提供了担保(该项目中海外投资险承保上下游产品违约对投资人造成的损失),保险公司提供的融资担保的性质是完工担保和信用担保。

而投资方通过投保商业险(建设中的完工险、建工险、安工险和建设后的财产一切险)降低了完工风险;通过在当地建立监管账户,监管信贷资金在建设期和运营期的正常使用,降低了信用风险。

（七）项目融资

鉴于项目的特殊背景，新的项目公司将充分利用已经有的各项条件，包括政府准证，以及与有关政府部门已谈妥的对将来建设和运营有利的条件和政策，积极开展工作，初步的工作安排包括：

第一，中方就项目的内容、背景、来源、拟订的方案（包括技术和融资方案）、风险等方面向政府有关部门机构报告，取得初步的支持，同时，业主也就项目公司的股权转让等向该国的有关政府机构汇报。

第二，由中方公司与当地一家公司合资以 300 百万美元的价格购买原项目公司的所有权，项目建设总投入的 95% 为国有银行 10 年中长期出口信贷，5% 为自有股本金。

第三，对更换股东后的项目公司注册更名，公司性质相应由原来的企业变为外商投资企业。接下去，作为新的业主，中方联合以最好的质量和进度建设完整的发电工厂和输气管线。

第四，工厂验收进入商业运营期后，由中方联合组成专门的机构，负责工程的操作管理、维护和更新直至运营期结束。

第五，17 年后工厂移交给政府指定的接收企业。

鉴于上述初步考虑，该项目实质上是为推动我国机电产品出口而进行的海外投资和项目总承包的有机结合。作为国际型工程公司和经验丰富的承包商，中方公司向国内的银行以出口卖方信贷的方式融资。

作为回收资金的保证，项目公司将与该国国家电力公司签订长期电力销售协议，协议中对电价的确定和支付、工厂的维护和监管、配套设施的建设、电量的监测、少发、超发、风险等各种条件有详细的规定。另外，长期的天然气供应合同也由项目公司与该国石油天然气公司签订，同样对涉及气源和供应保障等各种可能出现的情况给予详细的规定。

为尽可能地规避和减小风险，除在项目的前期阶段做好扎实的基础分析和研究工作外，项目公司还聘请国内外职业律师参与项目的分析和咨询，同时关注分包商的选择，适当购买保险和加强项目管理，以降低项目的风险。

银行接受了保险公司为项目提供的海外投资保险和融资担保。债权人通过良好的信用保证提高项目整体的可靠程度，降低信用风险，而且将整个项目通过连带责任保证成为一个完全追索融资；保险公司通过提供保险和担保不仅有客观的经济收入，而且为其海外投资险和担保业务的开拓起到了积极的促进作用；而对于投资人来说，虽然要支付一定的保险费和担保费，但通过该项目，不仅得到财政、出口信用机构的联合支持，降低了融资成本和财务费用，而且承担了较低的项目风险。

该项目原先采用投资方直接融资模式，即投资人成为项目的借款人，即使项目失败，借款人有凭项目以外的其他资产偿还债务的义务。项目公司的组织形式为公司制，即投资者对项目资产拥有相应比例的股权，但并不直接拥有项目资产的所有权和处置权。而根据该国 1996 年的 4 号法律，债权人即在一定应收债务（贷款）合同下享有应收账款的当事人，包括国外个人或公民或外国公司或法律实体，也可拥有项目所在国个人或公司所拥有的动产或不动产的保证或抵押权。

综上所述，如果调整项目的信用保证结构与融资结构，该电站项目可以按照典型的项目融资方式进行,即由项目公司作为借款人,项目发起人为项目提供履约保证,保险公司提供海外投资险,进行资产抵押并设立托管账户。采用项目融资方式将在很大程度上降低企业的整体风险。企业承担的损失仅以其投资额为限,不会因为项目失败而给企业带来更多的损失。此外,企业也无须支付高额的担保费。

(八)沟通管理

项目在实施的过程中,中方承包商也注意与当地居民之间的沟通,在项目进展的同时给当地居民带来实惠。

例如,由于交通不便、工业落后,该电站附近的村民经济收入很低。电站投产初期,当地百姓对工程不理解,村民曾三次"绑架"项目经理到村长办公室,要求给当地群众提供就业机会。经过协调,附近3个村庄约有700人因工程建设找到了工作。项目公司投资30万美元在村里修建了3.5km长的柏油路,直通工厂,方便了村民出行。待电站运营进入正轨后,项目公司还计划在村里的中小学设立奖学金,为当地教育事业贡献力量。

(九)组织系统与人员管理

BOOT是国际承包市场上新兴的一种承包方式,可以减少资本金支出,实现"小投入做大项目",达到最有利的税收条件,提高了项目发起人或项目公司的谈判地位等。对中国承包商而言,很熟悉建设方的角色,但是在作为建设方的同时也做投资人和运营商,这种形式是个很大的考验。中方公司在项目组织系统和人员管理的安排也尽力地避免由于担当多种角色而带来的矛盾冲突,下面以EPC总承包商和项目公司之间的协调安排为例。

从EPC角度出发,为了避免建设工作受到公司日常管理的影响,单独设立了专门的项目管理小组,作为EPC最高管理机构,监督项目的建设工作,保证工期和质量,对业主负责。中方公司作为项目公司最大的股东,委托项目公司高管层对EPC进行监督和管理,高管层对股东会负责。这样将实质上的同一机构分为两个不同的利益人,各自保证完成其工作范围内的任务。而在实际建设中,这种做法较好地使各个角色的利益达到了均衡和最大化。例如,在项目前期,由于偏重承包商利益而忽略业主身份,使业主的监督在事实上缺位。为缓解这个问题,中方公司高薪聘请了具有国内外丰富电厂管理经验的人士作为项目公司总经理,代表项目公司的股东和业主身份,监督EPC的建设工作,在一定程度上改变EPC承包商成本优先的考虑原则,追求投资长期利益的最大化。

三、经验总结

(一)项目角度

该电站项目作为我国大型国有企业投资的第一个大型海外BOOT项目,在融资、项目管理以及风险管理等方面积累了一些宝贵的经验。

1.减少项目风险,确保成功融资

项目公司与该国政府签订了上网售电和供气购气协议,并争取到了中方保险公司为该项目提供出口信贷的还款担保以及海外投资险,这就大大降低了项目的财务风险,加上详细的可行性研究报告,给银行提供了充分的信息以说明项目可行。这些都是该项目融资工作成功的

关键因素。

2. 提高项目公司实力，寻找合适的合作伙伴

该项目的项目公司是由中方总公司和其分公司联合组成，既发挥了总公司在资质和财力上的优势，也利用了分公司丰富的海外项目管理经验以及优秀的工程技术人员，做到了强强联合，使项目公司具有较强的实力，保证了项目的成功实施。

项目公司在当地寻找了一个合作伙伴，以协调项目公司与政府、使馆等部门的关系。因该公司对当地的政策以及自然、社会环境十分了解，加上有语言上的优势，大大推进了项目的成功实施。

3. 为电厂运营做好充分准备，确保资金的回收以及更高的利润

项目公司在试运行阶段就与美国某公司签订了 CSA 服务协议，约定在 14 年的运营期内，该美国公司为电厂提供维修服务，保证发电设备的正常运行。这就为项目公司进行资金回收以及赢取利润提供了良好的保障。

（二）承包商角度

1. 拓展行业的新角度

工程建设期往往是一个项目最具风险的阶段，一旦工程顺利完工，进入正常的生产运行阶段，就会成为企业稳定的利润来源。从某种程度上说，承建商是投资者最关键的选择，决定了项目最终的成败。很多中国公司以非常出色的总承包管理水平为国外的业主建设了大批的优质项目，但是鲜有中国公司拓展工程完工之后的相关业务，也无法分享项目建成后的长期利润。随着市场竞争的日益激烈，单纯的承包工程效益越来越有限，很多大型国际工程公司依赖其拥有的专利技术等高价值产品而获利，中国公司的竞争力相对较差。综合这些情况，拓展完工之后的运营管理服务、长期的设备维护和备件提供等服务性、高附加值的行业，不失为工程承包业务初步升级的一个选择方向。

仅以该项目为例，项目部选择了一家经验丰富的中国运营承包商，派出 40 名员工在现场提供运营管理服务。从 2004 年 9 月份开始单循环发电以来，项目部已经向国内的运营承包商支付了一定数额的费用，这对于提升我国的劳务出口水平，解决国内就业都具有十分重要的意义。同时，已经在中国国内采购了大量的备品备件，供电厂未来 2~3 年的运营使用，并将长期在国内进行采购。与大型机械设备出口相比，备品和备件采购的利润率也相对可观，并可以长期带动我国的机电产品出口。

因此，从宏观层面上来讲，这些利益通过该项目分散到众多的中国设备制造公司，为传统的工程承包行业带动机械设备制造业找到更多的利润增长点。

2. 变短期效益为长期效益

对外工程承包和其带动的机电产品出口与劳务输出一直是我国出口增长的支柱之一，但是多数承包工程均为一次获益，而且如前所述，这种获益将日益有限。BOT 或者 BOOT 等方式，不仅可以使承包商在建设阶段取得利润，还可以以投资人的身份分享项目的长期效益。这种获利方式的改变，对承包企业的影响不言而喻。

以该项目来说，在发电稳定的情况下，项目电厂可以每年为中方公司提供数百万美元的投资收入，成为可以依赖的现金流来源。对于传统的工程承包企业，收入完全依赖工程项目建设

期状况,经常受到宏观经济调整的影响,时丰时欠。而 BOT 或 BOOT 项目可以实现稳定的现金流入,改善企业整体的财务状况,使企业有能力进行新的融资和新的项目开发,进而增强企业的发展后劲,同时也提升了企业抵抗财务风险的能力。

值得一提的是,在大型 BOT 或 BOOT 项目中,提供贷款的多为国际银团,往往对 EPC 建设阶段的利润有严格的监控和制约。因此,从发展趋势上来看,如果采用 BOT 或 BOOT 等方式,不应急功近利,而要以长远获益为目标,合理实现建设阶段的利润。

3. 学习处理新风险的方法

长期运营与短期承包相比,正如所有的外国企业投资行为一样,面临很多新的风险,该项目面临的最大风险是汇率变化,项目的电费收入以美元为主,还包括部分当地货币。理论上讲,以取得的当地货币收入支付当地支出,以美元收入获得投资返还,是很科学的。但是,当地货币是不稳定的货币,而电费支付方即该国国家电力公司从用户处取得的费用是当地货币,再通过公开的货币市场换取美元,一旦发生严重货币贬值,国电公司很快就面临支付危机。同时,人民币的升值也给企业带来不可避免的损失,因为承包商从中方银行贷款是使用的人民币,而从项目获取的收入是美元。目前承包商正在设法进行应收款项的长期安排,试图降低和回避这种风险。但是由于在投资之初无法在中国的货币市场上进行相应的掉期,因此汇率变动给项目收入带来的负面影响已成事实。

此外,由于该国与我国的法律体系有较大不同,中方承包商在税收规避上也遇到较多问题。经过设计整体的财务方案,最大限度地减少了当地的税收,增加在中国缴纳的税负;其他的风险因素还包括人力资源的不稳定等。由于长期在境外运营,人员当地化需要谨慎进行,因此可能在相当长的一段时间内,人员构成多元化。通过处理这些新的风险,企业对国际市场有了更多的了解,对于今后的业务发展大有裨益,通过项目的成功执行和取得的经验,中方公司在该国境内另外一个 2×30 万 kW 燃煤电站 EPC 总承包项目进展顺利,效益显著。

4. 提升企业综合管理水平

中方承包商承担了投资人、承建商和运营者的多重身份,这对于公司的管理水平是一个严峻的考验。通过不懈的努力,该电厂项目在建设和运营工作中都取得了良好成绩,不仅提前实现了单循环发电,而且提前顺利归还了第一笔银行贷款,实实在在地提高了企业的综合管理水平和诚信度。

案例 4 北京地铁奥运支线 BT 融资

一、案例背景

随着 2008 年奥运会的日益临近,北京市的城市建设进入一个新的发展时期,北京地铁奥运支线 BT 项目在新形势下应运而生,它也是在国内学者对 BT 融资模式定义不清晰情况下的一种超前理论的大胆尝试。实践证明,采用 BT 融资模式进行北京地铁奥运支线项目建设是非常有必要的,同时又是卓有成效的;而奥运支线 BT 项目也将成为国内其他基础设施建设乃至其他国有企业建设的示范项目。

北京地铁奥运支线 BT 招标历时一年多的时间圆满完成,2005 年 4 月 29 日,北京地铁奥运支线 BT 工程项目的签约仪式在北京饭店顺利举行。共有 6 家联合体 15 家企业参与投标,经评标委员会推荐,中国铁路工程总公司、中铁电气化局和中铁三局联合体成为第一中标候选人,中标价格为 10.95 亿。

北京地铁奥运支线是北京地铁 10 号线的支线,是举办 2008 年奥运会配套公用设施的重点工程项目,也是通往 2008 年奥运会主会场及奥林匹克森林公园的主要交通通道。北京地铁奥运支线位于北京市北中轴路熊猫环岛至森林公园内规划奥运湖南岸,起于北中轴路的熊猫环岛,沿北中轴路向北延伸,穿越北土城路、民族园南路和北四环路后进入奥林匹克公园中心地区,穿过国家体育场和国家游泳馆之间的广场,沿中轴线广场继续向北,经成府路、中一路、大屯路、北一路、辛店村路后,止于森林公园内规划奥运湖南岸。正线全长 4.34km(不含联络线),全部为地下线,由南向北设熊猫环岛站、奥体中心站、奥林匹克公园站、森林公园站 4 座车站。沿线现状主要为绿地和平房,规划重要建筑有国家体育场、国家游泳馆、国家体育馆、展览中心、奥运村、森林公园等。北京地铁奥运支线是远期地铁 8 号线的一段,是唯一直接进入奥运中心区的地铁线路。在近期将作为地铁 10 号线的支线运营,为此在奥体中心站以南设双线联络,穿越国家曲棍球场用地西南角折向东,沿北土城路向西,皆归于 10 号线安定路线站。

二、奥运支线 BT 工程投融资模式创新

北京地铁 10 号线投资有限责任公司采用法人招标方式,对北京地铁奥运支线中适合于单独招标的部分以 BT(Build-Transfer)的方式进行国际公开招标,以选择项目的融资、投资、建设的主体,采取 BT 方式是由本项目自身的公益性、投资额度大、项目回收期长、高风险低收益等特点决定的,也是政府在推进基础设施投融资改革中的一次有益而大胆的尝试,本次工程的投融资模式界定为"政府全程主导下的 BT 项目投融资模式",这种方式在形式、内容和具体操作过程中有着大量的管理实践创新。

(一)项目融资模式设计

奥运支线 BT 项目具备 BT 项目融资结构的共性,并可以确定 BT 项目融资是一种可追索性的项目融资,除了对项目本身可以处置外,对组成项目公司的各方也可以追索。

在融资数额上,以合同价作为项目的总投资,参照国际 BOT/BT 项目投融资惯例,投资商以自有资金作为项目的资本金投入,比例按项目类别不同而不同,一般基础设施建设为 35%,建筑商可根据工程项目总体融资规划安排分次注入或一次性注入。北京奥运地铁支线 BT 项目是各公司根据自己的投资比例分三次等额注入。

(二)奥运支线 BT 项目融资机制

项目公司根据地铁奥运支线 BT 项目的建设要求,制定融资计划,通过融资途径筹措建设所需资金。

北京地铁奥运支线部分采用 BT 方式建设是创新发展思路,解决融资难的有效手段,能够积极推进北京市政府融资体制改革的深化、提高地铁奥运支线项目的建设效率和使用效率,同时也有利于分散地铁奥运支线建设项目的风险。在具体操作过程中,鉴于地铁本身的公共产品特征,加之奥运支线是北京市通过地铁这一窗口展现城市风貌和文化底蕴的示范工程,这就

要求在建设管理中,一方面代表政府的委托方要在全局上对工程进行控制,另一方面给企业充分的自主投融资和管理空间,发挥市场优化资源配置的作用。

(三)北京地铁奥运支线 BT 项目的风险

就北京地铁奥运支线 BT 建设项目来说,一方面由于其投资规模大,所涉及当事人之间的关系错综复杂,使得各种不确定、不稳定的因素大大增加;另一方面则是由于每个 BT 项目的具体实施条件各不相同,常常是无先例可循,这无疑也增大了北京地铁奥运支线 BT 建设项目的风险。可以说,每个 BT 项目都存在风险,并贯穿于整个项目过程中。

北京地铁奥运支线 BT 工程项目中存在的风险,主要包括政策风险、完工风险、成本风险、信用风险和不可抗力风险等。

1. 政策风险

2008 年奥运会是北京承办的一项国际重大赛事,国家对其非常重视。北京地铁奥运支线是举办 2008 年奥运会配套公用设施的重点工程项目,也是通往 2008 年奥运会主会场及奥林匹克森林公园的主要交通通道。北京地铁奥运支线交通系统是展示我国综合国力的重要工程,是促进北京经济社会发展的基础工程,是北京成功举办 2008 年奥运会的保障工程。因此,对于北京地铁奥运支线 BT 工程项目来说,政策风险发生的概率极小。此外,奥运支线建设工程由北京市三名市长联签同意采用 BT 方式运作,表明了政府对奥运支线 BT 建设工程的支持和信任。

2. 完工风险

北京地铁奥运支线项目完工风险的主要表现形式有:项目竣工延期;项目建设成本超支;项目达不到设计规定的技术经济指标;在特殊情况下,项目完全停工放弃。项目延期完工主要与资金是否及时到位、工程技术力量、后勤支持以及自然环境等多方面因素有关。

北京地铁奥运支线项目公司通过与总承包商签订总承包合同,在合同中通常明确地提出完工计划以及误工和质量不符合要求的各种赔偿条件,将完工风险分摊给总承包;总承包商又可通过与总承包单位订立合同,将完工风险分摊给总承包单位。通过将完工风险层层分解,项目公司减少了在完工方面的负担,使风险得以分散。此外,项目公司还通过规范制度和合同对工程建设进行全过程控制,确保工程质量和进度。

项目部技术和安质部门对施工现场各作业工序以风险评价的形式进行了危险源辨识,并且列出了重大危险源清单,依据发生事故的可能性、暴露于危险环境的频繁程度以及发生事故可能会造成的损失后果进行危险等级划分,分别制订防风险措施和管理方案,做到有的放矢。同时,在应急抢险预案中对经理部抢险组织机构、有关人员联系方式、各施工作业队突发事件紧急处理小组、事故上报分工、各社会单位联系方式、应急抢险物资保障、施工中的具体风险预防措施及抢险预案、各类风险发生上报程序等都作了详细的规定和说明,安排了"应急预案处理程序及现场处理措施"培训和"模拟事件应急演练",把应急抢险预案不仅仅落实在书面和口头上。所有这些措施和预案都和各种安全常识以及各种安全注意事项都编入《安全手册》,印刷成册,人手一份下发到作业基层强制学习,极大地提高了管理人员的忧患意识,保障了施工安全和工程的及时完工。

3. 成本风险

北京地铁奥运支线项目公司制定了《物资设备招标管理办法》，规定购买物资设备都要通过招标程序，以选择质量可靠、价格合理的供应商，通过招标过程中的相互竞争，降低主要材料和设备的采购成本，节约项目投资。同时项目公司还制定了《机电工程支付管理办法》，对施工计量支付、设备/系统费用支付等都规定了严格的审批控制程序，以确保计量支付工作准确无误地进行，杜绝不合理费用的支付，控制工程投资成本，预防成本风险的发生。

4. 信用风险

在中国铁路工程总公司、中铁电气化局集团有限公司与中铁三局集团有限公司联合体（以下简称"联合体"）（乙方）与北京地铁10号线投资有限责任公司（甲方）签订的《北京地铁奥运支线BT建设合同》，明确规定了甲方应当向乙方出具收购项目公司股权的承诺函，同时甲方应向乙方提供由北京市基础设施投资有限公司（以下简称"京投公司"）出具的收购项目公司股权的担保书。如果出现合同约定甲方无法按期支付乙方股权转让价款且逾期超过三个月时，乙方有权按担保书的要求，要求京投公司支付合同价款及相应违约赔偿金。这种非保险的风险财务转移方式，可以将甲方违约的风险转移给京投公司，以避免信用风险给乙方带来重大经济损失。

5. 不可抗力风险

在《北京地铁奥运支线BT建设合同》中，详细界定了不可抗力事件的定义，同时规定如果在合同生效日期后发生不可抗力事件，从而阻止合同中义务的履行，则甲方、乙方和项目公司均不应被认为违约或毁约。如果不可抗力事件发生且持续了180d，则尽管延长了工期，甲方、乙方或项目公司的任何一方仍可向对方发出终止合同的通知，并在该通知发出28d后生效；若在28d的期限结束时，不可抗力仍在继续，合同即告终止。甲方应确认已完成的工作的价值并将以下款项支付给项目公司，包括已完成的且其价格在合同中有规定的任何工作的应付款额；项目公司为工程订购的且项目公司已接收或项目公司有责任去接受交货的工程设备和材料的费用；为完成整个工程，项目公司在某些情况下合理导致的任何其他费用或负债；将临时工程和项目公司的设备撤离现场并运回项目公司设备基地的合理费用；在合同终止日期将完全是为项目公司雇佣的职员和劳工的遣返的合理费用。

通过合同条款规定，项目公司将不可抗力风险合理地转移给了甲方。

（四）风险分担

政府全程主导、企业市场化参与的内容和作用主要体现在以下方面：

1. 代表政府的委托方确定项目设计单位

项目的设计单位由北京地铁10号线投资有限责任公司委托北京市轨道交通建设管理有限公司通过招标方式选定为北京市城建设计研究总院有限责任公司，北京地铁10号线投资有限责任公司与北京市城建设计研究总院有限责任公司签订了设计服务合同，按照合同规定：设计服务的委托方为北京地铁10号线投资有限责任公司，项目公司代位履行工程初步设计后的合同管理职责，设计合同费的支付须经项目公司签证认可，由北京地铁10号线投资有限责任公司支付。

2. 股本资金融资和股权转让阶段的风险分担

联合体可以用北京地铁10号线投资有限责任公司出具的收购项目公司股权的承诺函，向金融机构以质押方式进行融资,在现金流量控制合理的情况下,可以实现部分股本资金融资。

上述承诺函属于股权转让阶段委托方对中标人的担保,目的是分摊风险。根据投资建设项目合同的规定,北京地铁10号线投资有限责任公司发出该承诺函,承诺将严格按照合同价格支付项目公司股权转让价款,且该承诺函不可撤销。

同时,京投公司对收购股权转让提供了无条件的、不可撤销的担保书,向联合体保证北京市地铁10号线投资责任有限公司依照合同规定履行收购项目公司股权的义务,如被担保人未履行合同约定支付股权转让价款,京投公司将承担其原先应履行的此项义务;此担保是一种连续担保和赔偿的保证,不受被担保人接受上级任何指令和被担保人与任何单位签订的任何协议、文件的影响,也不因被担保人是否破产、无力清偿对外借款、丧失企业资格、更改组织章程以及关、停、并、转等各种变化的影响;也不受京投公司主要领导人变更和机构变更的影响;在双方修改主合同及其附录时继续有效。

三、奥运支线BT工程项目管理模式

北京中铁工投资管理有限公司(以下简称"项目公司"),由北京地铁奥运支线BT工程项目招标的中标方联合体出资组建,负责奥运支线的投资和建设。项目公司注册资本38 400万元,经营范围为北京地铁项目建设施工。北京地铁奥运支线BT工程项目第二个施工里程碑能规范、高质、高效地完成,不仅归功于全体管理建设人员的努力,也归功于该项目具有良好的管理模式。

(一)奥运支线BT工程项目管理模式概述

北京中铁工投资管理有限公司克服了常见的项目管理弊端,从工程建设项目的特点出发,建立了良好的工程项目管理模式。

北京地铁奥运支线BT工程项目建设在组织制度上采用的是项目法人责任制,按照公司法的一般规定建立公司组织机构。同时,为了保障项目法人责任制的顺利实施,项目公司还依据职能制建立了适应项目组织运行的职能部门,包括土建工程部、安质环保部、机电工程部、计划合同部、财务部和综合部。这六个职能部门相互协作,相互补充,共同完成奥运支线BT工程建设的组织管理工作。

(二)奥运支线BT工程项目法人责任制

北京地铁奥运支线BT工程项目建设在组织制度上采用的是项目法人责任制。在北京地铁奥运支线BT工程项目中,业主方中国铁路工程总公司、中铁电气化局集团有限公司、中铁三局集团有限公司出资成立了北京中铁工投资管理有限公司,该项目公司即为奥运支线BT项目法人。由于奥运支线的运营由北京地铁10号线投资有限责任公司负责,工程建成后即向北京地铁10号线投资有限公司移交,所以项目公司仅需承担对北京地铁奥运支线BT项目的筹资和建设管理工作,对工程项目的投资保值增值和投资风险承担全部责任。项目公司的具体义务还包括:负责筹措工程投资款额,按计划投资建设,确保投入资金满足工程实施的需要;在约定竣工日前实施和完成工程,包括提供施工文件;对全部现场作业、所有施工方法以及全部工程的完备性、稳定性和安全性承担全部责任等。

1. 项目法人在奥运支线项目中的工作

为了圆满地实现建设好奥运支线地铁工程项目的目标,在奥运支线 BT 工程项目中,项目法人主要做了以下三个方面的工作:

(1) 以建设好奥运支线为中心

项目法人的一切工作,始终围绕着建设好奥运支线这个中心。这个中心是任何工作的出发点、归宿点。这个中心既是项目法人所有工作的总目标,也是项目法人唯一产生工作成果的所在。项目法人与监理、政府等机构在共同建设好地铁项目的基础上,建立起正确、良好的关系。各单位在注重共同承担建设好地铁项目的基础上,通过横向的互通信息促进集体协作。有了集体协作做保证,就可以实现建设好奥运支线地铁工程的总目标。

(2) 坚持发挥监理、政府的优势,共同承担建设好奥运支线工程的责任

项目法人作为代业主,肩负着对工程项目全面管理的责任。要实现总的目标,就要坚持发挥各部门的优势。项目法人有效的管理是建立在各单位的优势基础之上的,各单位发挥职能的优势,也是各自组织的唯一目的。项目法人充分发挥业主的优势,用合同、资金、政策等负起全面管理责任,同时也发挥直接利用人力、财力、物力、施工技术等优势,负起有效控制的责任。监理发挥质量标准、技术、检查、监督的优势,负起保证质量和有效控制工期的责任。政府发挥创造良好的施工环境的优势,负起政府监督的责任。各方面结合起来,共同承担起了建设好奥运支线地铁工程的责任。

(3) 保证决策的正确性,使工程顺利进行

项目法人对于一般情况的决策,是依据合同及有关文件的规定、规章和原则办理。对于特殊情况的决策,则本着以事实为根据,以综合分析、科学判断为手段,力图做出正确的决策,以保障奥运支线 BT 工程建设工作的顺利开展。

2. 项目公司法人机构设置

项目公司依据公司法设立股东会、董事会和监事会,按照各投资单位在项目公司的投资比例决定各投资单位在股东会、董事会和监事会中所占的名额;同时为了保障项目法人责任制的顺利实施,北京中铁工投资管理有限公司在组织机构上进行精心设计,设置了土建工程部、安质环保部、机电工程部、计划合同部、综合部、财务部六个职能部门,开展奥运支线 BT 工程建设管理工作。

项目公司组织机构,是依据项目组织制度支撑项目建设工作正常运转的组织机构体系,是奥运支线 BT 工程项目管理的骨架。

中铁工投资管理有限公司在管理机构设置上实行职能制。土建工程部是负责对项目总体设计、文明施工及土建、建筑装修工程建设进度、质量实施综合协调及监督管理的职能部门;安质环保部是负责对工程质量、安全生产、绿色文明施工实施监督检查的职能部门;机电工程部是负责机电工程管理、机电工程设计文件复核、机电工程技术信息收集和对机电工程进度进行监督管理的职能部门;计划合同部是负责合同管理、工程及物资设备招标、计划统计、工程的计量支付和投资控制等工作的职能部门;综合部是负责公司日常事务安排、统一管理公司信息、制定公司管理办法及进行公司内外协调的职能部门;财务部是负责会计核算、财务管理和项目融资等工作的职能部门。六个职能部门中,土建工程部、安质环保部和机电工程部是对工程进度及质量、安全负主要责任的部门;计划合同部是对合同、招标以及资金控制起主要作用的部

门;综合部是起管理协调作用的主要部门;而财务部是项目融资及会计财务信息提供的主要部门。项目公司六个职能部门在职责设置上,不仅包括本身的专业工作,还包括与其他部门相互协作的内容,以及对承包商的监督管理工作。六个职能部门相辅相成,既有分工又互相协作,共同保证地铁奥运支线的建设管理工作顺利进行。

(三)奥运支线 BT 工程项目施工过程管理

工程项目施工过程管理主要是项目开工后,对项目施工进行有效的控制,以满足业主及企业对工程项目的要求,其内容主要包括对工程项目施工过程中的安全、质量、成本和工期进度的系统控制。当然,对于一个施工项目,工期、成本、质量和安全是相互影响、而又互相联系的,要实现四个目标之间的平衡,是项目施工成败的关键。

1. 安全管理

轨道交通工程建设安全管理工作主要是防控在建设过程中由于设计、技术方案、施工管理等方面出现问题,危及周边地面建(构)筑物、市政基础设施和工程结构安全以及人员伤亡事故的发生。

为达到作业标准化和生产技术、安全技术两项措施统一的要求,项目公司一是严格规范技术管理,抓好超前防范,实现由事后处理型向预防控制型的转变。为适应奥运重点工程更高的管理要求,公司聘请了北京市史维汉、蒋怡明、贺军华、罗建中等知名专家,在安全管理,环境保护,文明施工,临电、脚手架、塔吊、起重吊装、机械安全防护等方面进行指导把关,确保了施工的高标准起步。在临时用电方面,为了满足《施工现场临时用电安全技术规范》(JGJ 46—2005)规范要求,全线共投入 200 多万元一次性更换了现场所有的配电箱,保证了施工用电安全。二是坚持先培训后上岗。作业前抓好安全、技术、质量标准的交底,落实到每一个作业人员。三是针对各个工种、工序的安全质量要求,强化作业标准化操作。

北京地铁奥运支线工程自 2005 年 6 月 8 日正式开工以来,项目公司坚持"铁面孔、铁手腕、铁石心肠"的管理理念,始终把工程的安全质量作为建筑业赖以生存发展的生命线来抓,从而保证了安全生产的思想认识到位、体系保障到位、现场控制到位,确保了奥运支线工程的安全质量始终处于稳定可控状态,全线通过了北京市结构"长城杯"初评,合格率100%,优良率达到85%以上。工程质量受到北京市"2008"工程建设指挥部办公室和市建委联合通报表扬。北京中铁工投资管理有限公司被北京市建委评为"北京市轨道交通工程2006年上半年安全质量先进单位"。

2. 质量管理

为了做好地铁奥运支线 BT 工程建设过程中的质量管理工作,项目公司依据《中华人民共和国建筑法》《建设工程质量管理条例》等法律、法规和北京市有关法规及各部委、行业的有关标准、规范要求,制订了《北京地铁奥运支线质量管理办法》。地铁奥运支线 BT 工程建设质量管理工作主要是防控在建设过程中由于设计、技术方案、施工管理等方面出现问题。公司在工程建设过程严把质量关。依法行使建设方的职权,履行建设方的职责,办理有关申请批准手续,为施工单位提供质量管理所必需的保障条件,监督工程施工过程的质量。项目公司及所属各单位建立健全质量管理体系,在计划、布置、检查、总结、评比生产的同时,计划、布置、检查、总结、评比质量工作,实行质量"一票否决制"。

3. 成本管理

为了加强施工过程中的成本控制,北京地铁奥运支线项目公司出台了施工计量支付管理程序;下属各项目部也均制订了自己部门的物资采购管理办法。出于对工程投资控制的目的,运用例外管理原则,项目公司按照BT投资建设合同的有关规定,制订了工程变更管理办法,工程设计文件一经鉴定批准,任何单位或个人不得随意改变,自设计单位交出施工图至工程竣工验收交接期间需变更原设计时,按本办法规定办理。工程变更必须深入调查研究、充分论证,本着精打细算、节约投资、不断优化设计和保证施工进度需要的原则进行。变更应充分考虑设备、材料的订货和供应情况,以及本工程和相关后续工程进展情况,尽量减少废弃工程,避免造成设备、材料的积压和延误工期。

4. 接口管理

此外,多单位、多专业共同参与北京地铁奥运支线BT工程项目建设,使该项目成为一个联合协同的工作体。BT工程项目的这一特色决定了其施工过程管理的特点:各部门、各专业相互依从、制约、联系,形成繁杂的接口体系。项目公司制订接口管理计划的目的就是要使项目联合协同的工作体之间形成"工程利益第一"的共同目标,确保工程项目建设目标的顺利实现。以机电部为例,介绍了公司接口管理办法——机电部接口管理办法,该办法将项目的接口根据各参与方的性质划分为职能管理接口、工程技术接口两种。并详细阐述了各系统内部各专业之间的接口、各系统与外专业的接口、BT专业系统与非BT专业系统间的接口、奥运支线与10号线的接口等管理,以及各分包单位内、外部的接口管理工作等。缜密的接口管理办法保证了在施工过程中对安全、质量、工期和成本目标进行统筹安排与协调,从而使整个系统效果达到最佳,以确保工程项目施工的顺利进行。

(四) 奥运支线BT工程项目财务管理

1. 建立健全内部财务管理制度,完善内部经济责任制

北京中铁工投资管理有限公司强化财务管理基础工作,制定内部财务管理制度,把国家的统一规定和本企业的具体情况结合起来。项目公司依据国家有关财政法规、《公司章程》和董事会有关决议建立了符合现代企业经营管理制度的财务管理体制,制订了《财务管理办法》《资金管理办法》和《内部报销管理办法》等一系列财务制度,以适应项目公司生产管理需要,合理调控建设资金,规范承包商财务行为,确保地铁奥运支线BT项目按期移交。

项目公司财务管理的基本原则是建立健全内部控制制度,以建设成本和投资预算为依据,严格执行财务开支范围和标准,控制建设成本,依法缴纳税金,接受北京地铁10号线投资有限责任公司(以下简称"业主")、北京轨道交通建设管理公司(以下简称"监管公司")、和中国铁路工程总公司(以下简称"中铁总公司")的监督检查。

2. 加强资金管理,有效提高资金利用率

为规范和加强地铁奥运支线BT工程建设资金的管理,控制财务风险,降低资金成本,提高资金效益,保证BT项目的顺利移交,项目公司根据国家建设投资的有关规定,按照《北京地铁奥运支线BT投资建设合同》要求,结合项目公司实际情况,制订了资金管理办法。通过该办法,对融资、资金支付和资金控制等方面进行规范控制,确保公司资金流动顺畅、合理。

项目公司管理的资金是指中国铁路工程总公司、中铁电气化局集团有限公司、中铁三局集团有限公司共同出资的项目资本金和项目公司的融资借款(以下简称"项目融资")。对项目公司的资金管理遵循资本金及时到位、合理统筹融资、专款专用和效益原则。项目公司的资金收支全部纳入项目公司资金管理,并用于北京地铁奥运支线 BT 工程建设,其资金使用情况,接受北京地铁 10 号线投资有限责任公司(以下简称"业主")、北京轨道交通建设管理公司(以下简称"监管公司")、中国铁路工程总公司(以下简称"总公司")的监督。

(1) 项目融资

项目公司根据地铁奥运支线 BT 项目的建设要求,制定融资计划,通过融资途径筹措建设所需资金。项目融资计划以项目公司投资建设计划和施工进度计划为依据,根据项目概算总投资和工程建设计划,以投定融,降低财务费用,实现成本最低化。财务部根据审批后的融资计划分期办理融资手续。融资计划(方案)经总经理办公会审阅研究后,上报董事会审批。为提高审批效率,同时保证授权人具有相应的审批授权,项目公司依据融资贷款额度,划分不同审批权限。融资贷款 5 000 万元(含 5 000 万元)以下由财务总监审批,5 000 万~10 000 万元由总经理审批,10 000 万元(含 10 000 万元)以上由总经理办公会审批。

项目公司以项目建设进度和施工生产计划为依据,分年、季、月编排资金需求量,并以工程量时点变化情况进行资金动态控制和调整,资金使用计划需报送公司领导审阅。为加强资金监督和管理,资金使用计划、融资计划和融资合同等需报送业主、监管公司和总公司备案。

(2) 资金支付

工程建设资金拨付按照合同条款和《北京地铁奥运支线 BT 工程计量支付管理程序》执行,财务部和计划合同部是建设资金拨付的主责部门。

以设备安装工程计量管理总程序为例,流程见图 5-3。

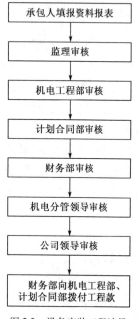

图 5-3 设备安装工程计量支付管理流程

在该计量管理流程中,通过多层次、多部门的审核,确保了支付工作中各个风险点的都能得到控制,使支付依据准确可靠,且得到适当授权。

(3) 资金控制

按《北京地铁奥运支线 BT 投资建设合同》和《公司章程》规定,项目资本金分期注资到位。资金安排以投资建设计划和施工生产进度等为依据,进行总额控制,分期分类按计划安排使用;融资借款以建设资金安排为依据,分期分量投入使用及偿还,确保资金使用量在预算范围内。地铁奥运支线 BT 项目资金实行专款专用管理模式,项目公司和承包商按要求分别设立银行资金结算专户,项目公司对建设资金专户负责监控。根据建设合同和北京轨道交通建设管理公司奥运支线监管部对奥运支线 BT 项目的工作机制要求,项目公司要求工程承包商必须在指定银行开设账户,开设资金结算专户,并向项目公司提供开设的银行账户资料,向项目公司授权对其开户银行建设资金的查询权。项目公司可以通过网银系统随时对工程承包商使用建设资金的情况进行监督控制,保证投资建设的资金全部用于地铁奥运支线建设。

(4)监督检查

项目公司代业主行使建设项目管理权,在项目建设期间,项目公司有权定期或不定期检查建设资金使用情况。为使项目建设资金得到保障,工程承包商必须将工程建设资金专款专用,接受项目公司对其资金动向的监督管理,不允许私自抽调或挪用,完成工程建设并交工验收后,其结存资金方可自行调度。项目公司还要按月向业主、监管公司和总公司提供相关资料,接受监督。

四、奥运支线 BT 工程项目运行机制

(一)项目运行机制概述

奥运支线 BT 工程项目创造了许多地铁建设之"最":在北京市所有地铁项目同期工程中开工最晚,工期最短,进度最快;质量标准最高;管理机构简化精干,人员最少等,这些成绩的背后是项目运行机制的优化。

奥运支线 BT 项目的运行是基于建设体制中的投资、建设、运营和监管"四分开"的思想,把传统政府投资项目建设管理中的行政管理关系,转变成委托人、融资代建人、项目公司三者之间的契约关系,即基于合同的委托代理关系。项目运行机制的创新之处在于,以 BT 投资建设合同为核心,以全过程控制为手段,以成本控制和风险降低为目标,内外监督相辅相成,在项目运行的每一阶段实行规范化、专业化管理。项目运行机制概览见图5-4。

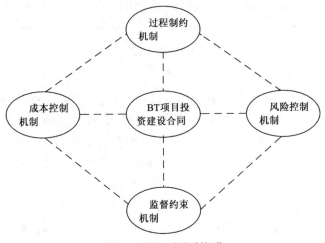

图 5-4　项目运行机制概览

其中,委托方和中标人签订的 BT 投资建设合同是投资建设项目中最基本的合同,是项目委托方与中标人之间为完成投资建设项目、明确双方权利义务关系的文件,投资建设项目合同框架见图5-5。

(二)过程制约机制

1. 项目委托方的权利及义务

奥运支线 BT 项目的委托方(甲方)为北京地铁10号线投资有限责任公司,它是由北京市基础设施投资有限公司、北京市国有资产经营有限责任公司、北京宝嘉恒基础设施投资公司、北京商务中心区投资和服务中心、中关村兴业(北京)投资管理有限公司、北京市海淀国有资

产投资经营公司等六家股东依法组建,并由北京市基础设施投资有限公司控股的有限责任公司,经营范围主要是北京地铁 10 号线的投融资、建设及经营。

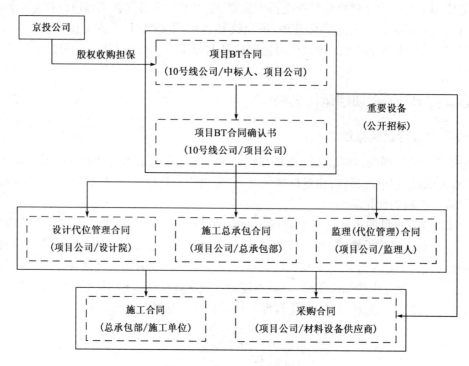

图 5-5　投资建设项目合同框架

(1) 项目委托方的权利

委托方(北京地铁 10 号线投资有限责任公司)有权(或授权北京市轨道交通建设管理有限公司)对工程的投融资、建设等进行抽查、检查、了解、监督等活动,中标人及项目公司应积极配合委托方的这些活动;委托方有权监督、检查工程在质保期内的维修;委托方有权按照合同的规定终止本合同并接管工程;委托方有权对项目公司的财务状况、经营成果进行审查;委托方有权享有法律法规规定的其他权利;委托方有权委托工程建设监管机构按本合同对本工程的投融资、人员构成及变更、工程招标与分包商合同签订、工程的质量、进度、资金、施工安全、合同管理、系统调试、通车试运行以及竣工验收等工作进行监督管理。工程建设监管机构行使监督管理权时,必须在委托方的授权范围内进行,此部分的费用由委托方支付。

(2) 项目委托方的义务

委托方(北京地铁 10 号线投资有限责任公司)已委托相关单位分阶段实施本工程前期拆迁工作,施工现场场地的准备工作由项目公司承担;委托方应按照合同中有关股权转让与合同价格的规定,向中标人收购项目公司的股权并支付股权转让价款;在项目建设过程中,协助项目公司协调与项目设施场地周边所涉及的有关单位的关系;负责奥运支线工程与 10 号线工程的接口管理的协调工作,并负责 BT 工程与非 BT 工程接口管理的协调工作;在项目公司请求和承担费用的前提下,委托方应协助项目公司申请工程建设、融资、注册登记以及完工所需的许可、执照和批准。

2. 项目中标人的权利与义务

奥运支线 BT 项目的中标人(乙方)为中国铁路工程总公司、中铁电气化局集团有限公司、中铁三局集团有限公司联合体。

(1) 项目中标人的权利

在合同规定的期限内,收取本项目公司股权转让价款;如果委托方无力支付项目公司股权转让价款,中标人有权按合同有关担保条款要求北京市基础设施投资有限公司支付;中标人可以用委托方出具的收购项目公司股权的承诺函向金融机构以质押方式进行融资。

(2) 项目中标人的义务

按照合同约定时间组建项目公司、确保工程竣工后项目公司的股权向委托方转让并在质量保修期内按照合同有关竣工的规定承担质量保修责任;承诺在组建项目公司时,形成股东会决议,要求项目公司出具履行本合同条件中由项目公司应承担的责任和义务的确认书;必须接受委托方委托的工程建设监管机构在委托方的授权范围内对项目进行监管工作;除非得到委托方的书面同意,中标人不得转让其所持有的项目公司的股权,亦不得设置抵押、质押及其他任何形式的担保。

3. 项目公司的权利与义务

中国铁路工程总公司、中铁电气化局集团有限公司、中铁三局集团有限公司联合体中标奥运支线 BT 后,按照 BT 建设合同要求组建了中铁工投资管理有限公司(以下简称"项目公司")。这四个企业强强联合,结成了以项目公司为核心的地铁奥运支线 BT 项目建设联盟。

项目公司负责筹措本工程投资款额,按计划投资建设,确保投入资金满足本工程实施的需要;由项目公司完成的工程应完全符合合同中规定的预期目标;项目公司应在约定竣工日期前实施和完成工程;不管委托方是否给予了批准或同意,项目公司应对全部现场作业、所有施工方法以及全部工程的完备性、稳定性和安全性承担全部责任;依法纳税;在合同责任期内应对工程、财产和人员伤亡进行投保;项目公司应按照合同有关完工验收与竣工验收的条款规定配合工程竣工验收,负责解决验收中的 BT 工程质量问题;项目公司应始终遵守一切有关的法律、行政法规和部门规章以及其他规范性文件;项目公司有义务按北京市的有关规定接受北京市发展和改革委员会、北京市建委、北京市轨道交通指挥部、北京市交通委员会、北京市奥运工程总指挥部办公室等有关部门的管理和协调。

(三) 成本控制机制

轨道交通项目建设中,通过合同管理控制工程成本,因此合同管理应是贯穿项目始终的全过程管理,大致可分为招标策划、资格预审、招标与定标、合同执行、合同总结与后评估、合同管理培训等六个阶段。各阶段相辅相成,互为衔接与补充,其重要性不相上下。

(四) 监督约束机制

1. 内部监督约束机制

内部监督约束机制主要包括投资控制管理和支付管理。

(1) 投资控制

奥运支线 BT 项目投资建设合同是固定股权转移价款合同,项目公司必须通过合法的项目手段，切实控制投资总额，以降低成本费用。

项目的招标及采购分项众多，合同关系复杂，参加单位的数量多且相互交叉作业，相互之间的工作范围划分必须清晰明确，不重不漏，同时又利于施工，不然将可能导致合同纠纷，造成工期延误、费用增加。界面划分工作应在编制招标工作计划时，即开始着手，统一考虑，组织投资、建筑、电气、设备等各专业人员共同参与界面范围划分的讨论，并征询招标人及设计人员的意见后，完成各招标分项的招标范围界面。在工作中，通过经济技术分析，减少界面不清、错项、漏项、重项的情况发生，从而达到有效利用投资的目的。

(2) 支付管理

投地铁奥运支线 BT 项目资金实行专款专用管理模式，投资公司和承包商按要求分别设立银行资金结算专户，投资公司对建设资金专户负责监控。工程价款结算方式为按月进行工程计量支付（以计量支付月报为准），项目公司于每月 20 日前完成上月计量款及本月预付款支付。统购设备、材料等资金预付、结算支付按有关规定程序审批办理，预付工程款和材料款按合同条款规定抵扣。

工程款拨付由总承包部负责人审批。工程建设资金拨付按照合同条款和《北京地铁奥运支线 BT 工程计量支付管理程序》执行，财务部会同计划合同部负责建设资金拨付相关环节的审核。预付款拨付，按《北京地铁奥运支线 BT 工程计量支付管理程序》经计划合同部、财务部审核，财务部填制《总承包部资金支付单》，经批准后在每月规定日期拨付。财务部根据工程结算审批表等并办理拨付建设资金手续，建设资金拨付同时，所属承包商要提供相关资料，包括合同、发票、验收单等。所属承包商如遇工程特殊情况需向总承包部借款时，应提出书面报告，说明借款原因、金额、用途、期限及还款日期，由总承包部负责人、财务负责人审批。总承包部比同期银行贷款利率上调 10% 收取资金占用费，借款金额原则上不能超过下月工程施工进度计划。

以完成施工产值和施工计划等为依据，按时向业主进行预付款申请和工程计量款报批，及时将拨付资金存入总承包部银行账户。总承包部管理费支出由总承包部负责人或财务负责人审批。总承包部管理费实行定额控制，费用支出主要用于总承包部日常工作联系及经营使用。根据北京轨道交通建设管理公司奥运支线运行机制监管部对奥运支线 BT 项目的工作机制要求和业主规定，总承包部所属承包商应在指定银行开设资金结算专户，并提供开设的银行账户资料。承包商必须向总承包部授权对其开户银行建设资金的查询、监督和余额管理权，开通网银支付系统，并纳入总承包部集团用户管理中，以便总承包部对拨付的建设资金支出情况进行监督控制，保证建设资金全部用于地铁奥运支线建设。总承包部有权对纳入网银集团用户的银行存款实行按时收款管理。

2. 外部监督约束机制

外部监督约束机制主要包括项目设计控制管理、分包管理、监理机构、合同争议解决方法四部分。

(1) 项目设计控制

奥运支线 BT 项目的设计由非项目公司的第三方——北京城建设计研究总院有限责任公司承担，为了及时协调解决北京地铁奥运支线设计中存在的问题，确保设计工作的顺利进行，并使设计工作与工程进展相适应，项目公司经第一次设计例会讨论通过，制定"设计例会制度"。

设计例会定于每周星期三上午 9:00 在北京城建设计研究总院有限责任公司会议室召开，由项目公司负责例会召集与主持工作。参加单位包括：奥运支线 BT 工程监管项目部（以下简称"监管部"）、北京中铁工地铁项目建设有限公司（以下简称"项目公司"）、北京城建设计研究总院有限责任公司（以下简称"城建院"）、北京市地质工程勘察院（以下简称"地勘院"）等相关单位。监管部、项目公司、城建院、地勘院、施工单位均可提出需要协调及讨论的议题，议题也可来自上次例会未落实或未解决的问题，城建院负责提前收集、整理设计方面的议题，并于每周一下午 16:00 前电传项目公司。施工单位议题也于每周一下午 16:00 前电传项目公司，项目公司每周二上午 10:00 前将确定的本周例会议题电传有关单位。设计单位负责设计例会会议记录，并及时编写本周例会纪要，纪要需经所有出席会议单位负责人签名，由项目公司于每周四审核并发放本周会议纪要。

工程规划设计单位由委托方委托北京市轨道交通建设管理有限公司通过招标方式选定为北京市城建设计研究总院有限责任公司，并签订了设计服务合同，设计服务合同中包括由项目公司代为履行工程初步设计后的合同管理职责的内容，此后的设计合同费用仍由委托方承担，但必须经项目公司签证认可后方能支付。

(2) 分包管理

BT 项目投资建设合同规定：奥运支线 BT 工程由乙方中具有相应资质的工程施工总承包企业承担，项目公司对项目重要设备材料的采购必须按照《中华人民共和国招标投标法》的规定，通过招标选择有资质、有经验的企业承担。

(3) 监理机构

委托方按照国家和北京市有关法律法规，通过招标方式选定工程监理机构，监理费用由委托方支付，监理机构受委托方、项目公司管理。监理机构按照国家和北京市有关法律法规、工程的施工图及有关的技术要求和质量验收标准，对工程的质量、安全、文明施工等方面进行监理。

(五) 风险控制机制

1. 担保机制

担保机制是指中标人向委托方提供不可撤销的连带责任担保书，对项目公司按投资建设合同规定所应履行的义务以及由此引起的责任承担连带责任。

委托方向中标人出具收购项目公司股权的承诺函，同时委托方向中标人提供由北京市基础设施投资有限公司出具的收购项目公司股权的担保书。如果出现按合同约定委托方无法按期支付乙方股权转让价款且逾期超过三个月时，中标人有权按照担保书的要求，要求北京市基础设施投资有限公司支付合同价款及相应违约赔偿金。

2. 合同责任期

关于合同责任期（也称质保期），双方做出如下规定：在合同责任期内的任何时间，如果甲方认为 BT 工程存在未达到建设合同中相关文件验收标准的任何缺陷，甲方可向乙方发出应补救的缺陷或损坏的书面通知，乙方应在收到甲方的通知后，立即自费组织进行一切必要的维修施工以尽快纠正缺陷或损害并赔偿甲方因此而发生的一切损失。

奥运支线 BT 工程的质保期按照国务院建设工程质量管理条例的有关规定执行。质保期从竣工之日起算。如果因为某项缺陷或损害使工程不能按原定目的使用的程度，甲方有权对合同责任期提出一个延长期，并要求乙方承担违约责任。

3. 项目验收保修管理

在工程的最后竣工验收前,必须通过各种专项验收,包括人防工程验收、电梯工程验收、消防工程验收、卫生防疫验收、市政工程验收、规划条件验收等。验收管理工作的重点在于验收标准的掌握和验收进度的协调安排。此外,在组织调试验收前,必须组织各相关单位指定关键的系统和设备周密的调试、验收计划和方案,成立由项目管理部、监理、业主运行人员、施工、供货单位人员共同组成的调试验收小组,统一协调调试、验收工作的质量和进度。

在符合以下条件后,才能申报竣工验收:完成工程设计和施工合同约定的内容;施工单位在工程完工后,对工程质量进行检查,确认工程质量符合有关法律、法规和工程建设强制性标准,符合设计文件与合同要求,并提出竣工报告;监理单位对工程进行质量评估,具有完整的监理资料,并提出工程质量评估报告;勘察、设计单位对勘察、设计文件及施工过程中有设计单位签署的设计变更通知书进行检查,并提出质量检查报告;有完整的技术档案和施工管理资料;有工程使用的主要建筑材料、构配件和设备的进场试验报告;有施工单位签署的工程质量保修书;规划部门对工程是否符合规划条件进行检查,并出具认可文件;有公安、消防、环保等部门出具的认可文件;建委、质监站等部门要求整改的内容全部整改完毕。

案例 5　四川省宜泸渝高速公路

四川宜宾至川渝界高速公路是国家高速公路网成渝地区环线的重要路段,起于四川省宜宾市象鼻(乐山至宜宾高速公路和内宜高速公路的交叉中心),顺长江而下,由西向东横穿泸州市全境,止于川渝界塘河,全长约 157km;为四车道高速公路,路基宽 24.5m,设计时速 80km;全线主要工程有特大桥 3 座(南溪长江大桥、泸州合江长江一桥和合江长江二桥)、特长隧道 2 条(宜宾观斗山隧道和涪溪口隧道)、大型互通式立交 14 座,总投资约 95 亿元。

一、项目开发模式

为了加快项目进程,缩短招投标时间,四川省政府按项目发展阶段把项目分为勘察设计和施工—运营两个部分。在进行勘察设计招标后不久,开始进行施工—运营部分的招标工作。

为了增加项目投标的竞争性,勘察设计部分分为土建工程(含路线、路基、路面、桥涵、隧道、立交、环保、水保、绿化、景观工程等)和交通工程(含收费、监控、通信、安全、养护、服务、房屋建筑、隧道机电工程等),再将土建工程划分为 3 个合同段,将交通工程分为 2 个合同段;施工—运营部分分为宜宾至泸州(以下简称"宜宾段")和泸州至川渝界(以下简称"泸州段")两个独立的子项目。宜宾段起于内宜高速公路宜宾象鼻枢纽互通,经南溪、江安止于隆纳高速公路纳溪枢纽互通,总里程约 77km,投资估算为 55.45 亿元,四川省人民政府授权宜宾市人民政府为项目法人招标主体;泸州段起于隆纳高速公路纳溪枢纽互通,自西向东经纳溪区、江阳区、合江县,止于合江县白鹿镇川渝界,总里程约 80km,投资估算为 39.72 亿元。具体情况如下。

项目的勘察设计由成绵(乐)高速公路建设指挥部作为法人进行招标。2006 年 4 月 7 日发布招标公告,4月10日~4月14日出售标书文件,5月12日开标,要求中标人在2006年6月10日~2006年10月10日完成初步设计阶段的勘察设计。土建工程设计人应于2006年8月10日之前向交通工程合同段设计人提供所需图纸及其他设计资料,2006年10月10日之前应向招标人提交所有初步设计文件,完成送审程序。2007年1月10日~2007年7月10日为施工图设计阶段,若上级主管单位或招标人认为需要进行技术设计,中标人应在本阶段内完成技术设计文件及修正概算送审,2007年6月10日前应向招标人提交施工招标文件及所需图纸和工程量清单,2007年7月10日应向招标人提交施工图设计文件。

项目的施工和运营由2005年12月1日成立的川黔高速公路宜泸渝高速公路建设领导组负责,2006年4月18日发布项目法人招标资格预审公告,2006年5月8日~2006年6月9日出售资格预审文件,2006年7月10日17:30前提交资格预审申请文件。2006年9月26日~2006年9月28日,通过资格预审的8家企业或联合体购买了招标文件,其中7家购买宜泸渝高速公路项目招标文件,3家投标泸州段。2006年11月20日上午11点开标,宜宾段第一标段为四川路桥集团,收费期为29年10个月;泸州段第一标段为波司登股份公司、上海长邦房地产公司和山东康博实业公司组成的联合体,收费期为25.5年。按照最短收费期中标的原则,四川路桥集团和波司登企业联合体分别获得宜宾段和泸州段的特许经营权,并于2006年12月30日签订了特许经营权合同。

按照招标文件的要求,投标单位(项目公司)中标后,应与勘察设计单位和成绵(乐)高速公路建设指挥部三方签订《勘察设计合同转让协议》。由于泸州段的杨桥至泰安路段与泸州市政府投资在建的泸州市绕城公路重叠,泸州段招标文件还要求中标人同意受让该路段已完成的路基、桥涵等工程(转让价约2.28亿元);然后,在此基础上,按照特许权合同规定的技术标准和要求完成该路段的建设,并与其余路段一起运营,特许期满时一起移交,这样就形成了一个"出售—开发—运营—移交"(Sold—Develop—Operate—Transfer,SDOT)子项目。两家中标单位分别负责各自的项目融资,其中四川路桥集团与工商银行四川省分行签署《战略合作协议》,工商银行四川省分行为宜宾段提供20亿元贷款;波司登股份公司向泸州段投资24亿元,其余部分寻求银行贷款。项目融资结构如图5-6所示(为了简化图形,图中没有反映杨桥至泰安路段的SDOT模式,五家勘察设计单位合并称为"设计单位")。

二、经验教训

宜泸渝高速公路项目的开发模式可以归结为D+COT模式,即"设计"(Design)与"施工—运营—移交"(Construct—Operate—Transfer)的组合模式。在这种模式中,政府在完成工程可行性研究报告的基础上,先招标委托一家勘察设计单位进行项目的勘察设计工作,紧接着进行"施工—运营"招标工作,要求中标人与中标的勘察设计单位签订勘察设计合同转让协议,有偿受让政府与勘察设计单位签订的勘察设计合同项下的权利和义务,并负责项目的筹资、施工、运营、维护、债务偿还和资产管理,在协议规定的特许经营期内自主经营,自负盈亏,特许经营期满后,将该项目及其全部设施无偿移交给政府指定的机构,如图5-7所示。

值得注意的是D+COT模式在国内是第一次应用,在国外也未有先例,而宜泸渝高速公路项目目前还处于实施阶段的早期,可以借鉴学习的地方(特别是潜在的冲突和缺点)还没有完全展现出来,但是仍有许多经验值得借鉴和学习。

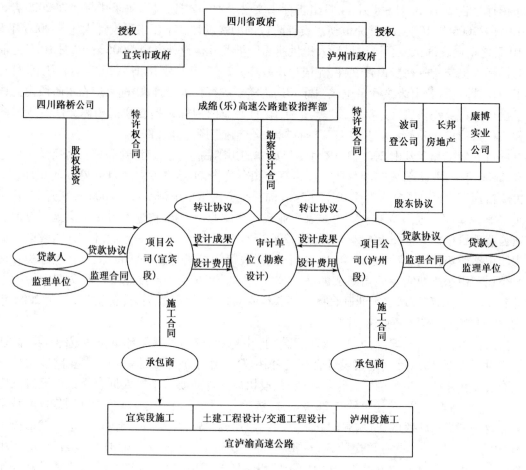

图 5-6 宜泸渝高速公路项目融资结构

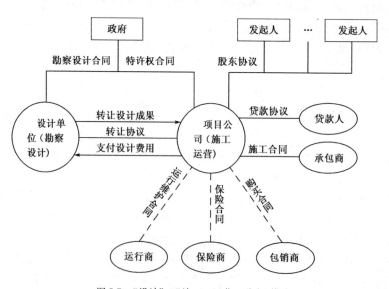

图 5-7 "设计"+"施工—运营—移交"模式

1. 提高了投标的竞争性

我国工程建设市场中缺少设计施工为一体的综合性企业,D+COT 模式比较适合市场情况;此外,把一个 95 亿元的项目分为一个 40 亿元的独立运营路段和一个 55 亿元的独立运营路段,吸引了更多的投标人,提高了投标的竞争性。在宜泸渝高速公路项目招标中,有 7 家资格预审合格的企业或联合体购买了招标文件,其中有 3 家投标泸州段,达到了竞争性招标的一般要求;预期的特许经营期不超过 30 年,竞争招标的结果是 25.5 年,缩短了 15%。

2. 避免了重复勘察设计

政府直接或委托进行勘察设计招标,投标人不必进行勘察设计工作,中标单位支付勘察设计合同转让费后,即可获得勘察设计的成果,从而避免了重复勘察设计工作。按照进度安排,初步设计工作在签订特许经营权合同之前进行,施工图设计在签订特许经营权合同之后进行。这种安排一是有利于缩短项目建设工期,二是有利于施工—运营承包商参与设计,把施工经验引入设计过程。

3. 缩短了招投标时间(相对 BOT 模式)

在 D+COT 模式中,项目招标接近于传统的施工招标,因而,投标工作相对于 BOT,项目招标要简单一些,从而缩短了招投标时间。在宜泸渝高速公路项目中,从发布项目法人招标资格预审公告到签订特许经营权合同,历时不足 8 个月,而传统的 BOT 项目一般需要 2~3 年,有的项目超过 5 年。例如,比利时的布鲁塞尔北污水处理厂(Brussels North Wastewater Treatment Plant)1997 年 12 月开始招标 DBFO(Design, Build, Finance and Operate)开发商,历时 3 年半才完成招标过程。

4. 运营方面存在协调统一的问题

统一设计有利于项目技术控制,但是分开运营不利于用户。宜泸渝高速公路项目在施工—运营方面分为两个独立路段,如果不进行统一运营,在两者连接的地方需要设置收费闸门。若采用全电子开放式收费方式,不影响车辆的通行;但是,当采用人工收费时,收费闸门不但占用大量的土地,而且影响车辆的通行。如果不设置收费闸门,采用计算机联网收费,进行统一运营,则不影响车辆的通行。但是,两者的特许经营期不同,当泸州段的特许经营期到期后,进入宜宾段时还需要设置收费闸门。

5. 其他潜在的问题

D+COT 模式还存在一些问题,例如勘察设计单位与项目公司的潜在冲突,项目公司如何参与项目优化设计,项目公司投标报价的准确性等。如何处理好勘察设计合同与 COT 合同之间的关系,如何提高投标报价的准确性,如何尽早把项目开发商的施工经验引入设计过程,这些问题有待进一步观察。

思 考 题

1. BOT 融资模式有哪些具体的演变形式?各有什么特点?
2. 试就本章案例进行说明政府在 BOT 中的作用是什么?
3. 请从本章 6 个案例中挑选 2~3 个,绘出案例的融资结构图(包括资金结构、投资结构和资信结构)。

第六章 PPP 融资

学习目的

PPP(Public-Private Partnership)项目融资模式是公共基础设施建设中发展起来的一种优化的项目融资与实施模式,是一种以参与方的"双赢"和"多赢"为合作理念的现代融资模式。通过本章案例学习,掌握 PPP 项目融资模式的基本内涵、基本程序、典型运作模式和融资结构特点,特别是掌握 PPP 模式融资结构中的投资结构、资金结构和资信结构的有机结合、PPP 模式运作程序及其成功运作的必要条件、项目风险的分担与管理方法等。

案例1 北京国家体育场("鸟巢")项目

一、项目背景

为履行与国际奥林匹克委员会(IOC)签订的 2008 年第 29 届奥林匹克运动会主办城市合同项下的义务,北京市人民政府(以下简称"北京市政府")决定在北京奥林匹克公园内建设国家体育场。该体育场将成为北京奥林匹克公园内的标志性建筑,同时也是北京市最大的、具有国际先进水平的多功能体育场。国家体育场将成为奥林匹克运动留给北京市的宝贵遗产和北京市基础设施建设的新亮点。

本项目是采用 PPP 或 BOT 模式实施的,北京市政府授权北京市国有资产经营有限责任公司作为项目公司的一个合伙人,履行总投资 58% 的出资责任,其余的 42% 由私营(企业)部门即中国中信集团公司联合体(以下简称"中信联合体")进行融资。公共部门和私营(企业)部门共同组建项目公司负责本项目的融资、建造、运营、维护,并在 30 年特许权期满后移交给北京市政府。

"绿色奥运"、"科技奥运"、"人文奥运"是 2008 年北京奥运会的三大主题。国家体育场需要体现这三大主题,同时应充分体现可持续发展的理念。因此,在国家体育场的设计、建设、比赛期间和赛后利用中要采用当今世界上先进可行的生态与环保技术和先进、成熟、可靠的高新技术,确保国家体育场的建设成为保护生态环境的典范,使其成为展示我国高新技术成果和创新实力的一个窗口,同时也向世界展示北京城市繁荣文明的崭新形象和北京市民昂扬向上的良好风貌。

二、项目的目标

本项目有两个层面的目标,即国家层面的目标与项目层面的目标。

(一)国家层面的目标

在13亿中国人的积极参与下,奥运的理念应得到最为广泛的传播和流行。根据以往奥运会主办城市的经验,为达到经济效益和社会效益的最大化,在奥运会的组织、管理、市场开发的过程中应突出强调创新的重要性。国家体育场将成为标志性的具有里程碑意义的建筑,有利于加快北京及其他城市的现代化进程;同时本项目的建成有望充分地扩大奥林匹克运动的积极影响,以促进国民经济的发展,加速国家的现代化进程,使首都北京的经济发展、城市建设、社会进步和人民生活质量再上新台阶。在此过程中,将培训和雇用高素质的员工,运用先进的管理理念和从其他国家学习到的专业技术。政府应努力营造公开、公平、高效和诚信的氛围。在奥运会的准备和进行阶段,希望能够通过现实而有效的努力,在制度、机制和管理方面树立创新的典范,从而树立北京新风貌,中国新形象。

(二)项目层面的目标

项目层面上,除了满足举办奥运会的各项条件外,该项目的主要目标就是获取最大的利润。因此,项目的设计、融资、建造、运营、维护、移交等项目各阶段的工作都应该围绕这个目标而开展。国家体育场应该满足举办奥运会的所有技术要求和标准,并要不断地随现代技术的发展而发展,要合理安排所有赛事,为所有参赛的运动队员提供优质的服务。奥运会期间,国家体育场可容纳观众91 000人,其中临时座位11 000个(赛后可拆除),承担开幕式、闭幕式、田径比赛和足球比赛决赛等主要赛事。

奥运会后,国家体育场可容纳观众80 000人,可承担特殊重大比赛(如世界田径锦标赛、世界杯足球赛等)、各类常规赛事(如亚运会、亚洲田径锦标赛、洲际综合性比赛、全国运动会、全国足球联赛等)以及非竞赛项目(如文艺演出、团体活动、商业展示会等)。

由于BOT项目的特性,项目公司将独自享有项目的一切商业利益,但同时必须承担项目的一切损失。众所周知,BOT项目与其设计、融资、建造和运营密切相关,因此,国家体育场的设计和建造必须恰当考虑对后续运营潜在的影响。鉴于此,在体育场的建设阶段,项目公司就积极与赛后对国家体育场的运营可能有兴趣的潜在公司进行必要的磋商和谈判。

三、发展过程

经北京市政府授权,北京市发展计划委员会(BDPC)于2002年10月邀请有兴趣的投标者提交资格预审的申请,表6-1列出了国家体育场项目招标投标主要环节。

国家体育场项目招标投标主要环节 表6-1

步骤	日期	主要参加者	主要活动	备注
投标邀请	2002-10-28	北京发展计划委员会	邀请投标者申请资格预审并递交标书	七家联合体申请资格预审,五家通过资格预审
现场踏勘与标前会议	2003-04-30	北京发展计划委员会、投标人	投标人现场踏勘和研读标书后提出问题,招标人进行答疑	

续上表

步骤	日期	主要参加者	主要活动	备注
投标	2003-06-30 截止	中信联合体、中建联合体、北京建工联合体	对招标文件做出实质性响应并提交投标书	一个投标人因未对招标文件做出实质性响应而被迫退出
开标	2003-06-30	北京奥组委监管人员、投标人代表、招标代理人	开标、唱标并宣布中标候选人	前两家候选人为建工联合体与中信联合体
草签特许权协议和国家体育场协议	2003-07-05前	北京发展计划委员会、北京建工联合体、中信联合体	将中标资格授予中信联合体	建工联合体因为未达成联合体协议而未能中标
签订特许权协议和国家体育场协议	2003-08-09	中信联合体与北京市政府和北京奥组委	签署相关协议并筹备项目公司的设立工作	依据我国法律，中信联合体需与北京国有资产经营管理有限公司共同组建项目公司
设立项目公司	2003-09	北京国有资产经营管理有限公司、中国中信集团公司、美国金州控股集团有限公司、北京城建集团有限责任公司	项目公司的设立	设立前需征用场地

四、项目伙伴

该项目的法定招标管理机构是北京市政府，它授权北京市发展计划委员会负责该项目特许权的招标，而获授权具体准备招标文件和实施招标活动的招标代理机构是国信招标有限责任公司。项目公司主要由公共部门和私营(企业)部门两部分合伙人组成。

(一)公共部门合伙人

北京市国有资产经营管理有限公司被指定为公共部门(即北京市政府)的代表，承担项目总投资额的58%，成为项目公司的合伙人。北京市国有资产经营管理有限公司是一个比较独特的公司，其管理人员和员工对中国和北京有深厚的了解，同时在公共融资和私营融资、资产管理、资本运营方面具有丰富的经验。公司成立于2001年4月，注册资本为15亿元。

(二)私营(企业)部门合伙人

私营(企业)部门合伙人是由三家具有丰富的融资和大型工程建设经验的公司所组成的联营体，分别是中国中信集团公司、北京城建集团有限责任公司和美国金州控股集团有限公司，三者的出资比例分别为65%、30%和5%。

1. 中国中信集团公司

中国中信集团公司(以下简称"中信集团")，前身为中国国际信托投资公司，是经中国改革开放的总设计师邓小平亲自倡导和批准，由前国家副主席荣毅仁于1979年10月4日创办的。中信集团是中国改革开放的重要窗口和试点,现已成为具有较大规模的国际化大型跨国企业集团,其业务主要集中在金融、实业和其他服务业领域,目前拥有44家子公司(银行),包括设在中国香港、美国、加拿大、澳大利亚、新西兰等地的子公司;公司还在东京、纽约、法兰克福设立了代表处。中信集团被选为联营体的代表,负责协调联营体的另外两个合作伙伴,共同准备和提交投标书和其他材料。除了担任联营体的代表和与北京国有资产经营管理有限公司谈判的代表,中信集团同时还是中信联营体的法人代表单位。

2. 北京城建集团有限责任公司

北京城建集团有限责任公司是一家大型综合性企业,其主要业务覆盖工业与民用建筑、市政、地下铁道、高速公路、机场等专业领域,同时也开发房地产和城市基础设施项目。北京城建集团是北京市最大的建筑工程集团,拥有必要的本土资源和专业技术,这些对联营体有很大的帮助。

北京城建是国务院120家大型集团企业试点单位之一,位列全国500家大型企业第70名;作为北京市最大的建筑企业,科技实力强,管理团队朝气蓬勃且富有责任心,装备有全球先进的地上、地下自动化施工设备,并积累了40多年的钢结构专业施工经验,项目涉及机场、运动场馆、桥梁、民用住宅等领域。

3. 美国金州控股集团有限公司

美国金州控股集团有限公司是一家以从事城市基础设施建设、环境保护、可再生能源开发为主要业务的国际性集团公司,在美国、法国、西班牙、加拿大、中国设有公司和办事处,对中国的投资环境非常了解并富有经验。

(三)项目管理顾问

联合体聘请了法国万喜项目公司(VCGP)与法国布依格建筑公司(BYB)作为其项目管理顾问。法国万喜项目公司是法国万喜(Vinci)集团主要从事项目设计和施工的下属机构,是全球最大的建筑工程和相关服务的实体,其业务覆盖了所有的建筑行业(高速公路、机场、停车场、桥梁和体育场等)。法国布依格建筑公司是法国布依格(Bouygues)集团的子公司,布依格集团是法国的特大型集团,业务范围涉及建筑领域、服务领域、通信领域和传媒领域。

法国万喜项目公司和法国布依格建筑公司也是法兰西国家体育场的股东,而法兰西体育场是运动设施领域第一个PPP项目。两家公司在体育和文化设施的设计、融资、建造以及法兰西体育馆的设计、管理和运营方面的专业经验和知识能明显提升联合体的经验和竞争力。

(四)项目的合同结构

国家体育场项目的合同结构见图6-1。

五、项目范围及位置

(一)项目的范围

如项目目标中所提到的,奥运会期间,国家体育场可容纳观众91 000人,其中临时座位11 000个,承担开幕式、闭幕式、田径比赛和足球比赛等主要赛事。奥运会后,国家体育场可容

工程项目投融资决策案例分析

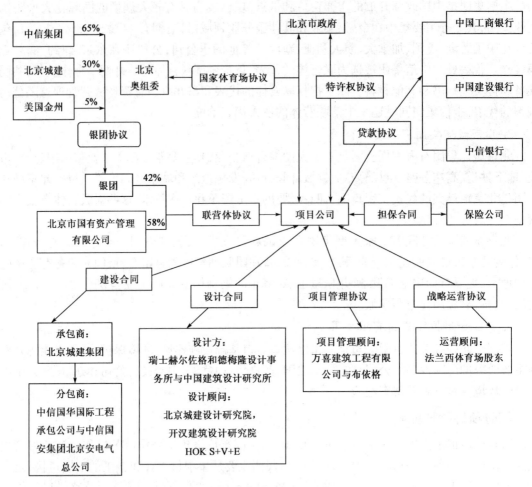

图 6-1 国家体育场项目的合同结构

纳观众 80 000 人,可承担特殊重大比赛(如世界田径锦标赛)、各类常规赛事(如亚运会)、非竞赛项目(如文艺演出)。该项目的规划设计主要控制指标信息见表 6-2。

国家体育场的规划设计控制指标 表 6-2

规划控制指标		条件与要求
地下空间规划		与用地西侧公共停车库统一规划,地下空间规划上部浮土厚度应考虑地面绿化和局部种树的要求
周边建筑环境	东侧	龙形水系、凯迪克大酒店与商业开发用地
	西侧	中轴线广场、国家游泳中心
	南侧	绿化广场、北四环路
	北侧	绿化广场
外部交通条件	地铁	西北方向距地铁奥林匹克公园站 500m
	公共汽车	距西面公共汽车站约 600m,距东南面公共汽车站约 300m
	与周边城市道路关系	西侧临城市支路 35m,北侧临城市干道 56m

续上表

规划控制指标			条件与要求
内部交通要求	车流主入口	地上	东侧
		地下	北侧
	人流主入口		西侧、东侧、北侧
	地下车库入口		除利用北侧地下机动车出入口外,用地依据规范解决地下车库出入口
景观要求	风格倾向		体育建筑风格,建筑形式与广场、水面相呼应
	城市外部空间要求		注意在建筑形式上的统领作用,成为城市的标志性建筑
	衔接		注意各部分的连通性与景观协调性
市政设施配置	热力站		3座共210m²,地下一层
	通信设施		接入点1处350m²,地下一层
	有线电视设施		端接机房1处50m²,地下一层
	变电站设施		变电站1处500m²,地下一层
	卫生设施		垃圾保洁200m²,地下一层
	消防安保		消防停机坪
	燃气设施		调压箱2处,采用地下调压箱,应在室外地面下设置于重要公共建筑物,水平净距为6m

(二)项目地点和占地

国家体育场位于北京奥林匹克公园 B 区,占地大约 20.29hm²,以建筑红线为准。土地利用指标的详细信息见表 6-3。

国家体育场的土地利用指标　　　　　表 6-3

强制指标			控制指标
地块号数			12
用地性质			体育用地
用地面积			20.29hm²
建设规模			80 000 个永久座位
建筑退红线距离	东面	成府路北	20m
		成府路南	60m
	西面		5m
	南面		10m
	北面		10m
	成府路下穿退线	南侧	5m
		北侧	5m
绿地率			30%(包括运动场地)
停车位最低要求			1 000 辆
停车位提供数量	地上		临时安排
	地下		1 000 辆
	总数		1 000 辆

六、政府的支持和鼓励

按照奥运会承办城市协议,国际奥委会授予北京举办奥运会的权力,北京奥组委为这届奥运会的官方机构。为了履行国际奥委会按照奥运章程和举办城市协议中计划、组织和举办奥运会的义务,北京市政府将提供包括位于北京奥林匹克公园 B 区的主体体育场等比赛设施。

因为中国目前还没有 BOT/PPP 法律,中国中央政府和北京市政府颁布了一系列文件或条例为国家体育场提供支持和鼓励措施。例如,财政局、国税局和海关总署于 2003 年 1 月 23 日联合颁布了"第 29 届奥运会税收通知",该项通知提供了很多鼓励措施,包括所有为国家体育场进口的设备免除关税和增值税,许多与体育场相关的行政收费也被免除;除此之外,北京市政府也制订了一些政策,要求有关部门配合该项目,例如,北京市政府于 2006 年 3 月 1 日和 2006 年 9 月 1 日分别颁布《北京市城市基础设施特许经营条例》(取代 2003 年 10 月 1 日起施行的《城市基础设施特许经营办法》)和《北京市城市基础设施特许经营者招标投标程序性规定》。

北京市政府根据特许权协议的条款和规定授予项目公司投资、融资、设计、建设、运营、维护和维修体育场的权利。特许权协议规定项目公司、北京市政府和北京奥组委应当按照体育场协议要求在运动会期间提供体育场给北京奥组委,以举行测试赛、测试、奥运会和残奥会。项目公司、北京市政府和北京奥组委三方签订的特许权协议和体育场协议,明确了各方在北京奥组委使用体育场和由项目公司提供相应服务时的权利和义务。

根据协议,中信联合体(中标人)应当按照国际奥委会和北京奥组委相关规定要求,投资、设计、建造、运营和维护国家体育场,并在特许期满后移交给北京市政府。这些规定包括但不限于下列相关协议和文件中有关条款所列明的:奥林匹克宪章、第二十九届奥运会主办城市合同、奥运标志保护条例、第二十九届奥运会市场发展合同、国家体育场奥运工程设计大纲、联合体协议、国家体育场特许权协议。如果国际各单项体育联盟和国际奥委会的要求之间存在差异,国际奥委会有最终决定权;相关的条款也不会限制北京奥组委增加新的条款或者提高对体育场的要求。

根据上述文件,北京市政府为了以 BOT 方式实施国家体育场项目,提供的鼓励和激励措施如下:

(1)北京市政府为项目公司提供低价项目土地(土地一级开发费为每平方米 1 040 元)。这与相邻地段高达每平方米 10 000 元的土地相比确实非常便宜。

(2)北京市政府提供 18.154 亿元的补贴(不要求回报),占总投资(31.3 亿元)的 58%。

(3)北京市政府提供与施工场地相连的必要的配套基础设施(水、电、路等),以及其他为方便体育场建设和运营的帮助,如为了方便体育场的大型钢结构组件运输,北京市政府向项目公司签发了车辆特殊通行证。

(4)在奥运会和测试赛期间,北京奥组委将会向项目公司支付体育场使用费用,北京市政府也会承担专门用于奥运会开幕式和闭幕式但赛后日常运行中不再使用的特殊装置的所有费用。

(5)在特许经营期内,北京市政府不会批准在北京市北部新建体育场馆或扩建已有体育场馆,以保护国家体育场的市场。

七、特许权协议

北京市政府和项目公司签订的特许权协议规定了合同各方的主要责任和义务如下。

(一) 北京市政府的职责

北京市政府授权项目公司对体育场进行投资、融资、设计、建设,并在特许经营期内,按照特许权协议的条款和条件对体育场进行运营、维护和修理。

北京市政府国土局将项目设施场地的土地使用权以划拨方式提供给项目公司,项目公司不需缴纳土地出让金、基础设施配套建设费,但需承担项目设施场地的土地一级开发费每平方米1 040元。

(二) 项目公司的职责

项目公司将对体育场进行投资、融资、设计、建设,并在特许经营期内,按照特许权协议的条款和条件对体育场进行运营、维护和修理。同时,项目公司将按照体育场协议的规定,将体育场提供给北京奥组委用于举办测试赛和奥运会,但北京奥组委将为此付费,费用的计算方式如下:实际发生费减去日常运行费。日常运行费是指项目不举办任何活动时的运行费用。在特许经营期届满之时,项目公司将按照特许权协议的规定将体育场免费移交给北京市政府或其指定的接收人,特许期为30年,从项目完工日起计算(计划为:2006年12月31日起至2038年12月31日)。

(三) 项目公司的收益

项目公司可以通过下列方式获得来源于本项目的全部收益,包括但不限于:
(1) 电视、广播及其他媒体的转播权收入。
(2) 赞助费。
(3) 广告收入。
(4) 连锁或特许经营收入。
(5) 商业空间如办公室、包厢、停产场、餐馆、酒店、超市等的租金收入。
(6) 门票收入。
(7) 运动会和表演会收入。
(8) 奥运会后体育场的冠名权收入。

项目公司可以获得项目特许经营期间(奥运会期间除外)的所有收入,奥运会期间项目公司仅能从北京奥组委获得租用费。

(四) 限制竞争

前面已提到,北京市政府承诺将在北京市区北部限制新建或扩建体育场馆,而且现有的其他体育场已较陈旧且没有国家体育场大,因此,特许经营期内国家体育场面临的竞争不大。而且,如果确需建设新的体育场馆,则北京市政府将与项目公司协商,并按照特许权协议对项目公司进行补偿。

八、融资来源

(一) 项目公司的股东

北京市政府授权依法设立的北京市发展计划委员会,代表北京市政府与联合体签订特许权协议。联合体由三方组成:中信集团、北京城建、美国金州。联合体中标后,将与代表北京市政府的北京市国有资产管理委员会成立一个项目公司。表6-4为项目各方中标谈判前后投入的股份(资本金)金额和比例。

项目各方中标谈判前后投入的资本金金额和比例　　　　表6-4

股东	谈判前			谈判后		
	联合体股份比例(%)	项目公司股份比例(%)	资本数额	联合体股份比例(%)	项目公司股份比例(%)	资本数额
北京市国资委		65.980	76 210		58	60 513.3
中信集团	65	22.113	25 541	65	27.3	28 483
北京城建	30	10.206	11 788	30	12.6	13 146
美国金州	5	1.701	1 965	5	2.1	2 191
总计	100	100	115 504	100	100	104 333.3

(二) 融资安排

项目的非资本金融资主要是银行贷款。项目公司认为对国家体育场具有浓厚兴趣的国内商业银行都具有很强的人民币和外币贷款能力,因此,项目公司很有信心能从国内商业银行贷款7.858 9亿元。表6-5是投标谈判前后各方出资比例,在投标阶段,中信联合体按谈判前的比例投标,但北京市政府认为政府出资比例过高,因此选择了北京建工联合体,但后来因为北京建工集团联合体因股东之间未能达成联合体协议而退出,北京市政府只能跟中信联合体谈判,最后,双方达成了谈判后的出资比例。

投标谈判前后各方的出资比例　　　　表6-5

资金来源	谈判前		谈判后	
	占总投资比例(%)	金额(百万元)	占总投资比例(%)	金额(百万元)
政府	65.98	2 286.29	58	1 815.40
联合体的资本金	11.34	392.94	12.6	394.38
银行贷款	22.68	785.89	29.4	920.22
合计	100	3 465.12	100	3 130.00

银行贷款主要是16年期限(包括6年宽限期)的优先债务,有关贷款详情如表6-6所示。

投标前,项目公司得到了国内三家商业银行,即中国工商银行、中国建设银行和中信银行的贷款承诺函,但三家银行都怀疑该项目的财务可行性,特别是项目开工后,当银行得知项目可能超支且可闭合顶盖将取消之后,更加不放心。因此,银行和北京市政府要求联合体股东

(中信集团、北京城建和美国金州)代替项目公司作为贷款主体,但出于规避风险的目的,联合体股东不愿意作为借款方。

贷款详细情况　　　　　　表6-6

借款人	项目公司
放贷人	国内商业银行
贷款类别	优先债务
贷款金额	920.22 百万元
贷款期限	16 年(含 6 年宽限期)
贷款币种	人民币
利率	5.184%(以中国人民银行公布的人民币长期贷款利率为基准下浮10%计)
提款期	4 年
宽限期	6 年(含提款期)
贷款偿还方式	从 2010 年开始按季度等额偿还本金,从首次提款开始按季度支付利息
提前还款	允许提前还款

九、三个重要问题的讨论

下面将讨论国家体育场项目所涉及的三个主要问题,即项目中的争议、取消可闭合顶盖的影响和项目中的风险。

(一)项目中的争议

1. 项目公司股东之间的争议

项目公司内部各方存在一些争议。首先,各方都想从建设承包工程中获利,所以项目的整个建设工程按照中信集团、北京城建和美国金州在项目公司中的股份比例分给三方,导致项目公司对项目建设失去良好控制。其次,由于项目结构的独特性和详细设计的不及时,承包商只能和项目公司签订固定单价合同,北京城建作为总承包商,被其他股东抱怨其过于考虑自己的利润,而不考虑整个项目公司的利益,导致建设费用超支,项目建设中的最大争议——北京城建要求技术措施费以补偿因设计变更(取消可闭合顶盖)导致的工期延误。

2. 项目公司和北京市政府之间的争议

第一,国家体育场原始设计中的停车位是 2 000 个,但北京市政府后来打算为整个奥运公园建设一个大停车场,故要求项目公司减少 1 000 个停车位。这就导致了体育场的停车位不足,许多人不得不把车停到北京市政府的停车场再步行至体育场,影响了项目的商业运营。第二,北京市政府同时也要求减少体育场中的商业设施,影响了项目的租金收入。第三,北京市政府后来决定取消可闭合顶盖,影响了体育场的商业运营、减少了项目的收益。第四,北京市政府在修改设计的同时还要求体育场必须在 2006 年 12 月 31 日前完工,如此紧张的进度要求影响了项目的经济性建设;而且,考虑到工期的紧迫性,融资完成的时间定为 2003 年 12 月 15

日(但实际上延误了两个月),北京城建在特许权协议签订后不得不立即进入现场开始施工,没有足够时间做合理经济的施工组织计划。

3. 项目公司和设计联合体之间的争议

在设计上,项目公司遇到一个很大的问题,北京市政府没有获得国家体育场设计的知识产权,但要求项目公司必须使用该设计。这导致了项目公司在与设计联合体谈判时的弱势地位,同时也导致了设计上对体育场赛后商业运营考虑的不足。通常情况下,项目公司是设施的业主,设计方应当满足项目公司的要求。但由于国家体育场是用于2008年奥运会的,北京市政府在确定设计蓝图时处于主导地位,限制了项目公司对体育场商业化和高效率使用的最大化。

(二)取消可闭合顶盖的影响

根据专家建议和社会舆论,北京市政府后来决定取消体育场原有设计中的可闭合顶盖,以节省建造和运营成本,满足"节俭办奥运"的要求。此外,取消可闭合顶盖降低了屋顶质量和钢结构安装和运行的复杂性,可以提高项目在建设和运营时的安全性。但实际上,取消可闭合顶盖有正面和负面双重的影响。

1. 取消可闭合顶盖的正面影响

(1)减少了材料(主要是钢)用量

取消可闭合顶盖降低了钢结构的质量,可至少节省用于支撑结构的钢材2 000t,节省用于可闭合顶盖的钢材约1 700t。此外,重新设计后,还可以节省其他很多钢构件。一句话,取消可闭合顶盖可以节省价值约2亿元的各种材料。再考虑到钢结构安装难度的降低等其他费用的节省,估计取消可闭合顶盖一共可以节省约4亿元。但尽管项目的有关详细信息没有披露,根据实际进展来看这个估算还是有点过于乐观了。

(2)降低了钢结构施工的复杂性

钢结构的复杂性是国家体育场的一个主要特征,这个独一无二的巨大的可闭合顶盖很难施工安装。可闭合顶盖的钢支架由两部分构成(约80m×80m,高8m),覆盖了整个体育场的顶端开口,可随着永久屋顶上的固定轨道滑动以实现体育场屋顶的打开与闭合。固定轨道则由刚性构件固定在永久屋顶的开口端,即永久屋顶钢桁架的边缘,可闭合顶盖的滑动距离约85m。承包商研究了安装可闭合顶盖的很多方法,但都不是很安全且费用较高。取消可闭合顶盖后,承包商可以更轻松地完成钢结构的安装。

(3)降低了安全风险

国家体育场采用的是世界上第四代建筑最流行的设计,但至今尚没有类似体育场建成。可闭合顶盖约有一个足球场那么大,质量为1 700t,其支撑结构质量也为1 700t。由于可闭合顶盖巨大的质量和体积,打开和关闭时还可能出现故障,所以,取消可闭合顶盖也降低了体育场的安全风险。

2. 取消可闭合顶盖的负面影响

(1)导致设计联合体的索赔

由于取消可闭合顶盖极大地改变了原有设计,许多设计需要重做,基本上所有钢结构设计都需要更新,导致设计联合体索赔40 000 000元,几乎是原设计费(120 000 000元)的三分之一。

(2)造成工期延误和费用超支

由于对取消可闭合顶盖存在许多争议,北京市政府邀请了许多专家对此进行讨论和评估,最后决定取消顶盖。与项目公司进行讨论和谈判后,设计联合体开始修改设计。因为修改建筑和结构设计需要时间,承包商有时不得不停工等待新的施工图纸。总体而言,取消顶盖导致建设工期延误半年。

由于国家体育场必须在 2008 年 8 月举办奥运会之前及时完工并留下足够的测试赛和试运行时间,承包商不得不赶工以在 2006 年 12 月 31 日前完成项目的第一部分(主体钢结构),采用了很多技术措施以加快施工进度,导致了不小的费用超支,总承包商北京城建因此就这些额外的技术措施费向项目公司提出索赔。但项目公司认为这是由北京市政府引起的,应由北京市政府承担这些费用。

(3)对运营的影响

取消可闭合顶盖对 2008 年奥运会赛后运营的影响包括三方面。第一,降低了运营费用。开启和关闭可闭合顶盖需要操作费。取消可闭合顶盖后,这部分费用就节省了。但项目公司认为这部分的费用应该不多,因为每年打开和关闭可闭合顶盖的费用不会超过 10 次。此外,取消可闭合顶盖后,可闭合顶盖的维护费用也节省了。第二,减少了举行大型表演和其他活动的收入。在原来的运营计划中,项目公司计划在五个方面拓展市场:体育市场、体育展览市场、体育活动市场、文化表演市场和旅游市场。由于取消可闭合顶盖使国家体育场从全天候体育场变成露天体育场,而天气会影响体育场举办的许多活动,因此,项目公司会失去许多租用场地的合同。目前还无法具体估计这部分的损失。第三,它降低了国家体育场的品牌价值。按原设计,国家体育场是中国唯一具有可闭合顶盖的大型体育场,项目公司因此认为它将是中国最著名的体育场且将吸引许多大公司购买冠名权。取消可闭合顶盖后,国家体育场与其他体育场相比将没有明显特征。项目公司因此担心其品牌价值大大降低。

(三)项目中的风险

清华大学建设管理系和北京奥组委工程部曾对 2008 北京奥运会体育场馆风险进行过研究,并识别出了一些与国家体育场项目相关的主要风险,特别是下列 4 个主要风险。

1. 非理性的建设工期

2003 年 8 月 9 日签订特许权协议时,北京市政府要求项目必须在 2006 年 12 月 31 日前完工,工期只有 3 年多。尽管如此,由于国家体育场的技术标准要求很高、功能很复杂,承包商需要花费更多的时间进行项目计划,再加上取消可闭合顶盖要修改设计,图纸不能及时提供导致半年工期延误,剩下的工期就更加紧迫。

2. 成本超支

国家体育场的三维刚桁架系统非常复杂,中国没有类似项目的施工经验,最难的是许多构件要切割和焊接两次或三次。另外,由于缺乏充气 ETFE 膜结构的施工经验,大尺寸膜结构的安装也有很强的挑战性。再加上类似于"鸟巢"钢结构的特殊性,其制作、安装和维护都存在很多潜在问题。所有这些导致了成本的较大超支,恶化了项目的资产负债表。目前这个风险还没有得到圆满解决。

3. 市场需求有限

国家体育场设计、建造的理念和主题将使之成为中国最优秀的大型体育和演出设施,它集成了世界上最先进的技术,运营非常环保。尽管如此,国家体育场的最大竞争者工人体育场的投资已经收回,将一直具有低运营成本和低收费的优势。因此,国家体育场必须创出自己的形象和品牌以吸引未来客户的兴趣并建立其忠诚度,为了这个目的,国家体育场必须创建独有的文化和人文氛围以吸引国内和国际最好的体育赛事、表演艺术机构,卓越的服务和先进的管理技术将是吸引这些机构和公众的最终利器。尽管如此,国家体育场的市场还是很小。只有政府和私营企业的非营利性大型活动才更有可能在国家体育场举办。根据预测,每年只有 16 个大型活动。为了在国内和世界上建立国家体育场的品牌,必须广泛宣传这些活动。总之,如果市场比预测的小,项目公司将遭遇严重的财政赤字。

4. 运营经验缺乏

国家体育场里的各种表演活动将使之成为世界了解中国的一个新窗口,这些表演活动包括展示中国文化的大型演出、国内外个人和团体音乐或演唱会。为了吸引将来的客户,项目公司将与国内、区域和国际的体育协会建立良好关系,特别要与国家体育总局、文化部等政府部门、广电总局下的各新闻机构和外国新闻机构保持良好关系。大型体育场的经济可行性很大程度上依靠的是公司客户的赞助,因此,项目公司还必须与国内外大型企业建立良好关系,以保证国家体育场的服务和产品满足这些机构的需求。但是,项目公司从未运营过体育场,缺乏运营经验。他们和法国 Stadede France 公司签署了战略合作协议,以寻求高效运营国家体育场的咨询建议并学习其知识。但该协议可能会因高额的咨询费而终止。项目公司现在准备完全依靠自己的力量解决问题,例如,体育场外的公园很难管理,因此,项目公司可能会将其分包给一家广告公司,而广告公司可以通过在某些适当位置做广告以获得收益。

十、小结

国家体育场是第 29 届奥运会开幕式和闭幕式的主会场,田径比赛和足球决赛也将在这里举行,必须按期完工。众所周知,世界上大多数体育场都无法从自身的运营中获得足够收入,为使国家体育场的 BOT 模式可行,北京市政府提供了许多支持和鼓励措施,并提供了总投资 58% 的无回报资金。经北京市政府授权的公共部门和私营(企业)部门联合成立了项目公司,负责融资、建造、运行、维护体育场并在 30 年特许经营期满后把体育场移交给北京市政府。该项目出现的一些争议,尤其是取消可闭合顶盖导致一些问题的出现,重新谈判是公共部门和私营(企业)部门之间解决问题的最好办法。从该项目得到的经验如下:

(1)政府的支持和承诺对此类项目非常重要。

(2)特许权协议等应明确界定项目的范围,项目公司股东协议和设计建造合同也应合理签订,以避免将来的争议。

(3)项目参与方应有提高项目总体效率和降低全寿命期总成本的共同目标。

(4)风险管理非常重要,特别是私营(企业)部门应将自己的利益尽量结合公共部门的利益,签订明确且可行的合同或协议。

(5)有争议时,项目参与方之间特别是与政府之间的重新谈判往往比调解、仲裁或诉讼更有效率。

案例 2　北京地铁 4 号线 B 部分项目融资

北京地铁 4 号线长 28.65km,位于北京西部市区;南起丰台区的马家楼,穿越宣武区和西城区,北至海淀区的龙背村,南北向运行;全程共有 24 个车站(其中 23 个在地下),总投资约为 153 亿元。

一、项目背景

城市轨道交通造价高昂,地下线每千米 5 亿元左右(地面线每千米 2 亿元左右)。但是,地下轨道交通(以下简称"地铁")运量大,速度快,不占地面,可以有效地缓解城市交通拥挤,解决乘车难的问题,是各国大城市解决城市交通问题的主要途径,具有巨大的社会经济效益。

城市轨道交通的竞争对象是公共汽车。由于无须建路,公共汽车的成本要低得多。在此竞争之下,轨道交通的票价不可能定得太高。在如此高的投资和运营成本下,地铁很难赚钱,现有地铁线的运营都是靠政府补贴。基于这样的认识,2003 年 10 月,《北京市城市基础设施特许经营办法》正式颁布实施;2003 年 12 月,北京市政府转发了市发展改革委《关于本市深化城市基础设施投融资体制改革的实施意见》,明确提出了轨道交通项目可以按照政府与社会投资 7∶3 的比例,吸引社会投资参与建设。地铁特许经营项目的实施基本实现了有法可依、有章可循。北京地铁 4 号线就是在这种背景下开发的。

鉴于北京地铁 4 号线的社会效益,北京市政府计划通过北京市基础设施投资有限公司提供 70% 的资金(约 107 亿元人民币),其余 30% 的资金通过项目融资由私人开发商提供。这种资金安排,难以直接应用 BOT 模式,而创新开发策略要满足两个要求:一方面要有效地利用政府资金,另一方面要充分发挥私营企业的管理效率,避免政府对私营企业的不当干扰。为此,北京地铁 4 号线分拆为 A、B 两个部分:A 部分包括洞体、车站等土建工程的投资和建设(约 70% 的工程造价),由政府或代表政府投资的公司来完成;B 部分包括车辆、信号等设备资产的投资(约 30% 的工程造价),吸引社会投资组建的 PPP 项目公司来完成。

两部分形成一个整体后,由项目公司负责运营和维护一定的年限,通过票价收入及非票价收入(如广告、零售、通信、地产等)回收投资和赚取利润。项目开发过程中的重大事项概括如下。

(1)2003 年 11 月,北京市基础设施投资有限公司作为北京市基础设施投融资平台正式成立;成立之后便着手制订了 4 号线市场化运作的初步方案,并开始与香港地铁等多家战略投资者进行接触,项目前期工作全面展开。

(2)2004 年 4 月、6 月,市发展改革委分别组织召开了奥运经济市场推介会,北京地铁 4、5、9、10 号线国际融资研讨会等一系列大型招商推介会,面向国内外投资者对以 4 号线为重点的北京地铁项目进行了广泛深入的招商活动。

(3)2004 年 9 月,形成《北京地铁 4 号线特许经营实施方案》,市发改委组织对方案进行了评审并上报市政府。同年 11 月,北京市政府批准了特许经营实施方案,4 号线特许经营项目取得实质性进展。

(4)2004 年 11 月底,北京市交通委牵头成立了 4 号线特许经营项目政府谈判工作组,与

"港铁—首创"联合体、"西门子—中铁工"联合体等社会投资者就《特许经营协议》的竞争性谈判正式开始。

(5)2005年2月初,政府谈判工作组与优先谈判对象"港铁—首创"联合体就《特许经营协议》达成了一致意见。

(6)2005年2月7日,北京市交通委代表市政府与"港铁—首创"联合体草签了《北京地铁4号线特许经营协议》,特许经营期为30年。在特许经营期内,合资公司依法承租并获得在经营期内对地铁4号线A部分的经营、管理和维护权,票价仍将由北京市政府统一制订,如果票价亏损较高,政府会适当给予补贴。期满后,合资公司将全部设施无偿移交北京市人民政府。

二、投资结构

香港地铁公司、北京首都创业集团和北京市基础设施投资有限公司三方合资成立北京京港地铁有限公司。香港地铁公司和北京首都创业集团有限公司各占49%的股份,北京市基础设施投资有限公司占2%的股份。在持股的3家企业中,香港地铁公司在香港地铁建设与运营方面积累了30多年的经验,能将香港地铁的运营经验和服务理念运用到4号线;北京首都创业集团则是直属北京市的企业,投资房地产、金融服务和基础设施;北京市基础设施投资有限公司是由北京市人民政府国有资产监督管理委员会出资,并依照《中华人民共和国公司法》在原北京地铁集团公司基础上改组成立的国有独资有限责任公司,作为市一级基础设施投融资平台,对轨道交通等基础设施项目进行市场化运作,属北京市政府所拥有,主要经营轨道交通基础设施的投资、融资和资本管理业务。这种组合,为地铁4号线的高质量建设和运营打下了基础。图6-2是北京地铁4号线B部分的投资结构。

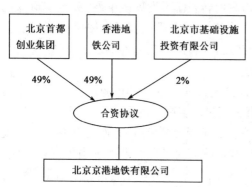

图6-2 北京地铁4号线B部分的投资结构

三、资金结构

该项目总投资为153亿元,其中七成(约107亿元)由北京市政府出资;另外三成(约46亿元)由北京京港地铁有限公司(项目公司)负责筹资,该公司注册资本约15亿元人民币(股本资金),大约2/3的资金将采用无追索权的银行贷款。在项目公司中,香港地铁公司和北京首都创业集团各投资约7.35亿元(各占49%),北京市基础设施投资有限公司投资约3 000万元(占2%)。

四、融资结构

北京地铁4号线的A部分采用代建的方式,北京市基础设施投资有限公司作为项目法人,负责筹资建设,组建北京地铁4号线投资有限责任公司(以下简称"项目建设公司")进行实施。B部分由北京京港地铁有限公司(以下简称"项目运营公司")承建。根据与北京市政府签订的"特许经营协议",项目运营公司只负责地铁4号线B部分的融资、设计和建设,而A

部分项目设施则通过"资产租赁协议"从项目建设公司获得使用权,在30年的特许经营期内(不包括5年的建设期),项目运营公司要负责4号线项目设施(包括A部分项目设施和B部分项目设施)的运营和维护(包括在4号线项目设施中从事非客运业务),并按照适用法律和"特许经营协议"规定获取票款和其他收益。待特许期结束后,项目运营公司按照"特许经营协议"和"资产租赁协议"的规定将A部分项目设施(北京地铁4号线投资有限责任公司拥有A部分项目设施的所有权)交还给北京地铁4号线投资有限责任公司,或移交给市政府或其指定机构,同时将B部分项目设施无偿地移交给市政府或其指定机构。北京地铁4号线的融资结构如图6-3所示。

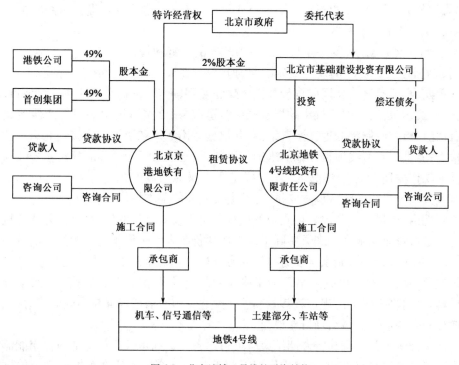

图6-3 北京地铁4号线的融资结构

在4号线项目中,市政府按照"特许经营协议"规定,在建设期内将监督项目建设公司确保土建部分按时按质完工,并监督项目运营公司进行机电设备部分的建设。4号线运营票价实行政府定价管理,采用计程票制。在特许期内,市政府根据相关法律法规,本着同网同价的原则,制定并颁布4号线运营票价政策,根据社会经济发展状况适时调整票价。运营期内按有关运营和安全标准对项目运营公司进行规制。在发生涉及公共安全等紧急事件时,市政府拥有介入权,以保护公共利益。如果项目运营公司违反"特许经营协议"规定的义务,市政府有权采取包括收回特许权在内的制裁措施。市政府也要履行"特许经营协议"规定的义务并承担相应的责任。

在4号线项目中,项目运营公司按照"特许经营协议"规定,对在特许期内设计和建设B部分项目设施及运营和维护4号线设施所需资金(包括注册资本金和贷款)的获得负全部责任。在建设期内,项目运营公司应确保其资本金比例符合适用法律和政府批准文件的要求,主要义务还包括:

（1）根据适用法律的规定，申请 B 部分建设工程建设所需要的许可。

（2）负责 B 部分建设工程的设计工作。

（3）按"特许经营协议"规定的关键工期、进度计划和建设标准完成 B 部分项目设施的建设，并承担其相关的一切费用、责任和风险。

（4）及时向项目建设公司提供 B 部分的初步设计文件及其变更文件（如有），并向项目建设公司提供与 4 号线建设相关的各项工作的信息、资料和文件（包括设计文件、招标文件、进度信息、性能指标等，前述信息、资料和文件的电子版（如有）亦应同时提供）。

（5）按"特许经营协议"的规定进行接口工程的中间验收。

（6）按"特许经营协议"的规定组织进行 4 号线试运行，与项目建设公司共同按照适用法律组织完成 4 号线的竣工验收。

（7）按"特许经营协议"的规定接受北京市政府的监督和检查。

（8）按"特许经营协议"的规定在建设期为 B 部分建设工程的建设购买保险。

在运营期内，项目运营公司应自行承担风险和费用，运营、维护和更新 4 号线项目设施，提供客运服务，具体包括：①按协议中的规定提供客运服务；②按协议中的规定确保地铁安全运营；③执行北京市政府制定的地铁运营票价，并根据适用法律和协议规定接受北京市政府的价格监督检查；④进行 4 号线项目设施的维护和更新，但是项目运营公司有权将 4 号线项目设施维护的辅助工作委托第三方；⑤按照协议的规定服从北京市政府或其指定机构的监管，服从北京市政府或其指定机构的统一调度安排，并根据市政府的要求提供资料。

在运营期内，项目运营公司将按照协议执行北京市政府制定的运营票价，并依此按年计算实际平均人次票价收入水平。如果实际平均人次票价收入水平低于协议中规定的调整后的测算平均人次票价收入水平，北京市政府将按照协议规定就其差额给予项目运营公司补偿。

如果实际平均人次票价收入水平高于协议中规定的调整后的测算平均人次票价收入水平，项目运营公司将按照协议规定就其差额返还给北京市政府或经北京市政府同意，以项目运营公司增加租金的形式支付给项目建设公司。

为保证 4 号线正常运营和特许期结束时项目运营公司向市政府指定部门移交能够正常运营的 4 号线项目设施，项目运营公司应根据更新手册对更新资金的来源进行合理安排。在特许期届满前 36 个月，北京市政府或其指定机构和项目运营公司将共同成立一个移交委员会，该委员会由北京市政府或其指定机构任命的 3 名代表和项目运营公司任命的 3 名代表组成，负责过渡期内有关特许期届满后项目移交的相关事宜。

（1）移交委员会

"特许经营协议"约定，移交委员会应在双方同意的前提下举行会谈，商定 4 号线项目设施移交的详细程序、培训计划的实施和移交的设备、设施、物品、零配件和备件等的详细清单，以及向第三方公告移交的方式。项目运营公司应在会谈中提交负责移交的代表名单，北京市政府或其指定机构应告知项目运营公司其负责接收移交的代表名单。移交委员会应在移交前的 6 个月内确定上述安排。

（2）移交范围

项目运营公司应在移交日向北京市政府或其指定机构无偿移交"特许经营协议"附件中载明的 4 号线项目设施。项目运营公司应确保这些资产和权利在向北京市政府或其指定机构移交时未设有任何抵押、质押等担保权益或产权约束,亦不得存在任何种类和性质的索赔权。4号线项目相关土地及场地在移交日不应存在因项目运营公司建设B部分项目设施、运营和维护4号线项目设施或其他原因导致的环境污染的问题。

(3)保险的转让和承包商的责任

在移交时,项目运营公司应将所有承包商、制造商和供应商提供的尚未期满的担保及保证,以及所有的保险单、暂保单和保险单批单等与4号线项目设施有关的其他担保、保证及保险凭证,全部无偿转让给北京市政府或其指定机构,双方另有约定的除外。

(4)技术转让

项目运营公司应在移交日将其拥有的,以及运营和维护4号线项目设施所需的,有关4号线项目设施运营和维护的所有技术和技术诀窍,无偿移交及转让给北京市政府或其指定机构,并确保北京市政府或其指定机构不会因使用这些技术和技术诀窍而遭受侵权索赔;如果是以许可或分许可方式从第三方取得的技术和技术诀窍,在移交日后将所有技术和技术诀窍继续许可给北京市政府或其指定机构使用,但因此产生的使用所有技术和技术诀窍的相关许可费用,由北京市政府或其指定机构承担。

(5)合同的转让

如果北京市政府或其指定机构要求,项目运营公司应转让其签订的、移交时仍有效的运营维护合同,设备合同,供货合同和所有其他合同。北京市政府或其指定机构对于转让合同所发生的任何费用不负责任,同时项目运营公司应保护北京市政府或其指定机构,使之不会因此受到损害。

(6)风险管理

项目运营公司应承担移交日前4号线项目设施的全部或部分损失或损坏的风险,除非损失或损坏是由北京市政府或其指定机构或项目建设公司的违约造成的(就A部分项目设施而言,除非损失或损坏是由北京市政府或其指定机构或项目建设公司违约或不可抗力造成的)。移交日后,4号线项目设施的全部或部分损失或损坏的风险转由北京市政府或其指定机构承担。

(7)移交费用和批准

对于依据"特许经营协议"所进行的向北京市政府或其指定机构的移交和转让,北京市政府或其指定机构无须向项目运营公司支付任何补偿或代价。项目运营公司及北京市政府应各自负责因上述移交和转让发生的成本和费用。北京市政府应自费获得所有的批准并使之生效,并采取其他可能为移交和转让所必需的行动,并且应支付与移交和转让有关的所有税费。

五、经验教训

北京地铁4号线项目的建设安排充分体现了PPP策略的精髓——政府与私营部门合伙合作,缩小了项目建设公司和项目运营公司的融资规模。从政府角度来说,只需要出资70%,大大减轻了融资压力;对于私营开发商来说,增加了投资机会。

北京地铁4号线项目的开发模式可以推广成"建设—租赁—移交"(Build—Lease—Transfer,BLT)与"租赁—开发—运营—移交"(Lease—Develop—Operate—Transfer,LDOT)的组合模式,如图6-4所示。

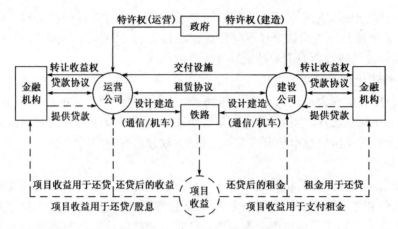

图 6-4　BLT + LDOT 组合融资模式

这种组合模式具有许多优点。①项目建设公司和项目运营公司可以采用不同的特许经营期,增加了项目开发的灵活性。例如,授予项目建设公司较长的特许期,使之能够收回投资并获得合理利润,因为土建部分具有较长的(经济、技术)寿命,加长特许期是可行的;相比之下,单一特许经营权模式难以做到。②土建工程可以由政府建造或提供资助让私营企业建设:如果土建工程由政府建造,则可以通过调整租金水平使项目运营公司获得合理的回报;如果政府提供资助,则可以通过控制资助的大小使项目建设公司获得合理的回报,从而增加项目对私人资本的吸引力。③这种模式也可用于经济效益较好的项目,此时,租金的确定应保证项目建设公司回收投资和获得合理的利润。由于土建工程与机车车辆等设备分开后,项目运营公司可以利用设备租赁融资,利用出口信贷;项目建设公司可以利用与项目运营公司签订的租赁协议进行租赁融资,拓宽融资渠道,提高融资的可行性。

土建工程与机车车辆等设备分开发包,为土建工程的分段建设创造了条件。分段由不同项目建设公司建设,但都出租给同一家项目运营公司,保证运营的整体性,有利于进一步采用多个特许权合同的组合开发策略,从而把"建设—租赁—移交"与"租赁—开发—运营—移交"的组合模式进一步扩充为多个"建设—租赁—移交"合同与一个"租赁—开发—运营—移交"合同的组合模式,如图 6-5 所示。

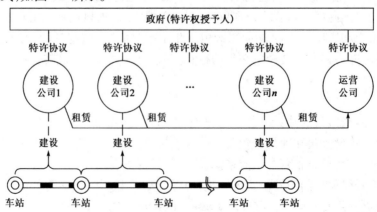

图 6-5　"建设—租赁—移交"与"租赁—开发—运营—移交"的组合模式

组合策略比单一的 BOT 模式具有更大的适应性，具有更广泛的应用前景，不但能用于盈利较好的项目，还可用于盈利不佳的项目。盈利不佳的项目因为难以回收投资，需要政府的资金支持。可以把项目分解成盈利部分和不盈利部分，盈利部分由私人开发商建造，而不盈利部分由政府建造或由政府支持建造，最终整个项目由私人开发商运营。

此外，对于规模巨大的项目，组合策略也具有优越性。规模巨大的项目因为需要大量资金，私人开发商在融资上有困难，有承担能力的私营企业或联合体寥寥无几，难以获得竞争性投标。分解成相对独立的子项目，有利于降低融资难度和提高竞争性。例如，一个公路项目包含建造一座特大桥梁，如果政府决定利用社会资本，其开发策略有两种：一是采用典型的 BOT 策略，把整个公路项目的特许经营权授予私人开发商，而项目开发商也有两种策略——吸收桥梁专业公司以项目发起人的身份进入项目公司或者把桥梁（或隧道）的设计施工外包给桥梁专业公司；二是采用组合策略，把该桥梁与公路的其他部分分离，分别授予桥梁专业公司和公路项目公司特许经营权，桥梁专业公司筹资、设计、建造桥梁，完工后租赁给公路项目公司，特许期满后，移交给政府，即建造—租赁—移交的模式。采用何种形式更为合适，取决于多种因素。当全国采用统一收费标准时，含有特大桥梁的公路平均每千米的造价高于一般公路，如果不想延长特许期，可考虑采用组合策略，把桥梁独立出来。对于铁路项目而言，铁路项目可以把车站与铁路分离，车站由另一项目公司开发，然后租赁给铁路项目公司；铁路本身还可以进行分段建设，统一运营。由于铁路沿线设有车站，车站本身就是一个很好的分界点，车站之间又有不少桥梁和隧道，它们也可作为分段的分界点。鉴于多数基础设施项目可以分解为先后衔接或相对独立平行的子项目，组合策略是现实可行的；只要合理运用，组合策略可获得更好的效果。

组合开发策略与传统 BOT 模式的差别是先发包再分解，还是先分解再发包。前者是先分解，再授予不同的项目公司特许权；而后者先授予项目公司特许权，由项目公司把项目分解为若干个子项目，采用平行发包或系列发包模式实施项目。例如，在 BOT 模式下，台湾高速铁路公司获得特许权建设台湾高速铁路，考虑到高速铁路不同组成部分的特性，采用不同的采购方法：土建工程采用设计—施工合同，车站采用设计—招标—施工合同，机车车组及交通控制系统采用设计—采购—施工一体的"交钥匙"合同。铁路建设（土建部分）实行分标制的工程管理，全线（345km）共分为 12 个合同段，每段实行一标联合承揽的办法。这时与传统的平行发包和系列发包模式没有多少区别，只是发包人是项目公司而不是当局（特许经营权的授予人），对于当局而言，其项目开发策略仍然是 BOT 模式。

案例 3　深圳地铁 3 号线融资模式

一、案例区位条件分析

（一）深圳的人口状况

深圳市是一个新兴的移民城市，人口结构相对复杂，且人口数量一直呈快速增长的趋势。根据深圳市 2002 年统计公报，2002 年末全市常住人口 504.3 万人，其中户籍人口 139.5 万人，暂住人口364.8万人,实际人口已超过700万。当时预计到2005年全市人口将达到810万人,2035年,全市人口将达到1 100万人。实际情况是,2007年深圳人口已超1 400万,2010年年初,美国福布斯杂志公布全球人口最稠密城市排行榜,深圳以17 150人/m²的人口密度,仅次于孟买、加尔各答、卡拉奇、拉各斯,列于第五位,并成为名副其实的全国"最拥挤"城市。

(二)深圳的交通状况

近年来,随着深圳经济的迅速发展,出现了以下交通问题:

(1)交通需求增长迅速,个体交通增长压力巨大。

深圳是一个经济高速发展的城市,深圳市民的购买力很强。深圳市市民购买小汽车的人数很多,仅在2007年深圳市新增汽车销售量近20万辆,总计汽车拥有量达到100万辆,加上外地车辆,每天在深圳道路上驾驶的汽车就超过120万辆。深圳地形呈南北短、东西长的带状地形,土地面积约2 000m²。深圳现有道路总计大于2 100km,每辆车以4m计算,100万辆汽车总长度可达到4 000m,如果深圳所有车辆同时上路,首尾相接几乎可以绕所有道路两圈。

小汽车的迅速增加使得路网交通需求剧增,远远超过道路建设速度,同时也制约了小运量的公交运营发展,在深圳东西向主干道深南大道市区地段,尽管公交运营已出现"公交列车化"运营的模式,仍无法满足客运需求。若不尽快扭转这种趋势,将导致城市交通系统的全面恶化。交通压力大是深圳由来已久的问题。

(2)道路交通出现恶化迹象。

面对经济高速发展的趋势,交通需求增长速度远高于道路交通设施容量增长速度,道路交通状况有明显恶化迹象,以地铁3号线所经路段深惠公路目前的交通状况为例,目前深惠公路交通量已趋饱和,单向机动车流量已达30 000pcu/日,其中布吉联检站口交通量已经饱和,布吉南段饱和度大于0.85,横岗段饱和度接近0.7。特区内罗湖中心区红岭中路路段附近更是处于饱和状态。

(3)近年来公交发展缓慢、运输效率下降。

一直以来,由于公交运营常年存在运量小、送达速度慢、服务水平低等缺点,近几年来尽管常规公交继续发展,但与小汽车相比,巴士出行的吸引力日趋下降,尤其是深圳市特殊的地理分布特点,城市呈东西向带状分布,使得乘客平均出行距离较长,这就使得乘客对出行服务水平的要求越来越高。

由此可见,深圳市城市交通结构体系已面临严峻的挑战,深圳市政府意识到建立以轨道交通为骨干的现代化城市综合交通体系将是解决城市发展即将面临的交通问题的基本途径。并在深圳市轨道交通1、4号线建设的基础上,确定了1、4号线延伸段以及2、3、11号线等作为深圳市近期优先发展线路。

(三)3号线所处位置

深圳市地处广东省南部沿海,东邻大鹏湾,西连珠江口,南与香港新界接壤,背靠东莞、惠州两市。地铁3号线初期工程起自罗湖中心区的红岭中路站与红荔路交叉口,往东穿越洪围、桂园片区,在老街站与1号线换乘,而后沿东门中路向深圳市东北方向延伸,由布吉联检站出关后,沿深惠公路,经过龙岗区的布吉镇、横岗镇、龙岗中心城、龙岗镇,终止于双龙立交桥西侧的龙兴街站。近期以后,线路将向西延伸至福田中心城的购物公园站。因此,3号线是连接深圳市福田中心区、罗湖中心区与特区外次中心城——龙岗中心城的东西向交通走廊。深圳市轨道交通二期3号线工程起自罗湖区红岭站,止于龙岗区双龙站,正线全长32.859km(双线),其中地下线长8.533km,高架线长21.727km,地面线(含过渡段)长2.599km。全线共设车站22座,主变电站2座和车辆段与综合基地1座。

(四)3号线修建意义

轨道交通项目的建设,对城市发展的社会效益及影响是体现在多方面的,有直接的,也有间接的,有宏观的,也有微观的。大到对整个城市的总体布局、宏观经济的调控,小到对每一个市民的生产、生活的影响。

3号线地处深圳东部轴线,贯穿龙岗区布吉、横岗、龙岗三镇,连接坪地、坪山、坑梓、惠州,是珠江三角洲连接粤东的门户。它是一条路网中预测客流量最大的城市居住新区、重点旧城改造区、最主要的商业中心和城市核心区、文化教育中心、国家级的高科技新区以及重要的对外交通枢纽,形成贯穿城市由北到南的重要交通走廊。3号线工程将与已建成的轨道交通一期工程1号线、2号线构成深圳基本骨干网络,完成关内与关外的换乘接驳,充分发挥轨道交通在城市公共交通中的重要作用。

深圳人口密集、交通问题突出,地铁3号线的建设,符合深圳市的实际发展情况,适应了城市发展和规划要求,同时还可以缓解城市东部的交通状况,改善客运结构、节省公交成本、减少交通事故、节省乘客的在途时间、提高公交服务水平,从而提高乘客的工作效率。另一方面,对强化城市东部功能、保护城市风貌、改善城市环境并拉动城市经济增长,促进城市发展,进一步发挥深圳东部龙岗中心城的作用方面,均会带来更多的社会效益。地铁3号线的建设将促进深圳东部地区在盐田港带动下发展成为珠江三角洲地区重要的工业基地。它将使龙岗中心组团和东部工业组团成为全市21世纪最具潜力的经济增长点。

下面具体从八个方面来阐述修建地铁3号线的意义

(1)地铁3号线的建设,有利于深圳市东部发展轴的土地开发以及城市规划的调整。根据《深圳市总体规划报告》的规划,以龙岗为中心的东部组团各区、镇,在规划期要提高城区建设水平,完善配套设施,力争以优质环境吸引一批高新技术项目,提高东部发展轴的产业档次,促进东部发展轴的整体发展,发挥其行政、文化、科教、商业服务和居住等综合功能。地铁3号线正是连接深圳市市级中心(由罗湖和福田组成的核心区域)与东部次中心——龙岗次中心的骨架轨道线路。其作用是服务于城市东部次级客运走廊,增强市级中心与龙岗次中心的联系,功能亦是为增强市级中心的辐射力、解决城市东部发展轴的交通压力,满足其高度集中的客运需求。地铁3号线的建设将是实现东部组团规划目标的重要举措。

(2)地铁3号线的建设,有利于沿深惠公路两侧的旧城改造,推动龙岗区布吉、横岗和龙岗中心城三个卫星新城建设及加快东部发展轴的城市化进程,使深圳市向国际大都会城市迈进。根据规划,深圳市已将深惠公路按120m道路红线控制,其改造工程即将动工,地铁3号线自市区中心沿地下行至布吉联检站附近将浮出地面,高架于新建的深惠大道中央分隔带上行至终点站。

(3)地铁3号线的建设,有利于促进公交事业的有序发展,形成一个合理的公交运输体系。根据深圳市总体规划的意图,地铁 3 号线建成后,将在罗湖中心区的老街站形成与地铁 1 号线的一个换乘节点,在塘坑站形成与规划城铁 11 号线的一个换乘节点,在龙兴街站形成与规划快速轻轨 12 号线的一个换乘节点,在近期还将在福田中心区形成与地铁 2 号线延伸段的一个换乘节点。届时,深圳市公共交通运输将形成以轨道交通为主骨架的交通运输体系。公共汽车交通将对轨道交通起辅助喂给的作用,深入到小区以及轨道交通不能到达的区域,主、辅分离,分工明确,公交事业将走上合理、有序的发展轨道。

(4)地铁 3 号线的建设,有利于遏制小汽车的无序增长事态,改善城市环境污染的状况,改善居民居住环境,提高生活质量。这个问题要从两个方面来看,一是地铁的出现,改善了公交服务质量,将改变部分居民的出行习惯,放弃高成本的私家车出行,这对小汽车发展是一种遏制;二是随着小汽车数量的减少,尾气排放量、噪声也将随之减少,对空气污染、噪声污染的程度也将降低。因此,地铁项目的建设将使城市居住环境得到大大改善。

(5)地铁 3 号线的建设,有利于减少乘客出行的在途旅行时间,改善出行舒适度,减少疲劳,为社会创造更多的社会效益。轨道交通的最突出优势就在于它的"安全、准时、舒适、快捷",这是其他城市交通所无法比拟的,从国内外其他城市的轨道交通运营情况来看,轨道交通一旦建成通车,将很快成为广大市民工作、生活出行的主要交通工具,它所提供的快捷、舒适的乘车环境将大大减少乘客的旅途疲劳,减少由于交通堵塞所造成的延时、误点等情况的发生,为社会创造更多的财富和效益。

(6)地铁 3 号线的建设,有利于国铁广深线的客运发展。自广深铁路开通以来,承担深圳市区与广州市区之间的大量出行客流,由于换乘不便,使深圳市东部次中心新城去往广州的乘客的出行方式仍维持原来的公路出行,铁路运输在广深两地的运输市场竞争中失去了一定份额。由于地铁 3 号线在布吉客运站与广深铁路有交会点,在车站换乘功能的设计上又充分体现了"以人为本"的设计思想,大大方便了乘客出行,将有利于吸引广深高速公路部分客流通过地铁运输换乘铁路运输,促进国铁广深线的客运发展。

(7)地铁 3 号线的建设,有利于增加就业机会,改善产业结构。地铁 3 号线开通以后,地铁运营公司将向社会提供近 2 000 个工作岗位,全部定员除少数部分技术和管理人员外,绝大多数岗位将面向社会招聘,同时根据国家有关政策规定,拆迁人口中下岗职工、待业青年可优先经过考试进入地铁工作。除此之外,地铁 3 号线的建设将带动其他商机及就业岗位,这些都将对增加深圳市社会就业机会、增强社会稳定性作出巨大贡献。

(8)地铁 3 号线的建设,有利于公益和卫生事业的发展。3 号线起自福田、罗湖中心区,沿途有深圳市最大的商业步行街——老街、东门中路,深圳市儿童医院、人民医院以及广深铁路布吉火车站、龙城广场等大型卫生及公益场所,地铁 3 号线的建设将给深圳市区内外就医、换乘铁路以及购物或参加公益活动的出行客流带来极大的方便。

综合以上分析,地铁 3 号线工程是涉及深圳市千家万户生产生活的系统工程,它的建设将大大改善深圳市中心区与东部各组团次中心城区的交通堵塞现象,大大减少交通事故的发生,改善深圳东部组团的投资环境,促进深圳经济和社会发展,具有广泛而深远的社会意义。

二、深圳地铁 3 号线融资条件分析

（一）深圳轨道交通融资经济环境分析

1. 国家宏观经济环境

经过"十五"发展,我国经济增长已经稳定地进入新一轮增长期。目前,我国经济发展的物质基础已经奠定,投资与消费的互动作用逐步显现,企业自主增长的机制开始形成。改革开放也进入新阶段,新的体制逐步完善,市场竞争力及经济等各方面发展活力进一步增强。据国务院发展研究中心对 2020 年中国经济增长前景预测,"十一五"期间经济将持续保持快速增长,年均经济增长速度将保持在 8% 左右,若按照 2004 年的物价计算,"十一五"末人均 GDP 将达到约 1 900 美元左右,GDP 总量将达到 2.6 万亿美元左右;2010～2020 年可继续十年翻一番（以 2004 年价格计算）,年均经济增长速度将保持在 7% 左右;到 2020 年,人均 GDP 将达到 3 500 美元左右,GDP 总量将超过 5 万亿美元。

2. 深圳的经济环境

深圳是一个高速发展的城市,以 2005 年为例,深圳市统计局公布,深圳 2005 年全市生产总值为 4 926.90 亿元,比上年增长 15%。根据《深圳市"九五"计划和 2010 年国民经济和发展计划》,2010 年深圳市 GDP 将达到 5 000 亿元,体现了深圳市较强的经济实力和良好的经济发展势头。国家统计局 2009 年 9 月公布的 2008 年中国城市综合实力排名,深圳排名第三。

根据国发办[2003]81 号文件《国务院办公厅关于加强城市快速轨道交通建设管理的通知》的要求:"现阶段,申报发展地铁的城市应达到以下基本条件:城市人口在 300 万人以上,地方财政预算收入在 100 亿元以上,国内生产总值达到 1 000 亿元以上,规划线路的客流单向高峰达到每小时 3 万人以上;申报建设轻轨的城市应达到以下基本条件:城市人口在 150 万人以上,地方财政预算收入在 60 亿元以上,国内生产总值达到 600 亿元以上,规划线路客流单向高峰达到小时 1 万人以上。"显然深圳是符合这些条件的。

（二）深圳轨道交通融资的政策环境

1. 国家的相关政策

党的十六大以来,我们党明确了非公有制经济的性质:个体、私营等各种形式的非公有制经济是社会主义市场经济的重要组成部分。明确提出了坚持两个基本方针不动摇:第一,必须毫不动摇地巩固和发展公有制经济。第二,必须毫不动摇地鼓励、支持和引导非公有制经济发展。并明确要求要正确处理坚持公有制为主体和促进非公有制经济发展的关系,明确宣布国有经济、集体经济、个体私营经济、外资经济等各种所有制经济可以在市场中,相互竞争、相互促进、共同发展。

经过 20 多年的改革,我国关于投融资体制改革、非公有制经济发展的基本理论、政策制度已经基本形成,并将进一步发展完善。近年来,国务院及地方政府正在积极推动投融资体制、基础设施及市政公用事业市场化改革,在"消除体制性障碍""加快推进和完善垄断行业改革""放宽市场准入"等方面出台了一系列政策和措施。尤其是,国务院发布的《关于鼓励支持和引导个体私营等非公有制经济发展的若干意见》是中华人民共和国成立以来第一次以中央政

府的名义发布的支持鼓励和引导非公有制经济发展的政策性文件。文件指出,允许非公有资本进入电力、铁路、民航等行业垄断行业和领域,允许非公有资本进入公用事业和基础设施领域;支持非公有资本参与供水、供气、公共交通等市政公用事业和基础设施的投资、建设与运营。这一意见的出台必将极大地促进非公经济进入城市基础设施领域。另外2005年4月30日国务院发布了《关于推进2005年经济体制改革的意见》,2005年2月24日国务院发布了《关于鼓励支持和引导个体私营等非公有制经济发展的若干意见》;2002年12月27日建设部发布了《关于加快市政公用行业市场化进程的意见》;2003年和1999年的宪法修正案,明确规定了非公有制经济在社会制度中的地位、权利和作用等;以上这些政策措施均将有力地推进城市基础设施,如交通设施的投融资体制与模式的市场化改革进程。

2. 深圳的相关政策制度

深圳也对轨道交通等基础设施建设的融资提供了政策支持。

2001年深圳市人民政府制订了《深圳市深化投融资体制改革指导意见》,该意见明确提出:

(1)投融资体制改革的目标和原则。

投融资体制改革的目标:适应经济体制与经济增长方式两个根本性转变和扩大开放的要求,实现投资主体多元化、融资渠道商业化、投资决策程序化、项目管理专业化、政府调控透明化以及中介服务社会化,建立以市场为导向的新型投融资体制,推动深圳国民经济持续、快速、健康发展。

投融资体制改革的原则:打破垄断,放宽市场准入;坚持谁投资、谁所有、谁受益、谁承担风险;充分发挥市场对投融资活动的调节作用,实行政府宏观指导协调、企业自主投资、银行独立审贷;积极培育多元投资主体,鼓励公平竞争,政府依法保障各类投资者权益和公众利益。

(2)合理界定各类投资主体的投资领域。

除涉及国家和地区安全的项目外,其他领域一律向社会资本开放。要打破地区、行业、所有制和内外资界限,全方位开放经营性基础设施和经营性社会事业领域,使更多社会资本成为这两大领域新的投资主体。除高速公路、港口、机场、电力等已经向社会资本开放的领域外,轨道交通、自来水供应、污水处理、垃圾处理等基础设施项目和教、科、文、卫、体等社会事业领域也要实行投资开放政策,实现投资主体多元化和融资渠道商业化。

(3)加快培育新型投资和运营主体。

打破垄断,鼓励竞争。给予民间资本、外资等社会资本平等的地位,在投资机会和条件、要素供给等方面消除人为壁垒,鼓励各类资本利用参股、收购、兼并等方式参与国有企业改制和事业单位公司化进程。

鼓励社会资本投资基础设施项目。积极引导民间资本和外资等社会资本向基础设施项目投资。对于轨道交通等短期效益不明显、中长期效益较稳定、投资规模大、其他社会资本全面介入有困难的重点项目,采取投资与运营适当分离、专项资金补贴、土地补偿以及其他优惠政策,吸引新的投资和运营主体。

推动深圳社会保险基金运营机构成为稳健的新型投资主体。设立社会保险基金投资管理机构,依据国家有关政策规定,负责确定社会保险基金的投资领域、投资比例、风险预测和回报比率等事宜,建立安全有效的社会保险基金运营体制,为社会保险基金成为新型的投资主体提供制度保障。

(4) 大力发展直接融资。

充分发挥股票市场的融资功能。积极创造条件,增加我市企业在国内证券市场上市的数量,推荐更多的企业到境外上市,筹集建设资金;有效利用上市公司的配股权和"壳资源",将优质资产置换到上市公司,增强其向社会融资的能力;鼓励具备条件的企业经过国家批准,到香港和国外资本市场融资;积极配合中央有关部门,推动更多的高新技术企业通过"创业板"筹集资金,为创业投资基金建立退出机制创造条件。

积极利用债券市场。争取国家有关部门的支持,开拓地方政府信用融资渠道,采取多样化的方式,努力争取发行地方政府建设债券;鼓励部分经济效益和市场前景较好的企业在国内外发行债券;积极开展可转换债券项目、抵押融资等多种融资方式的试点。

加快发展各类投资基金。

(5) 广泛采用新型融资方式。

充分采用 BOT 融资方式,为新建大型基础设施项目筹集资金。对一些大型基础设施项目,如桥梁、隧道、电厂、水厂、污水处理厂等,通过采用"建设—运营—移交"的形式,引入其他社会资本投资建设,政府允许投资者享有一定时期内的专营权,并享受经营收益,专营期届满后,政府无偿收回经营权。

积极推进 TOT 融资方式,通过转让大型基础设施项目的经营权筹集资金。通过"转让—运营—移交"的形式,政府将已建成的某些大型基础设施项目(如污水处理设施)作价后转让给其他社会资本,政府以收回的投资进行新的项目建设,受让方一定时期内享有专营权,期满后无偿将经营权移交给政府。

努力探索 ABS 融资方式,进行信贷资产证券化试点。积极探索信贷资产的再融资方式,扩大信贷资产证券化的范围。政府支持有关企业、银行将有抵押的信用资产重组,以抵押资产的预期现金流为担保,通过资本市场发行证券。认真搞好我市住房抵押贷款证券化的试点,鼓励企业与境内外金融机构合作,进行应收账款等其他信贷资产证券化的探索。

广泛实行融资租赁等方式,扩大资金来源。积极促进企业与有关厂商、金融机构合作,采用融资租赁的方式,以少量投资获得大中型设备的使用权,再通过分期付款(租)获取设备完全所有权。

(6) 加强宏观调控和制度建设。

2003 年深圳市人民政府又制订了《深圳市 2003 年投融资体制改革计划》,该计划指出:2003 年我市投融资体制改革总体要求是:以党的十六大精神为指导,认真贯彻市委第三届六次全体(扩大)会议精神,结合深圳实际,以重点项目投融资体制改革为突破,积极培育融资功能强的投资主体,创新融资工具,促进融资渠道多样化,为城市建设与发展广泛筹集资金;进一步完善投融资政策法规体系,形成良好的投融资综合环境,促进投融资体制改革整体推进。

另外,广东省人民政府 2003 年发布了《广东省关于放宽民营资本投资领域的实施办法》,该办法指出了放宽民营资本投资领域的基本原则与要求、促进民营资本投资基础设施、公用事业和社会事业、建立有利于民营资本投资的政策和管理环境。

三、深圳市轨道交通融资模式选择的原则

根据国内外城市轨道交通建设的特点、我国城市轨道交通的有关政策法规和深圳的基本条件以及轨道交通融资模式选择的原则,深圳轨道交通融资应坚持以下几个主要原则。

(1)为了减轻政府财政负担,应尽量建立多种资金来源渠道,尽量多融资。

国内轨道交通建设普遍存在政府财政负担严重的问题,因此通过建立多种资金来源渠道,尽量多融资,减轻政府财政负担。

(2)通过公私合营,实现项目运作的高效率。

公私合营具有以下的好处:一是引入社会化、专业化资本进行轨道交通建设;二是公私合营可以筹集到社会资本和得到先进的管理经验;三是由政府投资建设与营运可能面临项目运作效率不高、腐败等缺点,通过公私合营可以有效减少这方面的问题,并提高项目建设与营运的效率,从而保障项目的后期发展。

(3)通过建立最佳资本结构,实现降低融资成本和风险,保证各方共赢。

任何一个投资项目都会面临一定的风险,所谓风险就是在一定条件下,在一定时期内可能发生的各种变动的后果。由于项目本身还贷能力较差、时间较长,项目有可能面临贷款资金不能及时到位或者贷款银行附带更多贷款条件的风险,因此,在确定不同的融资模式后,需要依据国家有关政策和项目预算约束来比较不同资本来源的期限与成本,确定最佳融资结构,包括资本金与债务资金的比例结构,不同资本金来源与不同债务资金来源的比例结构,长、短期资金的比例与结构等,以实现在项目建设与营运期间融资成本和风险最低。

(4)提供政策性盈利来源,保证投资者稳定的回报。

由于城市轨道交通具有明显的外部性特征,是一种准公共品,光依赖自身经营收入难以保证项目风险的可控和稳定投资收益,项目投资的风险过大,因而需要政府提供政策性盈利保证,以吸引社会资本,其实质是将轨道交通项目外溢的社会效益部分返还给项目本身,提高其财务可行性。

(5)建设的不同阶段,设计不同融资方式。

轨道交通项目建设是分阶段进行的,在不同的阶段可以根据实际情况采取不同的融资方式,并对融资结构进行调整。

四、深圳市3号线融资方案设计

(一)资金结构

根据3号线工程初步估算,3号线初期工程范围从红岭中路至龙兴街段,项目总投资估算为98.856 4亿元,其中静态投资93.410 4亿元。

根据1996年8月23日国发[1996]35号《国务院关于固定资产投资项目试行资本金制度的通知》要求,"投资项目资本金占总投资的比例,根据不同行业和项目的经济效益等因素确定,具体规定如下:交通、运输、煤炭项目,资本金比例为35%及以上"。资本金的投入比例直接关系到企业的运营效益,在条件允许的情况下,应尽量加大项目资本金占总投资的比例,以保证轨道交通投入运营后有较好的运营效益。建议3号线在"多元主体、多渠道筹集建设资

金"的融资原则指导下,尽量加大资本金投入比例。

根据3号线工程的具体情况,建议3号线的投融资初步安排为:深圳市政府投入总投资的35%作为资本金,龙岗区政府投入辖区内的土地征用和站点建设费用约占总投资的14.7%,亦作为资本金,其余50.3%的投资由龙岗区政府牵头融资,作为债务资金投入(表6-7)。

3号线融资资金结构表 表6-7

资金组成	资金来源及额度	占总投资比例(%)
资本金	市政府投入34.5997亿元	35
	龙岗区政府(含镇政府)投入14.5319亿元	14.7
债务资金	国内银行贷款49.7248亿元	50.3
合计	98.8564亿元	100

(二)资金来源

根据国内轨道交通项目的资金来源方式以及深圳市具体情况,将深圳地铁3号线可能实现的资金来源分股本金来源、准股本金来源和债务资金,除上述资金来源,根据国家及地方政府政策的调整,3号线建设资金筹措还可以考虑以下几种筹资渠道:资本金采用在城市建设税附加、汽油销售或汽车销售中附加地铁建设费或现有地铁公司上市融资;债务资金来源采用允许项目公司向社会发行具有公益性的公司债券等融资方式。见表6-8。

深圳地铁3号线可能的资金来源表 表6-8

资金性质	资金来源	说明
股本金	市政府投资	国际上轨道交通建设投资占城市GDP的份额为0.5%~1.5%之间。根据《深圳市"九五"计划和2010年国民经济和发展计划》,2005年深圳市GDP将达到3 000亿元,2010年将达到5 000亿元,由此推算,2005年、2010年深圳市每年可用于轨道交通项目建设资金的投入约在30亿元
	沿线区、镇政府的财政投入	根据我国其他城市轨道交通建设经验,沿线区、镇政府对本区范围内修建轨道交通持积极的态度,在筹集建设资金方面,在投资主体不发生改变的前提下,可考虑各级政府以参股方式投入一定比例的资本金
	沿线征地拆迁、土地使用权和物业开发权转让收益作价入股	由于轨道交通是需政府扶持的大型城市基础性和公益性工程,沿线人民将受益极大,沿线各区政府可通过征地拆迁、物业开发或土地使用权转让获取收益,直接用于轨道交通建设,投资可作价入股
	项目土地开发升值费直接用于地铁建设	项目公司通过对地铁沿线部分土地的开发,地价和物业升值由项目公司直接用于地铁建设
	广泛吸收社会资金入股	需要政府出台相应的优惠政策
准股本金	项目公司发行可转换债券	低于银行贷款利率,按债券面额购买,到期可按面值支付,也可在有效期内转换成公司股票,无需担保抵押
	项目公司发行零息债券或贴现债券	无利息或极低利息,按债券贴现价格购买,到期按面值支付,无需担保抵押
	无担保贷款	等于或略高于银行贷款利率,按贷款协议规定方式进行偿还,无需担保抵押

续上表

资金性质	资金来源	说　　明
债务资金	争取市政府发行深圳建设债券	发行地方政府建设债券在我国是一个新生事物,建议深圳市争取率先实施
	争取国外政府优惠贷款	这类贷款通常是为了支持本国企业出口创汇而提供的政府贴息优惠贷款,在资金流向方面有特殊规定,为满足国家关于地铁车辆及机电设备国产化率达到70%的要求,在使用这部分优惠贷款的额度上不宜太大
	国内商业银行贷款	国内商业银行贷款具有融资成本不高,利率风险不大的特点,可以逐步增加商业银行贷款的比例
	国外招商引资	在资金筹集不足的情况下,可适当考虑国外商业银行贷款,但融资成本高,利率风险大,应尽量少贷

(三) 融资方案设计

综上所述,3号线在融资模式上应力求多种模式相结合,采用主体融资模式和辅助融资模式。可考虑采用的融资方案以及优缺点分析详见表6-9。

深圳地铁3号线融资方案比较表　　　　表6-9

		方案说明	优缺点比较
主体融资模式	方案一	成立项目公司,以市政府财政拨款为主,辅以区、镇政府财政拨款和债务性融资	投资主体单一,利于资金管理,但市政府财政压力大,不利于整个城市基础设施建设资金的平衡和可持续性发展
	方案二	成立项目公司,以市、区、镇政府财政拨款为主,辅以征地拆迁、转让土地使用权、开发权收益作价入股,市政府适当财政补贴和债务性融资	充分调动沿线区、镇政府积极性,有效利用了沿线区、镇财政力量及因轨道交通建设所带来的土地收益。减轻了市政财政压力,有利于全市基础设施的整体发展和各区镇城市发展
	方案三	在方案二基础上,政府支持现有的地铁公司上市,依靠其上市融资	地铁公司上市,依靠上市融资,需要股份制改造及经营业绩,并需要政府大力支持,短期内难以实现,但从长远发展来说,有利于城市轨道走向良性发展
	方案四	BOT融资模式	需经过申报特许经营权,申报程序复杂,且应对特许经营权进行充分的经济评估及风险预测
	方案五	PPP融资模式:在方案二的基础上,广集社会资金入股	需要出台相关政策支持
辅助融资模式	方案一	轨道交通设备租赁融资模式	有利于减轻轨道交通建设项目融资压力,应在分析既有成功经验基础上积极争取
	方案二	轨道交通维修及配件基地的委托融资模式	
	方案三	轨道交通物业开发ABS、BOT融资模式	

注:表中的债务性融资建议采用贷款加发行债券等多种形式。

(四)最佳融资方案选择

根据《深圳市城市轨道交通建设规划》,深圳市远景规划城市轨道交通网络由15条线路组成,总长365km。深圳轨道交通一期工程由1号线的东段和4号线的南段组成,正线总长度为21.8km,总投资115.53亿元,政府投资70%,其余30%由政府担保向银行贷款。在2004年年底完成轨道交通一期工程的基础上,将建设1号线续建工程、2号线、3号线、4号线续建工程、11号线共5条线路,线路全长120.7km,总投资370亿元左右。如果仍采用地铁一期工程的投融资模式,在未来的5~8年内,政府每年需要投资60亿~80亿元,加上地铁线路营运初期的补贴,轨道投资将近100亿元。这不仅不利于轨道交通可持续性发展,而且将使深圳市背上沉重的财政负担。

按照国办发[2003]81号文件精神,根据原国家计委公布的《关于试办外商投资特许权项目审批管理有关问题的通知》和原外经贸部制订的(199401外经贸法函字第89号)《关于以BOT方式吸收外商投资有关问题的通知》等政策的规定,2002年8月29日,深圳市政府三届65次常务会议做出了引进境内外投资、加快深圳市轨道交通建设的决策。根据市政府常务会议精神,轨道交通4号线拟采用政府与私人联合的PPP投资机制,与香港地铁公司(以下简称港铁)联合进行建设。

根据《深圳市轨道交通二期3号线工程可行性研究报告》,3号线静态投资总额113.67亿元。其中征地拆迁、土建工程(包括交通、洞体、车辆段和停车场部分)、轨道、人防工程等约为81.93亿元(占投资费用68.7%),车辆、自动检票系统、信号和通信、空调通风、给排水和消防、自动扶梯和电梯、控制设备、供电设施等机电设备的购置和安装为31.74亿元(占投资费用的31.3%)。项目资本金56.22亿元。3号线工程2006年开工,建设期5年,于2011年开始运营。本项目周期为50年(包括建设期和运营期)。项目发起人需要为项目准备56.22亿元的资本金,其余的需通过融资提供。

从表6-9可以看出,主体融资模式中方案二是3号线工程最有可能实施且稳妥的融资方案,若在方案二的基础上能够广集社会资金入股,即采用方案五的PPP融资模式,则对3号线融资更为有利,这是基于深圳的实际情况以及PPP模式的优势决定的,因此3号线工程宜采用方案五的PPP融资方式。另外,若有可能,还应积极争取实现辅助融资模式。实现"多元主体、多渠道"筹集建设资金的融资模式。

项目的最终融资结构以及资金结构应在项目的前期研究、筹建以及融资运作进程中,结合本线的具体情况不断修改、完善、补充和调节。

五、实际实施的融资方案

在实际的项目融资过程中,通过工程可行性研究,深圳市政府认为采用"成立项目公司,以市、区、镇政府财政拨款为主,辅以征地拆迁、转让土地使用权、开发权收益作价入股,市政府适当财政补贴和债务性融资"的方案(即方案二)是可行的,并邀请香港地铁(深圳)有限公司(以下简称"港铁")作为民间资本的代表参与深圳地铁3号线项目的建设。在3号线项目筹建初期,港铁表现出了极大的兴趣,港铁的最初构想是复制香港地铁成功的经营模式(港铁是目前世界上唯一一家盈利的地铁公司)——"轨道+物业"的经营模式,他们同意出资3号线项目的 B 部分(即除车站、区间及轨道以外的车辆及设备部分),也不要求政府在运营期间补贴运营的亏损,唯一的要求是开发地铁沿线的物业。由于我国目前的土地政策是土地出让必须通过"招、拍、挂"的方式进行,如果按照这种方式,土地未必会由港铁拍到。但是考虑到最佳融资模式中需要有民间资本,而且可以解决政府财政资金压力的问题,在深港合作的大政治背景下,在这个两难的抉择中,深圳市政府在项目筹建初期对港铁的要求没有表态,只是继续关注项目的建设。因为项目 B 部分的投资是在 A 部分(即车站、区间及轨道等土建工程)基本完成后才开始,所以深圳市政府及港铁方面都没有急于对融资条件做出承诺。

项目建设到 2008 年时,全球性的金融危机也影响到了我国的经济发展。为应对国际金融危机对我国经济带来的不利影响,国务院总理温家宝主持召开国务院常务会议,确定进一步扩大内需、促进经济增长的十项措施。这十项措施主要包括:加快建设保障性安居工程,加快农村基础设施建设,加快铁路、公路和机场等重大基础设施建设,加快医疗卫生、文化教育事业发展,加强生态环境建设,加快自主创新和结构调整,加快地震灾区灾后重建的各项工作,提高城乡居民收入,在全国全面实施增值税转型改革,加大金融对经济增长的支持力度等。深圳市政府根据国务院的会议精神开始加大对轨道交通建设的财政支持,国内各家商业银行也对地铁项目贷款产生了浓厚的兴趣,在这种环境下,民间资本参与轨道交通建设的合理性和迫切性显得不再明显。考虑到当时的全球经济形势和我国的政治形势,港铁提出退出 3 号线的项目建设,深圳市政府也顺势同意了港铁的要求。

深圳市政府最终决定地铁 3 号线的融资模式为"财政拨款+银团贷款"的模式,地铁 3 号线项目(不包含西延段)总概算 113.179 9 亿元,深圳市政府财政出资 56.22 亿元,占项目总投资的 49.7%,剩余部分以政府信用为担保由银团贷款解决。2009 年 9 月 29 日,13 家银行联合为深圳地铁 2、5、3 号线工程建设提供 255 亿元银团贷款,这是深圳地铁建设史上获得的最大规模银团贷款。此次由工商银行和农业银行联合牵头,协同交通银行、上海浦东发展银行、平安银行、中信银行组建的 3 号线首期段工程银团提供贷款 57 亿元;由建设银行和招商银行联合牵头,协同中国银行、深圳发展银行、浦东发展银行组建 3 号线西延段工程银团提供贷款 32 亿元。13 家银行提供的贷款有效保证了深圳地铁的建设进度,地铁 3 号线项目的融资工作就此完成。

思 考 题

1. PPP 融资模式与 BOT 融资模式有哪些不同之处?
2. PPP 融资模式具有哪些优势?
3. PPP 融资模式成功运作应具备哪些条件?
4. 请绘出本章案例融资结构图(包括资金结构、投资结构和资信结构)。

第七章 ABS 融资

学习目的

ABS(Asset Backed Securitization)项目融资模式是以目标项目拥有的资产为基础,以该项目资产的未来收益为保证,通过其特有的信用增级方式,在国际资本市场上发行高档债券来筹集资金的一种项目证券融资方式。通过本章案例学习,掌握 ABS 项目融资模式的基本要素、主要当事人、典型运作模式与程序和 ABS 融资的主要特点;掌握 ABS 项目融资模式中的外部信用支持和内部信用增级措施。

案例1 珠海市公路交通收费资产证券化案例

1996 年 8 月,中国广东省珠海市人民政府以该市环市公路使用费为支撑,在美国成功发行了 2 亿美元的优先/从属结构债券。债券由著名的投资银行摩根士丹利承销,优先级别和从属级别的债券分别获得了穆迪/标准普尔的 Baa3/BBB 和 Ba1/BB 的评级。债券获得 3 倍超额认购,发行利率较同期美国国库券利率分别高 250 个基本点和 475 个基本点。

一、发行背景介绍

(一)发行背景

坐落于中国东南沿海的珠海市,具有得天独厚的地理位置优势。1980 年建成经济特区后,中央人民政府在税收等方面给予了很多的政策优惠,吸引了大量外国投资,成为中国内地经济发展最快的城市之一。根据珠海市政府的统计,1995 年,珠海市国内生产总值达到 195 亿元,约合 23 亿美元,比 1994 年增长 17.7%。1990~1995 年间,珠海市 GDP 年平均以33.2%的速度增长。截止到 1995 年年底,累计吸引外国投资 35 亿美元。

为了促进珠海市经济进一步全面发展,珠海市政府启动了一项大型基础设施建设发展计划,其中一项工程就是建设环珠海市公路。该工程自 1989 年开始规划建设,到 1995 年 11 月竣工,是一条贯穿于珠海市国际深水港码头以及新建成的珠海市机场的主干道。它与其他主要公路相连,通向周边地区,为珠海市未来经济发展提供了强有力的支持。

基础设施建设的发展和完善,需要大量的资金作为支撑。政府财政拨款构成其中一项重要的资金来源,但存在诸多的限制。为此,要实现以现有资源为依托,寻求新的融资渠道,在减轻资金压力的同时,使基建项目获得持续发展的动力的目的。

(二) 用于支持债券发行的现金流

由于珠海市经济的快速发展,珠海市本地车辆登记数量每年均呈稳步增长的态势。1984~1993年间,珠海市本地车辆登记数量以每年21.3%的速度增长。截至1995年年底,珠海市大约有16 869辆车辆登记在册。根据WSA(Wilbur Smith Associates limited)出具的评估报告,预计1996~2000年间,当地新增车辆登记数将以每年14%的速度递增。2001~2005年,其比率为12%;到2006~2010年,每年仍保持8%的增幅。此外每年通过环珠海市公路进入珠海市的外地车辆数量在增长。WSA的评估报告中指出,1994~1995年,外地进入珠海市车辆数将会有14%的增长,1995~1996年、1996~1997年该数字均增长到23%。快速增长时期过后,外地车辆进入珠海市的增幅逐步趋于平稳,到2010年仍能获得3%的增幅。

因此,珠海市向上述两类车辆征收一定的费用,就是一笔非常可观的收入。但本地车辆和外地车辆的征收方式又有所不同:①珠海市本地登记车辆,根据车辆载质量的不同,每年需强制性地缴纳固定的本地车辆登记费。车辆在缴付该费用后,可以不限次数地进入珠海市,无须另外缴费用。车主根据其车牌号码的最后一位数字对应的月份缴纳该项费用(如车牌号码最后一位数字为8,则车主需在每年8月份缴纳;若最后一位数字为1或2,则可另外选择11月或12月份缴费。按照一般的缴费习惯,车主大多选择11月、12月作为其缴费月份)。该项的缴纳是车辆通过年检的前提条件。②非本地登记车辆每次进入珠海市,根据车辆载质量的不同,缴纳过路费。

这两类车辆收费所得(Vehicle Charges)的现金流收入,在不同程度上能在未来产生可预测的稳定现金流、持续一定时期的低违约率等特点,非常适合作为证券化的资产。鉴于国外利用资产证券化这一融资方式已经处于成熟阶段,它具有比其他融资方式更为突出的优势。为此,珠海市引入了该融资方式,以上述两部分资产作为支撑,发行债券,利用国际债券市场筹集发展基础设施的建设资金,走出开辟新的融资渠道的关键一步。

(三) 债券总体设计

珠海市充分考虑项目的实际情况,参考国外资产证券化债券发行的经验,对这些债券发行做出了特别安排,分为高级债券(Senior Notes)和次级债券(Subordinated Notes)两部分。其发行基本情况详见表7-1。

珠海市大道有限公司债券发行基本情况　　　　表7-1

发行人	珠海市大道有限公司	
额度	2亿美元	
发行	1996年2月	
份额	高级债券	次级债券
金额	8 500万美元	11 500万美元
价格	99.482%	99.528%
息票(半年付息)年率	9.125%	11.500%
美国国库券利差	+250基点	+475基点
评级(穆迪/标准普尔)	Baa3/BBB	Ba1/BB
期限	10年期(平均期限为7.5年)	12年期
配售方法	144A登记权	

高级债券享有优先于次级债券获得偿付的权利。在利息支付方面,高级及次级债券利息支付均采用每半年支付的形式。高级债券自 2000 年 1 月 1 日起每半年(支付日为每年 1 月 1 日前)支付,共分 14 期支付完毕;而次级债券本金则于 2008 年 7 月 1 日一次性支付完毕。

二、交通收费证券化的交易结构

(一)发行主体所有权及控股结构

(1)珠海市大道有限公司(Haicheng Highway Company Limited,以下简称"H 公司")。珠海市大道有限公司是特地为此次发行而在开曼群岛注册成立的特设机构(SPV)。该公司不存在任何与此次发行有关的其他业务和债务。海利公司(开曼群岛注册)拥有 H 公司 80% 股权,珠海市政府下属特区 HY 公司的全资公司香港 HY 公司控股公司(开曼群岛注册)持有其余 20% 普通股股权及所有优先股股权。根据海利公司与 HY 控股公司双方达成的协议,HY 控股公司独享 H 公司所有股利分配。此外,公司清算时海利公司不享有财产分配权。

H 公司资产包括环珠海市公路的经营及管理权以及根据《收入分成合同》分享一部分车辆收费所得净额。

(2)车辆收费管理及车辆收费征收处。车辆收费管理处是经珠海市政府授权成立的行政管理机构,负责制订每年本地车辆登记费用征收标准,提出过路费调整建议,监察征收处工作情况,并对其收取的车辆收费所得进行分配和发放。车辆收费征收处负责征收并发放所收取的车辆收费所得,同时对收费道路、桥梁和隧道进行管理及保养。

(3)路桥公司。基于项目立项及审批的考虑,路桥公司由 4 家中外合资企业组成,香港 HY 公司分别拥有该 4 家公司 65%~70% 股权,其余 30%~35% 由珠海市土地局拥有。路桥公司享有所有环珠海市公路经营权和管理权以及分享一定比例的车辆收费所得。根据总租合同中的规定,路桥公司将其拥有的车辆收费所得权转让给 H 公司,期限为 15 年。

(4)特区 HY 公司与香港 HY 公司。特区 HY 公司是成立于 1986 年的国有企业,主要从事珠海市市政基建,其中包括发电厂及环珠海市公路建设工程,为珠海市最大的国企之一。香港 HY 公司前身是 20 世纪 80 年代初经中央批准在香港设立的公司,目前已发展成为香港最大的公司之一,是珠海市最重要的离岸交易及投资代理人之一。

经过 1988 年重组后,特区 HY 公司为香港 HY 公司负责集团海外业务。目前,特区 HY 公司拥有香港 HY 公司 70% 的股权,其余 30% 由其另一全资子公司所有。

特区 HY 公司与香港 HY 公司为此次债券的成功发行提供了强有力的支持。参看 H 公司与特区 HY 公司签订的《协助管理合同》及 H 公司与香港 HY 公司签订的《还债支持协议》。证券发行主体的所有权及控股结构见图 7-1。

(二)证券化交易结构参与方

除上述参与方,还涉及其他多家参与方:

(1)境内信托人:为境内一金融机构,受公司委托,建立并管理公司的人民币账户、美元账户和

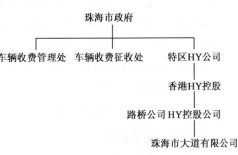

图 7-1 发行主体所有权及控股结构

现金储备账户以及相关付款义务。本案例中境内信托人为中国建设银行。

(2) 境外受托人:为境外一金融机构,受公司委托,管理用于额外还债担保的账户并进行适当的投资,向投资者还款付息。本案例中境外信托人为人通银行。人通银行在本案例中同时充当契约信托人、付款代理人及抵押代理人的角色。

(3) 信用评级机构:为两家经国际认可的信用机构(本案例为标准普尔、穆迪)。

(4) 境外顾问公司:出具交通运输方面的评估报告(本案例为 WSA 公司,工程规划设计顾问公司)。

(5) 境外承销机构:美国摩根士丹利。

H 公司应收款证券化的交易结构,见图 7-2。

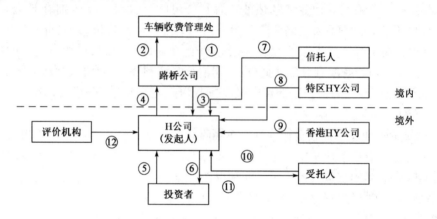

图 7-2 H 公司应收款证券化的交易结构

图 7-2 说明:
(1) 路桥公司从车辆收费管理处获得分配车辆收费所得的权利。
(2) 路桥公司向车辆收费管理处支付债券发行净收益。
(3) 路桥公司向 H 公司转让获得分配车辆收费所得的权利。
(4) H 公司向路桥公司一次性支付债券发行收益。
(5) 投资者购买以本地车辆登记费和外地车辆过路费为支持债券。
(6) 还本付息。
(7) 境内信托人为此次债券发行提供账户管理服务及其他相关付款服务。
(8) 特区 HY 公司协助发行人兑换外汇及缴纳税款。
(9) 香港 HY 公司提供还债支持。
(10) 发行人将其股份及其获得的权利抵押给抵押代理人。
(11) 付款代理人协助发行人还本付息。
(12) 评级机构对债券进行评级。

(三)现金流的控制

为了提高其信用评级,本案例还提供了额外的资金来源以及其他形式的担保,以提高债券的还款保证。现金流控制见图 7-3。

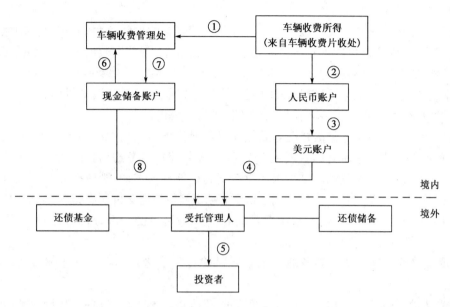

图 7-3 现金流控制

图 7-3 说明：

(1) 车辆收费征收处从车辆收费所得中提取一定比例的保养费，H 公司不获分配的车辆收费所得部分返还给车辆收费管理处。

(2) H 公司获配车辆收费所得存入人民币账户。

(3) 特区 HY 公司每隔 10 天将人民币账户中的人民币兑换成美元，并存入美元账户中。

(4) 将还债款项及补充还债储备、还债基金款项汇往受托管理人。

(5) 还本付息。至此，在正常偿付情况下，此次债券发行现金流流程基本结束。但是，在此次债券设计中，还附加一项每一季度都必须进行的还债覆盖率测试的要求，因此，产生了为满足还债覆盖率测试而产生的现金流。

(6) 车辆收费管理处往现金储备账户中存入人民币，以满足还债覆盖率测试要求。

(7) 无须动用现金储备账户仍达到测试要求时，将账户中的款项返还给车辆收费管理处。

(8) 在没有其他还债资金来源的情况下，可动用现金储备账户满足还债要求。

额外的资金来源及其他担保方式主要如下：

(1) 还债储备。还债储备的资金来源分为两部分：第一部分是在债券发行成功后，直接从发行收入中提取 1 050 万美元，作为还债储备的启动资金。第二部分是自 1999 年 7 月 1 日起至 2001 年 7 月 1 日 3 年间，境内信托人视资金可运用的情况，每年将 300 万美元、总额为 900 万美元的额外储备划入还债储备账户中。如果到 2001 年 7 月 1 日，划入该账户中的金额达不到 900 万美元，则该项划款仍会继续，直到达到 900 万美元为止。

2006 年 7 月 1 日高级债券全部偿还完毕后，信托人将会把还债账户中超过 1 050 万美元的全部转入还债基金账户(Sinking Fund)。此后，公司可以凭有保证的信用机构发行或承兑的信用证，代替现金存款，存入不少于还债储备账户所要求的存款额。

还债储备账户的有效期与票据的期限一致。账户中的全部余额将于次级债券到期日全部用于次级债券的还本付息。

还债储备由境外信托人实行独立账户管理。在债券存续期间，信托人可以使用账户上的存款进行投资，但在资金投向上有严格的要求，可以投资于：①美国政府债券。②被标准普尔评为"A⁻"级或更高或者被穆迪评为"A3"级或更高的附息债券。③到期日不迟于下一个还款日前25个工作日，180天或少于180天的附息债券。如果不存在到期未付债务，同时还债储备得到有效补充，则投资所得将会在每一付款日支付给公司。

如果发生高级债券债务拖欠情况导致提前偿还或债务拖欠情况得不到解决，则契约信托人需动用还债储备账户中所有的款项用于支付：①按照公司与契约信托人所签订协议中规定的应当支付契约信托人的款项。②如果还没有到高级债券还本期，则应按照其到期日顺序分期支付上述拖欠本金及利息。③如果到了次级债券还本期，则支付所有拖欠本息。如果没有发生次级债券提前偿还的情况，则该笔款项将作为还债基金的一部分，支付到期日次级债券本息。

（2）现金储备。建立现金储备的一个重要目的是为了达到1.2倍的还债覆盖率测试的要求。

如果在1月份或7月份评估日收集的车辆收费所得达不到该测试要求，则车辆收费管理处可以额外建立一现金储备账户。当美元账户以及还债储备账户中的资金总额不足以支付，香港HY公司在付款日无法履行付款义务时，则可以动用现金储备，作为额外清算资金来源。一旦在上述期间无须动用现金储备的情况下仍可达到还债覆盖率测试的要求，则该账户中的存款需立即解付给车辆管理处。

（3）还债基金。由于次级债券本金的偿还方式是在到期日一次性偿还，这就无形中增加了次级债券到期日还本的风险。为此，次级债券契约中明确规定了要建立次级债券的还债基金（Sinking Fund），以保证满足到期日的还款要求。该基金于2005年1月1日建立，其初始资金来自还债储备账户中转进来超过1 050万美元的部分，其后无须以现金形式，而代之以每半年以有保证的信用机构发行或承兑的信用证方式补充账户中的存款。

还债基金账户中的存款，可以按照公司的指示投资于：①美国政府债券。②被标准普尔评为"A⁻"级或更高的附息债券或被穆迪评为"A3"级或更高的附息债券。③到期日不迟于次级债券到期日前25个工作日，360天或少于360天附息债券。

还债基金账户中的存款是为偿付次级债券本息提供的另一备付款项。一旦发生债务拖欠情况，契约信托人可以动用账户中的存款以满足还款需要。当建立还债基金账户后发生次级债券本金的提前偿付，而该偿付无法避免或无法解决，则契约信托人可动用账户中所有的款项。如果无须动用账户中的款项，则该笔款项将连同还债储备账户中的款项，用于次级债券到期日本金及利息支付。

（4）还债支持协议。按照还债支持协议中的规定，香港HY公司承诺将为H公司提供以下支持：

①当H公司由于无法将人民币兑换成美元而造成还款困难时，香港HY公司将提供所需美元资金以帮助H公司履行偿债义务。

②当H公司由于其他原因产生还款困难时，香港HY公司将为公司无偿提供最高为5 000万美元的还债资金。

③保持所有权。香港 HY 公司同意,只要债券没有得到完全偿还,将继续保持其对 HY 控股公司未偿还票据 100% 受益所有权及控制权。因此,HY 控股公司同样将维持其对 H 公司发行在外未偿付普通股 20% 的股权及所有优先股的收益所有权。

④出售资产收益的运用。除了正常的商业出售行为,当香港 HY 公司出售相当于其 20% 或更多的固定资产时,香港 HY 公司须运用出售超过其固定资产 20% 部分的收益,用于香港 HY 公司一个或多个分公司业务上,解除香港 HY 公司债务,购买未偿付票据。在次级债券存续期间,香港 HY 公司需在每一年度结束后 30 天内向信托人提供官方证明,列明除正常商业出售行为外前一年度的资产出售明细、收益及运用情况。

⑤合并及转让限制。香港 HY 公司不会直接或间接合并或与其他经济实体联合、出售、租赁或变卖全部或大部分资产,除非香港 HY 公司能保证上述行为不会发生任何不履行债务的情况。但是,即便如此,香港 HY 公司仍需保证:任何合并或联合后存续下来的公司或任何出售行为中的受让者有能力和资格承担所有香港 HY 公司在还债支持协议中所做出的承诺和责任。为此,香港 HY 公司需提供:a. 官方证明律师就此出具的法律意见。b. 经修改和重新声明的还债支持协议。出售、租赁或变卖行为发生后,与香港 HY 公司合并或联合后的公司资产总额不少于香港 HY 公司完成此项交易前的资产总额。

⑥额外债务限制。香港 HY 公司承诺不会直接或间接产生、承担或招致额外债务,允许产生、承担或招致额外债务,从而使得利息覆盖率低于 1.75 倍(利息覆盖率等于以美元计价的香港 HY 公司及其子公司、分公司税前合并年收益除以其利息支出)。

⑦股利及其他分红方式的限制。香港 HY 公司承诺对其未偿付票据所制定、公布或累积的可供配红利,以现金或实物方式进行分配的红利,其总额不会超过以下部分的总和:a. 2 000 万美元。b. 1995 年 12 月 31 日后累计净收入 50%(或 100% 累积净损失)。c. 出售额外股权的收益。

⑧提供定期报告。香港 HY 公司承诺向契约信托人提供的资料:a. 香港 HY 公司每一会计年度后 6 个月内需提交经中国境内会计师审计的合并会计报告。b. 一旦董事长、副董事长或授权代表中任何一方获悉存在债务无法履行的情况,在收到某事件发生通知后或者由于传递时间的延误,使得债务无法履行成为事实,则香港 HY 公司必须立即向信托人提供一份官方证明,介绍公司及香港 HY 公司为此正在采取或即将采取措施的详情。c. 评级机构就票据的发行评级工作提出要求时,香港 HY 公司应采取所有合理和适当的措施予以配合,并迅速、详细地提供所需资料。

三、证券化交易中的法律合同

本案例中各参与方的权责是通过一系列协议、合同加以限定的。

(一)收入分成合同

根据总租合同中的规定,路桥公司在收入分成合同中所获得的权利全部转让给公司。收入分成合同对车辆收费所得的安排及分配进行了限定。该合同自债券发行交易完成后生效,有效期为 15 年。这一时间相当于次级债券及高级债券到期时日后 3 年或 5 年。

(1)基本分配方案及每年收费标准的提高。根据收入分成合同与总租合同中的规定,公司可以获得:①自交易完成日起到1999年7月1日期间95%的车辆收费净额。②上述期间过后合同有效期内不少于65%的车辆收费净额。公司未获分配的车辆收费净额须返还车辆管理处。收入分成合同还做出了每年提高车辆收费标准的强制性规定。车辆收费管理处按以下两类标准较高者提高收费水平。第一类,自1997年1月1日起5年间,该项收费以每年8%的速度递增,此后每年调整为6%;前一年度人民币/美元贬值率的50%。第二类,在得到省物价局同意的情况下,车辆收费管理处将每两年调整外地车辆过路费,具体调整幅度为:1997年、1999年及2001年1月1日每两年递增8%,随后调整为6%;或前两年人民币/美元贬值率的50%。

(2)根据还债覆盖率测试所作的调整。收入分成合同要求车辆收费管理处根据还债覆盖率测试的结果,调整并提高其所分配的车辆收费净额。

每年1月1日、4月1日、7月1日及10月1日为评估日。在每年评估日都会进行一次还债覆盖率测试,以测算公司在截止到下一还款日前6个月期间所收取的车辆收费净额是否为下一还款日还债金额的1.25倍。如果低于这一比率,而此时分配给公司的车辆收费净额未达到95%,则公司获配比例会自动调整到这一上限,此后重新进行另一次测试。

如果还是没有达到要求,则车辆征收管理处必须在下一评估前执行下列一项或多项措施,直至达到1.25倍的测试要求为止:①提高本地车辆收费标准。②取得省物价局同意,提高外地车辆过路费。③在1月份或7月份的评估日,往现金储备账户中存入人民币。

还债覆盖率是这样计算出来的:任一评估日连续12个月车辆收费净额的一半(按评估日起强制性收费标准提高以及获配比例作出调整)/下一还款日到期付款金额。在1月份或7月份计算还债覆盖率时,现金储备账户中的存款需与上述分子项一并计算。

(二)总租合同

在总租合同(The Marster Lease)下,路桥公司将其在收入分成合同中获得的所有权转让给公司,包括获取一定比例的车辆收费所得。作为交换,路桥公司将获得一次性租赁所得,相当于债券发行净收入扣除还债储备启动金后所得的金额。车辆收费管理处及征收处在合同中承诺并担保:

①不存在收入分成合同以外的任何转让或分配车辆收费所得的情况。②任何赋予路桥公司的权利不会与现行法律、法规、政府政策或其他方面相抵触。此外,车辆收费管理处及征收处同意补偿由于上述抵触造成的路桥公司及其受让者的所有损失。车辆收费管理处同时承诺不向其他任何团体分配车辆收费所得,包括任何未来收费路段的投资者。

(三)信托协议及协助管理合同

(1)信托账户的建立。根据信托人、路桥公司、特区HY公司、车辆收费管理处及征收处5方达成的信托协议,由信托人以特区HY公司的名义(实际受益人为H公司)开立3个信托账户:人民币账户、美元账户及人民币现金储备账户。特区HY公司对上述3个账户不享有任何受益权益。信托账户根据信托协议中的规定进行严格管理,除收入分成及协助管理合同中规定的条款外,不得随意进行存取款。

(2)信托账户中的现金流。车辆收费征收处负责每天车辆收费征收工作。在所收取的费用当中,征收处按交易完成日至2001年7月1日期间5%、其后调整为8%的标准提取保养费,以支付车辆收费管理处保养环珠海市公路的日常开支,余下款项存入人民币账户。

由于还债需以美元支付,而收入为人民币,为此存在将人民币兑换成美元的问题。根据协助管理合同中的规定,特区 HY 公司将提供这方面的便利。由于受到中国外汇兑换市场可供利用美元的限制及政府的管制,特区 HY 公司为了减轻到期一次性兑换的压力及降低这方面的风险,每隔 10 天即将人民币账户中的款项兑换成美元,并存入美元账户。信托人在每一还款日前将所需还款金额从美元账户汇往付款代理人。

根据信托协议的规定,特区 HY 公司会不间断地将人民币账户中的人民币兑换成美元,直到美元账户中的存款满足以下支付要求:

①足以支付本期、下一期以及以往应付的而未予支付的款项或相关费用。

②足以补充还债储备。

③由于预测 1 月份和 2 月份收取的本地车辆登记费的减少,而需从下半年的收入中提取一定的储备以满足第二年 7 月 1 日的付款需求。

④自 1998 年 7 月 1 日起,为 1999 年 7 月 1 日启动的还债储备积累资金,直到该累积金额达到 900 万美元。

⑤满足 2005 年 7 月 1 日启动的还债基金需求。

截止到筹款日前人民币账户中的余款及新增存款,将会用于:a. 支付香港 HY 公司还债支持协议下已支付的款项。b. 在公司要求下付款给公司,用于解除其他的债务,包括交付给香港 HY 公司费用、特区 HY 公司管理费用,以及诸如行政及其他可能发生的费用。此外,境内信托人在收到公司付款通知后,将动用人民币账户(如果账户中的余款不足以支付,则会动用美元账户)以支付公司到期未支付税项。

(3)票据还款资金的解付。公司与境内信托人及与契约信托人分别签订的信托协议中还规定了便利信息及现金流动的一系列措施。筹款日前 7 个工作日,境内信托人向公司、特区 HY 公司及香港公司发出通知,同时向契约信托人发出复印件,列明人民币账户、美元账户及现金储备账户中的余额;另外,在不迟于上述通知日后一个工作日,契约信托人向公司、香港 HY 公司及境内信托人发出通知,列明下一还款日需支付给付款代理人的金额、支付给契约信托人的费用、由境内信托人管理美元账户上的存款总额以及还债储备账户上的存款额。

到了筹款日这一天,境内信托人从美元账户中划出下一付款日到期支付款项,汇往付款代理人。付款代理人在收到上述款项后需予以确认。如果该笔款项不足以支付,则付款代理人从还款储备账户中提取不足部分。两个工作日,即还款日后,付款代理人向票据持有人进行付款。如果已经从还款储备账户中提取了款项,则付款代理人需通知境内信托人。按照信托协议的规定,境内信托人将从美元账户中向契约信托人汇出该笔金额,以补充还款储备账户中的资金缺口。

如果还款日付款代理人仍未收到来自美元账户、香港 HY 公司或还债储备账户中划来的足额还债款项,则境内信托人在收到该资金短缺通知后,将把现金储备账户中的人民币存款兑换成美元以满足还款需要。如果还款日后 15 天该笔款项仍未得到支付,则持有本偿付票据 25% 份额的契约信托人及持票人可宣告违约事件发生,契约信托人可代表持票人要求提前偿还,并要求采取强制措施。

(4)税费的支付。根据协助管理合同的约定,特区 HY 公司将承担原本应由公司支付的税费,其包括两大部分:预提税款(Withholding Tax)和营业税。预提税款按支付给支付本金和利息的 10% 计提。在筹款日前代缴纳并领取税局证明文件后,上述款项方可汇出中国境内。此外,根据收入分成合同,公司还需每季度按其收取的车辆总额缴纳 5% 的营业税。根据协助管理合同的规定,特区 HY 公司所承担的营业税额,是根据 WSA 评估报告中计算的车辆收费总额计提出来的。任何超出这一限额的税款,均由公司自行承担。

以此为交换,在所有票据债务得到完全偿付的情况下,特区 HY 公司获得总租合同中规定的余下大约 3% 的权益,包括根据收入分成合同获得车辆收费净额部分款项。

(四)担保品及强制性措施

为了保证票据的偿付及契约的执行,公司需签订一份担保转让协议,该协议规定,为了维护抵押代理人、契约信托人及持票人的利益,公司同意转让其抵押文件下所有权利、所有权及权益。此外,在契约存续期间,双方股东同意将其在公司中的股份抵押给抵押代理人。

(1)合同权利的抵押转让。根据担保转让协议的规定,公司抵押下列文件下的所有权利、所有权及权益:①总租合同(包括获取收入分成合同中规定的车辆收费净额的权利);②协助管理合同;③信托协议;④还债支持协议。在发生债务拖欠的情况下,抵押代理人在通知境内信托人提前偿还票据后,即自动成为人民币及美元账户的受益者并获授权处理账户中的存款。此外,抵押代理人还承担了抵押文件下公司所有的权利。

(2)股份抵押。公司的股东、HY 公司控股及海利公司,将签订一份股份抵押协议(Stock Piedge Agreement),双方同意将公司股本中所有已发行但未偿付的股份,在契约存续期间,抵押给抵押代理人。根据该股份抵押协议,公司所有人偿付股份、股利、现金、单据、财产、应收账款及从中获得的收益将包括在内,并作为抵押物抵押给抵押代理人。一旦发生债务拖欠情况,抵押代理人将随之成为公司股东可以行使所有人仅有的权利,包括出售该股份的权利。

四、交易的信用支持

交易设计和采用了多种外部信用支持和内部信用增级措施,主要有:

(一)优先/从属结构

债券采用了优先/从属结构,全部债券分为高级债券和次级债券两大部分,高级债券享有优先于次级债券获得本息偿付的权利。

(二)债券偿付准备金

为提高债券的信用和还款保证,交易设立了债券偿付准备金,分别存入还债储备账户和还债基金账户。其中还债基金账户系专为保证次级债券本息偿付而设立,还债储备账户则是为全部高级和次级债券的清偿而设立。

还债储备账户在交易伊始即行设立,其初始资金来源于债券成功发行后直接从发行收入中提取 1 050 万美元,作为还债储备启动资金。境内受托管理人应视美元账户收支情况分别于 1999 年 7 月 1 日、2000 年 7 月 1 日和 2001 年 7 月 1 日向还债储备账户内每次划入 300 万美元的额外还债储备;若至 2001 年 7 月 1 日,额外还债储备总额不足 900 万美元,则境内受托管理人应继续执行划款义务直至达到 900 万美元时止。还债基金账户由 H 公司按照次级债券发行契约的规定于2005年1月1日建立,设立该账户的目的是为了控制次级债券到期日还本风险,因为不同于高级债券,次级债券本金偿付方式是在到期日一次性偿还的。还债基金账户的初始资金来源于其设立时还债储备账户内超过1 050万美元的部分,此后H公司无须继续往账户内存入资金,但应取得符合要求的信用机构发行或承兑的信用证作为账户资金担保,使之不低于次级债券发行契约的要求。

还债储备账户和还债基金账户均由境外受托管理人实行独立的账户管理。两个账户的存续期限与次级债券期限一致,两个账户内的全部余额都将于次级债券到期日清偿次级债券。境外受托管理人遵照H公司的指示,可将两个账户内的存款进行投资,但被投资对象仅限于美国政府债券及标准普尔评级A−级以上或穆迪评级A3级以上的附息债券(以下简称"合规债券"),其中还债储备账户资金投资的合规债券剩余存续期不应多于180日,其到期日不能晚于H公司发行债券的下一本息支付日前25日;还债基金账户资金投资的合规债券剩余存续期应不多于360日,其到期日不能晚于H公司发行的次级债券到期日前25日。还债基金账户资金投资所得应全部留存于账户内;还债储备账户资金投资所得在H公司不存在到期未付债务且还账储备账户内资金得到有效补充的情况下可在债券下一本息支付日支付给H公司。

在证券化交易过程中,若发生高级债券本息支付拖欠情况得不到解决或导致高级债券提前偿还,则境外受托管理人可动用还债储备账户内全部资金按顺序支付以下款项:

(1) 境外受托管理人报酬。

(2) 高级债券拖欠本息。

(3) 高级债券未到期本金。

如果高级债券得到全额偿付或境外受托管理人已在还债储备账户存款中预备了足够款项用于高级债券的还本付息,则该账户内剩余资金将连同还债基金账户内全部资金用于次级债券本息支付。若发生次级债券债务拖欠情况得不到解决或导致次级债券提前偿还,则境外受托管理人可动用还债储备账户和还债基金账户内全部资金按顺序支付以下款项:

(1) 境外受托管理人报酬。

(2) 次级债券拖欠利息。

(3) 次级债券未到期本金。

(三) 香港HY公司信用支持

香港HY公司与H公司签署还债支持协议,承诺对H公司提供以下信用支持:

(1) 当H公司由于无法及时将获得的珠海环市公路使用费人民币收入兑换为美元而导致债券本息支付障碍时,香港HY公司应提供所需美元资金帮助H公司履行偿债义务。

(2) 若H公司因其他原因产生偿债困难时,香港HY公司应无偿向H公司提供偿债资金,但该资金最多不得超过5 000万美元。

为确保上述信用支持的切实可行,还债支持协议还规定,在H公司所发行债券存续期间,香港HY公司还保证:

(1) 持续保持其对HY的全部股权和控制权,不得撤销、清算或转让HY控股,并保证HY控股维持其持有的H公司20%普通股股权和全部优先股股权。

(2) 若在正常商业交易以外,出售其固定资产超过20%的,则超出部分出售所得除用于其自身业务外只能用于偿还其自身债务或购买未偿付的H公司债券。其应于每一年度结束后30日内向境外受托管理人列明该年度除正常商业出售行为外的资产出售明细、出售收益及运用等情况。

（3）不得与他人直接或间接地合并或联合，向他人出售或租赁其全部或大部资产；除非其能保证上述行为发生之日不会发生H公司不能履行债券义务的情况，并保证合并或联合后存续下来的实体或其资产的受让人、承租人有能力自主决定承担、履行其在还债支持协议项下的义务和承诺，合并或联合后存续的实体的净资产不少于其合并或联合前的净资产。为此，其应提供以下证明：①相关事项的生效文件和律师就此出具的法律意见。②合并或联合后存续的实体代替其作为合同一方重新签署并申明应负义务、承诺和保证的还债支持协议。

（4）不会直接或间接产生、承担或招致额外债务，除非其利息覆盖率（以美元计价的其自身及其子公司、分公司税前合并年收益与其年利息支出之比）能维持在175%以上。

（5）以现金、实物或其他方式所分配的红利总额不超过：2 000万美元＋1995年12月31日以后累计净收入的50%（或全部累计净损失）＋出售额外股权的收益。

（6）向境外受托管理人提交下述资料：①每一会计年度的经中国境内独立会计师身机的合并会计报告，须在该会计年度结束后6个月内提交。②评级机构就债券的评级合理地要求提供的相关资料，应采取所有合理和适当的措施予以配合并迅速、详细地提供。③一旦其董事长或副董事长或授权代表获悉H公司无法履行债券债务或该等债务无法履行已成事实时，应立即提交正式文件，以说明其或H公司对此拟将或正在采取的措施。

（四）发起人担保

首先，根据收入分成合同的规定，珠海市车辆收费管理处设立现金储备账户，在必要时往该账户内存入人民币资金以确保债券还债覆盖率达到125%。该等资金作为债券本息偿付的额外来源，在其他所有资金来源都竭尽的情况下，可最后用于清偿债券。交易期间该账户内超过还债覆盖率要求的多余款项应立即解付与车辆收费管理处。

其次，车辆收费管理处承诺和保证：

（1）签署收入分成合同时，除合同规定向路桥公司分配珠海环市公路使用费以外，不存在向其他任何第三人转让或分配公路使用费的情况；合同期间也不向其他任何第三人转让或分配公路使用费，包括任何未来收费路段的投资者。

（2）路桥公司依据收入分成合同所取得的权利，不违背现行的国家或地方法律、法规、政府政策，也不会与其他第三人所享有的权利相抵触。否则，车辆收费管理处将对路桥公司或其合同权利受让者因上述违背或抵触所遭受的损失进行补偿或赔偿。

（五）特区HY公司信用支持

首先，特区HY公司将为证券化交易提供人民币兑换美元的便利。由于H公司所发行的债券以美元支付本息，但其从车辆收费管理处获分配的公路使用费收入是人民币；而中国一直以来实行外汇管制制度，并且债券发行时中国外汇兑换市场美元的供应并非十分充裕，因此，存在如何及时将人民币收入兑换为美元以满足债券偿付需要的问题。为此，特区HY公司与H公司签署协助管理协议，由特区HY公司每隔10天将境内受托管理人管理的人民币账户内存款兑换为美元存入美元账户，以减轻到期一次性兑换压力，降低兑换风险。根据协议的规

定,特区 HY 公司应不间断地将人民币账户内资金兑换为美元,直到美元账户内存款满足以下支付要求:

(1)足以支付本期和下期债券本息以及以往应付而未付的款项或相关费用。

(2)因预期每年1月和2月份收取的珠海本地注册车辆道路年费较少,每年下半年应保留一定的资金储备以满足次年7月1日的债券本息支付需求。

(3)自1998年7月1日起为还债储备账户积累总计不低于900万美元的后续资金。

(4)及时补足还债储备账户内被动用偿付债券的资金。

(5)满足还债基金账户资金补充要求。

其次,特区 HY 公司将为 H 公司承担原本应由 H 公司负担的税费,主要包括预提税和营业税。预提税按支付给境外受托管理人的债券本金和利息总额的10%计算。营业税按 H 公司获分配的公路使用费总额的5%计算,但若 H 公司实际获分配的公路使用费总额超过根据 WSA 评估报告所测算出来的预计获分配额,则超过部分计提的营业税将由 H 公司自行承担。

作为提供上述信用支持的对价,在 H 公司支付完全部债券债务及其他应付款项(如服务商报酬、受托管理人报酬、各项税费、对他人的债务等)外,H 公司应将剩余的《收入分成合同》权益无偿转让给特区 HY 公司。

(六)支持资产及其他合同权利抵押

为确保债券的偿付和监督证券化交易相关合约的执行,H 公司需将其在交易各合同中所享有的权利抵押给投资者。为此,由境外受托管理人作为投资者的代理人与 H 公司签署一份权利抵押合同,H 公司将其在总租合同、信托合同、还债支持协议和协助管理协议等合同中所享有的全部权益抵押给投资者,境外受托管理人为上述各交易合同的契约信托人。若债券债务发生拖欠得不到及时解决,境外受托管理人可代表投资者依合约宣布债券债务提前到期,所有被抵押的合同权利将由境外受托管理人代表投资者享有和行使,境外受托管理人将自动成为人民币账户及美元账户的受益人,并有权处理账户中的全部款项。

(七)H 公司股东担保

H 公司的股东,Z 控股和海利公司将与境外受托管理人签署一份股份质押协议,由 Z 控股和海利公司将其所拥有的 H 公司的全部股份质押给投资者的代理人——境外受托管理人,作为 H 公司清偿债券债务的担保。一旦债券债务发生拖欠得不到及时解决,则所质押的股份将自动归境外受托管理人所有,境外受托管理人随之成为 H 公司股东并可行使所有的股东权利,包括出售 H 公司的权利,以维护投资者利益。

五、交易点评

本交易项目开创下了数项记录:亚洲机构首次发行的收益债券,亚洲机构首次发行的优先/次级结构高孳息债券,中国内地首例跨国资产证券化融资等。交易有别于中国一直以来的举债融资,中国中央政府对交易没有提供任何的担保和隐含信用支持。但也正因为是开创先河的尝试,交易还存在下列不足:

首先,资产发起人珠海市车辆收费管理处对交易承担了很多的责任,包括适时提高公路使用费分配标准、设立现金储备账户等,使得支持资产向路桥公司的转移在一定程度上带有抵押担保的性质,当然这也是由于作为支持资产的权利的现值,实际是支持资产未来现金流确实无法在转移时得到确定,从而使得需要以债券发行的价值来反向决定车辆收费管理处应承担的代价。

其次,由中国当时的国情所决定,参与交易的中国境内各机构各自对交易的付出和所得回报并不完全相一致,如交易结束后剩余的支持资产,即收入分成合同权益并未还给为交易承担了许多责任的车辆收费管理处,而是全部归于特区 HY 公司(当然该公司也为交易承担了相关税收成本和协助管理的责任,有理由要求回报。但相比之下,车辆收费管理处对交易的剩余利益没有任何索取权,从风险与回报的观点来考察对两者的"待遇"未免有失平衡);香港 HY 公司也为交易提供了很大的信用支持,但没有得到多少风险报酬。恐怕都与这些机构或组织的性质都直接或间接为国有有关,因为国有的性质,所以哪家多付出,哪家多回报都无关紧要。并且,虽说交易未得到中央政府的任何担保,但事实上珠海市地方政府还是为交易提供了信用支持,表现在车辆收费管理处承诺逐步提高或建议提高车辆收费标准。随着市场经济的推行,上述种种非市场的行为和处理方式终将不合时宜。

最后,支持资产构成单一,容易导致交易风险集中,不好控制。后来情况的发展也证实了此点。由于珠海市环市公路使用费收入并未像交易当初所设想的那样稳定增长,使得 H 公司所发行债券的偿还所需现金流未达到交易的设计要求,债券信用级别随之被评级机构调低。

但总而言之,由本交易发生当时的国情所决定,上述不足之处在所难免;并且交易项目的设计在当时也是上佳的,即使不是最佳的话。在现在看来,整个项目的运作也还是有极大的借鉴意义。无怪该交易项目被美国《资本市场》杂志评为当年度最佳中国项目融资奖。

案例2 莞深高速公路案例——ABS 融资模式

一、案例介绍

2005 年 12 月 23 日,中国证监会正式批准东莞控股通过广发证券发起成立了莞深高速公路收费收益权专项资产管理计划,募集资金 5.8 亿元,用于收购莞深高速三期东城段和莞深高速龙林支线所需部分资金。这是继中国联通 CDMA 网络租赁费收益计划之后的第二个券商主导的证券化产品,受到市场广泛关注。

该项目的要素主要包括:广发证券以设立专项资产管理计划的形式,向投资者募集资金 5.8 亿元,用于购买 6 亿元东莞控股莞深高速(一、二期)在 18 个月内产生的公路收费现金流。管理计划存续期 18 个月,每半年归还给该计划 2 亿,合计 6 亿元;每半年内将莞深高速一、二期的每天实际收入逐日划入莞深收益计划指定账户中,直到每半年划足 2 亿为止。银行为上述的划款提供不可撤销的连带责任担保。

二、主要参与方

原始权益人——东莞发展控股股份有限公司;
管理人——广发证券股份有限公司;
受托管理人及担保银行——中国工商银行;

推广机构——广发证券股份有限公司及广发华福证券有限责任公司；

信用评级机构——大公国际资信评估有限公司。

本案例的主要参与方的相互关系见图7-4。

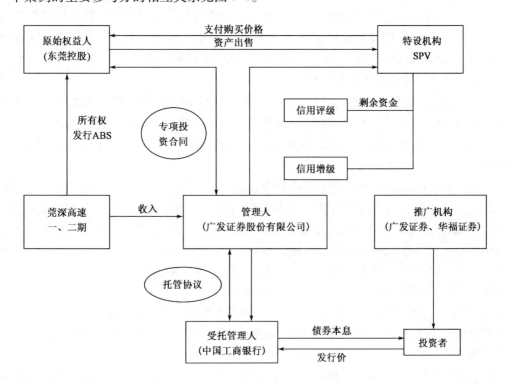

图7-4　莞深高速公路案例——ABS融资模式

三、简要运作过程

管理人(广发证券股份有限公司)和原始权益人(东莞控股)就莞深高速(一、二期)公路收费收益权专项投资签订专项投资合同,由管理人管理和运用专项计划资产。然后,管理人与托管人(中国工商银行)就专项计划签订《莞深高速公路收费收益权专项资产管理计划资产托管协议》及对该协议的任何有效修订和补充,专项计划推广期内,管理人在托管人处开立用以接收、存放参与投资者交付的参与专项计划份额投资资金的银行账户,由券商广发证券成立SPV。

四、案例评价

(一)该融资模式对原始权益人的利益

1. 开辟融资新渠道,改善企业财务状况

目前我国企业尤其是中小企业融资困难,但它们拥有大量的商业票据、商业应收款、设备租赁合同及商业房地产租约等,因此可以将这些资产作为基础资产,通过证券化直接向资本市场融资,以解资金缺乏的燃眉之急。如本案例中像东莞控股这类以基础设施建设为主业的公司,其最大特点是资本金比较欠缺,若要向银行贷款,必须要有30%的自有资金,而发行股票或贷款所募集的资金均不能作为自有资金,而该公司以高速公路的收益权为基础资产募集资金,即可以把整个公司的资金和财务盘活。所以对于有着较大比例应收账款的公司而言,通过资产证券化,可把应收账款变成现金,现金增多,应收账款的周转率提高,则资产的使用效率得到提高,财务报表状况得以改善,是一项非常有效的企业理财措施。

2. 审批简便高效、运作成本较低

从东莞控股的报批情况看,它冠以"专项资产管理计划"的名义,符合2004年8月份证监会提出的"鼓励研究开发专项理财产品"的意见。因而证监会对推进这一产品的态度十分积极,批复及时、高效,比起发行公司债券或股票来说,推出资产证券化过"审批"这一关,显然容易得多。

ABS的发行基础是金融资产在当前和今后所产生的稳定的现金流,而不是金融资产本身。因此在对ABS进行信用评级时,评级机构所考虑的主要是现金流的质量和交易结构的安全性,而与原始权益人自身的信用等级无关(本案例中大公国际给予专项计划的信用级别达到AAA级)。与目前国内流行的BOT相比较而言,BOT模式的操作复杂,难度大。采用BOT模式必须经过确定项目、项目准备、招标、谈判、文件合同签署、建设、运营、维护、移交等阶段,涉及政府特许以及外汇担保等诸多环节,牵扯的范围较广,不易实施,其融资成本也因中间环节多而增高。而ABS模式中间环节较少,只涉及到原始权益人、特设目的机构、投资者、证券承销商等几个主体,比较容易操作,其债息率较低,从而降低了融资成本,特别适合规模较大的基础设施项目筹资。

据东莞控股的公告,实施莞深收益计划,东莞控股18个月5.8亿元的融资代价为2 000万元,折合年利率约为2.3%,远低于银行同期贷款利率5.76%的水平,成本优势十分突出。

3. 降低融资风险

原始权益人自身的风险与项目收益的风险是隔离的,即使原始权益人面临破产清算,它转让给SPV的资产也不受牵连。同时,清偿追索权仅限于融资项目的资产和收益,投资者不能追索到项目原始权益人的其他资产,原始权益人所负担的资产运作风险大为降低。

4. 非公司负债型融资

ABS融资不反映在项目原始权益人的资产负债表上,使企业以有限的财产从事更多的投资成为可能。尤其是在从事超过自身资产规模的项目投资或者同时进行几个大项目的开发时,其优势就会充分体现。在ABS交易中,原始权益人与SPV之间是真实的买卖交易,即使预期的现金流无法弥补投资者的本息,原始权益人也不受追索,因此,ABS融资不构成外债。

(二)该融资模式对证券公司的利益

在资产证券化的整个业务流程中,证券公司既可以担任财务顾问,也可以作为主承销商,还可以是交易商,这些都给证券公司带来不小的收益。而且,证券公司作为项目的发行者,并不是发行后就结束业务,而是要继续跟进项目的后续运转,项目发行所融得的资金可以在一定时限内交给证券公司处置,成为其利益收入的一部分。在本案例中,广发证券股份有限公司作为管理人,东莞控股给予其专项计划存续期的管理费总额为174万元。管理费在专项计划存续期内共支付三次,每6个月支付一次,每次支付金额为58万元,由托管人复核后于每个权益登记日从专项计划资产中优先支付给管理人。

(三)该融资模式对投资人的风险分析及利益分析

1. ABS融资模式对投资人可能有的风险

(1)信用风险

专项计划投资的目标资产为莞深高速(一、二期)公路收费权中特定18个月的收益权,故莞深高速收费收益将直接影响专项计划的收益。若莞深高速公路收费权未能如期产生5.8亿元现金收入,将影响专项计划的投资收益。

(2)市场风险

广东省境内高速公路建设出现变化,如莞深高速通车量下降、收费标准下降或在莞深高速(一、二期)100km范围内另建新的高速公路,则可能影响莞深高速的收费收益水平,导致未来实际发生的现金流不能达到预计的目标,专项计划份额持有人将有无法到期收到投资收益的风险。

(3)经营风险

东莞控股在经营管理莞深高速公路过程中,可能发生因其知识、管理水平有缺陷,经营不力,导致莞深高速(一、二期)经营不善、现金流收入下降,预期收益可能有所下降,进而影响专项计划收益水平。

(4)运用风险

管理人运用专项计划资产投资的货币市场基金、银行协定存款投资品种、期限不合适,因金融市场利率波动会导致投资产品价格和收益率的变动,将对专项计划收益产生影响。

(5)担保银行破产风险

担保合同约定,中国工商银行为专项计划专用账户按期从东莞控股收益账户收到合计6亿元(分三个阶段履行)提供连带保证担保,当专项计划专用账户未能按期足额收到约定款项时,由担保银行履行保证责任补足未收到款项。因此,担保银行的经营状况及偿债能力将直接影响专项计划的收益。若担保银行在专项计划存续期内及保证期间因破产、被解散及其他各种原因不能如期履约,将对专项计划收益产生影响。

(6)法律风险

目前专项计划是证券市场的创新产品,专项计划运作相关的法律制度还不明确,如果有关法律、法规发生变化,可能会对专项计划产生影响。

(7)政策风险

国家宏观经济政策、行业政策、金融政策发生变化,影响企业经营收益;未来出现高速公路车辆通行费下调政策,可能使得未来实际发生的现金流收入不能达到预计的目标,从而影响专项计划收益。

(8)税收风险

专项计划的税收政策尚未明确,如果相关税收管理条例发生变化,专项计划份额持有人可能面临缴纳额外税收的风险。

2. 利益分析

莞深高速(一、二期)2002年、2003年、2004年和2005年1月~2005年6月的车辆通行费收入现金流量情况如表 7-2 所示。

现 金 流 量 表　　　　表 7-2

年度	2002 年	2003 年	2004 年	2005 年 1 月~2005 年 6 月	合计
金额(万元)	22 080.32	28 003.12	41 084.48	21 621.54	112 809.46

北京兴华会计师事务所有限责任公司对上表现金流量出具了《关于东莞发展控股股份有限公司所属莞深高速公路一、二期项目现金流量情况的专项核查报告》(2005 年)京会兴核字第 99 号。2004 年车流量大幅增加的原因主要有如下几个：第一，东莞经济持续稳定增长，2004 年东莞经济增长速度进一步加快；第二，东莞城镇居民人均可支配收入大幅增加；第三，东莞四条主干道扩建改造的路网建设工程使部分车辆改走莞深高速，进一步增加了车流量。

东莞控股根据北京兴华会计师事务所有限责任公司专项核查的莞深高速公路一、二期 2002 年、2003 年、2004 年及 2005 年 1 月~2005 年 6 月的车辆通行费收入现金流量情况，结合自身经营计划，编制了莞深高速 2005 年 7 月~2005 年 12 月、2006 年和 2007 年的车辆通行费收入现金流量预测。该现金流量预测是以东莞控股对预测期间的经营条件、经营环境、金融与税收政策和市场状况等方面的合理假设为前提，充分考虑未来经济发展、交通布局、本地取得经济发展及区位优势等因素进行的综合测算。

莞深高速(一、二期)车辆通行费收入现金流量情况预测表如表 7-3 所示。

现金流量情况预测表　　　　表 7-3

年度	2005 年 1 月~2005 年 6 月	2005 年 7 月~2005 年 12 月	2006 年	2007 年
金额(万元)	21 621.54(实际)	26 550.22	48 171.76	56 487.30

从表 7-3 的数据看出，项目的资金来源无忧。

中国工商银行为专项计划专用账户按期从东莞控股收益账户收到合计 5.8 亿元(分三个阶段履行)提供无条件的不可撤销的连带保证担保，若专项计划专项账户中未收够预定金额款项，由中国工商银行无条件地予以补足。担保银行系国内四大银行之一，截至 2004 年 12 月 31 日，总资产达 56 705.21 亿元，净资产达 1 669.36 亿元，经营稳定，在专项计划存续期内及保证期间不可能出现破产、被解散、被接管等经营风险。

专项计划资产与东莞控股的固有资产、破产风险、经营状况相隔离，经担保银行担保后，经大公国际评级，专项计划的专项计划份额信用级别达到 AAA 级。

管理人在托管人处设立专项计划专用账户，专项计划资金及投资所产生的收益资金均存入专项计划专用账户，并由托管人监督使用，以防止专项计划资金及专项计划资产被挪用或不当使用的风险。

我国建立社会主义市场经济的法律与政策在专项计划期(18 个月)内预计不会发生重大变化；专项计划资金将投入交通基础设施，基础设施属国家重点支持和鼓励投资的行业，即使将来有关投资政策有所变化，根据法律效力的溯及力原则和合同的自治原则，专项计划的约定都将会受到合法的保护。

由以上分析可以看出，前项所列风险均可降至最低。

对于投资人来说投资价值相当可观：

首先，在不考虑现金增值管理收益和运行费用的情况下，投资成本 5.8 亿元本金以及

0.2%的认购费,总计58 116万元,在随后的三个投资期间将收到等额2亿元回报,每个投资期(6个月)的内部收益率(IRR)为1.612 3%,折合年收益率为3.224 6%。

其次,假如出现最坏情况,东莞控股违约,不提供现金流,由工商银行履行担保责任,每期末提供2亿元现金,考虑到每期74.67万元的运行成本,则每个投资期(6个月),实际收到现金流19 925.33万元,内部收益率(IRR)为1.421 5%,折合年收益率为2.843 0%。该专项计划现金流的一个特点是现金流入是持续的,而收入的分配在特定的时间,如果从计划一开始便对持续稳定的现金流进行积极的增值管理,该计划的总体受益将得到提升。

最后,该专项计划产品官方预期收益率在3%~3.5%之间,即使出现最坏情况,保底收益也达2.84%。同时该产品通过证券交易所大宗交易系统提供流动性安排,具有较好的流动性。相比目前短期固定收益品种,该专项计划产品收益高、风险低并具有一定的流动性,适合机构投资者和个人投资者投资。

思 考 题

1. ABS项目融资模式的基本要素、主要当事人分别是哪些?
2. ABS项目融资模式具有哪些主要特点?
3. 项目融资模式的典型运作模式与程序是怎样的?

第八章 信托融资

学习目的

信托融资中,项目发起人依托信托机构搭建融资平台,即信托机构根据具体项目设立信托计划向社会筹集资金,筹集到的资金通过信托机构投入到项目中去。通过本章案例学习,掌握信托融资模式的基本原理、基本要素、主要运作模式和信托方案设计方法;重点掌握贷款信托和股权投资信托。

案例1 京沪高速公路天津段项目股权投资信托融资

一、股权投资信托运作模式简介

股权投资信托指信托机构(受托人)按委托人的意愿以自己的名义使用信托资金对企业以股权方式进行投入,使企业拟建设项目顺利进行。受托人使用信托资金所投资的公司股权进行投入,其所有权自然登记在受托人的名下,信托财产则由初始的资金形态转换成了股权形态。受托人可根据修改后的公司章程,向项目公司派驻董事,参与项目公司的管理,行使股东权利。到期以后,受托人通过向第三方转让股权或者关联方回购的方式退出,信托收益主要来自于股权转让回购等收益。受托人在收取手续费并代缴有关税收后向委托人返还信托资金及收益。信托受益权经委托人审核登记后,可办理转让手续,也可继承。相对于其他运作方式的信托计划,股权投资信托投资人可能会实现较高收益,但同时要求信托公司本身具有较高的投资管理水平,能够有效控制风险。股权投资信托是信托公司较其他金融机构的优势所在,其运作模式如图8-1所示。

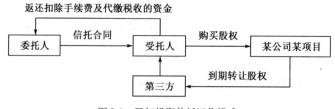

图8-1 股权投资信托运作模式

二、项目概况

京沪高速公路天津段项目是经过中华人民共和国交通部(后来更名为"中华人民共和国

交通运输部")以交规划[2003]263号文件批准建设的国家级重点工程,是京沪国道主干线的重要组成部分。京沪高速公路天津段分两期建设,其中一期工程起点:泗村店镇西"天津市富原肉鸡场"西北,与京津塘高速公路相接;终点:张家窝与拟建国家重点公路威海至乌海公路天津西段和已建京沪高深公路(代用线)天津外环西琉城至唐官屯段相连。

全长58.913km,全线共6处互通式立交,设计行车速度每小时120km,项目总投资金额为41.4亿元。项目建设工期原定为三年:2004年开工,2007年年中通车,根据政府要求,提前至2006年年底通车。

三、融资方案选择

京沪高速公路天津段一期项目总投资41亿元,天津市政工程局主管,由项目业主资本金11亿、国家开发银行贷款27亿和信托融资3亿的方式落实建设资金,如表8-1所示。

京沪高速公路天津段一期项目投资比例　　　　　表8-1

资金来源	资金数额(亿元)	比例(%)	资金来源	资金数额(亿元)	比例(%)
开发银行	27	66	项目业主	11	27
信托融资	3	7	合计	41	100

选择信托融资的原因如下:

1. 股权投资信托可为企业增资扩股

我国固定资产投资管理法规以及金融主管部门对固定资产建设项目均设定了明确的最低资本金比例,其中关于公路建设项目的资本金比例一般要求在35%以上。根据规定,项目公司股本资金必须满足项目建设的法定资本金要求,银行才能发放配套的项目贷款,并且原定于三年完工,后来政府要求项目要提前一年建成通车,项目公司资金捉襟见肘。作为拥有项目公司——天津通元高速公路有限责任公司75%股权的大股东深圳市中技实业发展(集团)有限公司(以下简称"深圳中技"),出于自身的考虑,不愿意一下拿出那么多资金来运作这个项目。

在我国,除了直接吸收国家资金、自有资金外,基础设施建设项目公司资本金筹集的方式可通过股份融资筹集,但是此公路项目的项目法人天津通元高速公路有限责任公司是非上市公司,目前我国金融机构里只有信托机构才能进行股权投资,比发行股票方式的股本融资有明显的优势,所以深圳中技想用信托工具先融资,再由国家开发银行提供贷款来完成项目的建设。

2. 项目收益好

项目本身收益的好坏直接取决于项目建成后通行车辆的结构及通行量的大小。京沪高速公路天津段竣工通车后将成为本市西南部地区的南北大通道,可大大缓解外环线的巨大交通压力。以前从北京去往上海方向的车辆,要通过京津塘高速公路,从宜兴埠收费站上外环线再接京沪高速公路代用线,增加了外环线和京沪代用线的压力,使得部分路段常常出现堵车的情况。随着京沪高速公路天津段的贯通,这些从京津塘高速来的车可直接从泗村店收费站上京沪高速公路,不再需要绕行。项目的效益分析如表8-2所示。

京沪高速公路天津段一期项目财务分析　　　　　　　表 8-2

项目的经济效益评价		财务评价的盈利能力分析	
国民经济内部收益率 EIRR	23.06%	财务内部收益率 FIRR	8.71%（税后）
评价末年累计经济净现值 ENPV	396 230.3 万元	财务净现值 FNPV	246 783.6 万元（税后）
投资回收期 N	10.51 年	财务投资回收期 N	17.10 年（税后）

从表 8-2 的数据可以看出本项目具有良好的效益，而好的效益将对回购股权的潜在第三方产生较强的吸引力。虽然没有直接以项目实现的收益来偿还信托资金，但项目本身具有良好的收益，这显然是第三方愿意购买信托股权的基础，从而给信托资金的安全回收提供了保障。

3. 信托融资环境良好

最后本项目的建设条件良好，建设方案合理可行，这使项目的顺利建成以及本融资方案的实施具备了较好的前提条件。京沪高速公路天津段的建成通车，对完善国家高速公路网，促进我国东北、华北与华东及东南沿海地区的经济发展与交流具有重要意义。从而保证了本项目从建设之初就得到了政府和老百姓的支持，也为项目的顺利融资提供了良好环境。

经过融资决策分析，本项目最终的融资方案就是先以股权投资信托融资，达到注册资本金要求后，再将收费权押给银行获得贷款。

四、信托融资方案分析

（一）委托人

京沪高速天津段一期工程股权投资项目信托计划面向中国境内具有完全民事行为能力的自然人、法人或依法成立的其他组织，委托人保证委托给信托公司的资金是其合法所有的可支配财产。

（二）受托人

受托人是北京国际信托投资有限公司，已于 2008 年正式更名为北京国际信托有限公司（以下简称"北京国投"）。

（三）贷款人

此公路项目的项目法人天津通元高速公路有限责任公司（以下简称"天津通元"），成立于 2004 年 6 月，注册资金 4.8 亿元，负责京沪高速公路（天津段）投资、建设、经营、管理，拥有京沪高速公路（天津段）30 年收费权。深圳中技和天津市高速公路投资建设发展公司（以下简称"天津高速"）分别持有天津通元高速公路有限责任公司 75% 和 25% 的股权。

天津市高速投资公司是隶属于天津市市政工程局的国有独资企业，成立于 1994 年，公司注册资本为 7.9 亿元人民币，总资产达 190 亿元人民币，独家享有天津市境内高等级公路的建设及投资权，是集公路、桥梁等基础设施项目融资、投资、建设、经营和管理为一体的大型公路经营企业。

深圳中技是上市公司，总资产达 81.3 亿元，其中流动资产 27.3 亿元，固定资产 50.1 亿元，流动负债为 14.7 亿元。

(四)信托计划的交易结构

本信托计划名称为京沪高速公路天津段一期工程资本金投资集合资金信托计划,累计募集信托计划资金 30 060 万元整。信托期限自信托计划成立之日 2005 年 3 月 4 日开始,于 2009 年 3 月 4 日终止。信托计划资金均存放于北京信托在中国民生银行北京亚运村支行开立的信托计划专户内。信托计划到期由深圳中技溢价分期回收股权,并由第三方在深圳中技不能如约回收股权的情况下受让股权。

北京国投将信托计划项下全体委托人交付的信托资金集合运用,按委托人的意愿以自己的名义以资本金的形式投资,为天津通元增资扩股,2005 年 3 月 7 日,深圳中技、天津高速正式签署了《天津通元高速公路有限责任公司增资协议》和《天津通元高速公路有限责任公司章程修订案》。根据协议,天津通元必须将信托资金用于京沪高速公路天津段一期工程的开发和建设;北京国投按照信托融资的规模获得相应的股权,股权登记在北京国投的名下,并将派出董事、监事以及财务方面的代表参与到项目的运作(主要参与到该公路项目的财务方面,具体的实施工作参与较少)。以管理、运用或处分信托财产形成的收入作为信托利益的来源,为受益人获取投资收益。

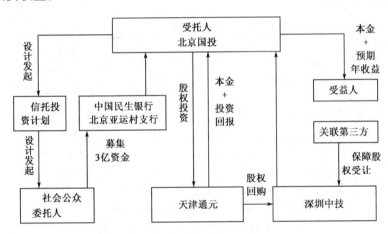

图 8-2 信托计划的交易结构

由于北京国投的参与,该项目的实际股东由两方变成了三方。2005 年 10 月 10 日天津通元召开了股东会,就资本公积金转增公司注册资本事项,形成了股东会决议,三方股东签署了《天津通元高速公路有限责任公司资本公积金转增注册资本之股东协议》。2005 年 10 月 16 日,天津市吉威有限责任会计师事务所出具《天津通元高速公路有限责任公司验资报告书》,并办理了工商变更登记,取得了新的营业执照。各股东持股情况如表 8-3 所示。

天津通元高速公路有限责任公司各股东持股比例　　表 8-3

股 东 名 称	出资额(万元)	持股比例(%)
深圳中技	66 525.368	47.93
天津高速	34 700	25.00
北京国投	37 574.632	27.07
合计	138 800	100.00

另外,国家开发银行于 2005 年 8 月被批准为京沪高速公路天津段一期工程项目,向天津通元发放 27 亿元长期贷款,专门用于项目建设,贷款利率实行一年一调整(例如在 2007 年,央行调高了银行贷款基准利率,天津通元与贷款银行调整了部分贷款的利率水平:部分实行基本利率下浮 10% 的标准,仍有部分实行基本利率);贷款与资本金同比例发放。至此,京沪高速公路天津段一期项目资金全部落实。

(五)信托收益

本信托采用结构化设计,按期限的不同分为二年期、三年期以及四年期。本信托计划约定:"信托利益来源于信托计划财产管理、运用和处分过程中产生的全部收入,包括北京国投持有的信托股权产生的股息红利收入、信托股权转让收入以及其他收入的总和,扣除信托计划第十一条规定的信托计划财产应承担的费用的余额部分。"

根据《关于天津通元高速公路有限责任公司之股权转让协议 I》及补充协议,投资人的收益由深圳中技每年向北京国投收回一定比例的股权来实现,从价格上讲是 110% 的比例,每年分配一次收益。深圳中技如期支付股权转让价款,扣除信托财产应承担的费用后,各年实现的信托收益情况如表 8-4 所示。

信 托 收 益 表(元) 表 8-4

年 份	支付的股权转让价款	投 资 收 益	利 息 收 入	信托财产应承担的费用	应实现信托收益
2005			453 816.59	28 332.86	425 483.73
2006	30 961 800.00	30 961 800.00	40 416.60	7 273 158.52	23 729 058.08
2007	186 871 800.00	30 361 800.00	80 243.09	7 135 903.09	23 306 140.00
2008	60 771 270.00	14 841 270.00	25 259.43	2 224 276.24	12 642 253.19
2009	108 270 480.00	10 110 480.00	177 779.61	1 824 886.81	8 303 372.80

依照信托文件约定,本信托终止时信托财产为货币资金形态,以现金形式分配受益人。在每个信托年度届满之日起的 10 个工作日内进行了信托利益分配。

本信托计划可供分配金额共计 369 006 307.80 元。其中包括:信托资金本金 30 060 万元,信托收益 68 406 307.80 元。分配情况如表 8-5 所示。

信托利益分配表 表 8-5

信托利益	二 年 期	三 年 期	四 年 期	累 计
信托本金(元)	156 510 000	145 930 000	98 160 000	300 600 000
2006 年 3 月分配信托利益(元)	10 967 700	367 400	8 834 400	23 476 500
2007 年 3 月分配信托利益(元)	167 453 700	367 400	8 834 400	179 962 500
2008 年 3 月分配信托利益(元)		49 604 400	8 834 400	58 438 800
2009 年 3 月分配信托利益(元)			106 994 400	106 994 400
累计分配信托利益(元)	178 421 400	56 953 200	133 497 600	368 872 200
实现信托收益率	7%	8%	9%	

注:2006 年 3 月同时分配信托推介期内银行存款活期利息 134 107.80 元。

(六)风险控制

(1)股权回购:协议规定,信托期内及信托届满时,由深圳中技逐年置换股权实现信托资金的退出和收益的偿付。

(2)股权质押:深圳中技将3.8亿元的股权质押给北京国投,作为受让股权的保证,也使受托人作为绝对控股人方便对项目公司财产进行处置。在深圳中技履行完所有义务后方可解押。除此之外北京国投还监管优先受让人股权受让专用银行账户,要求深圳中技在回购期前两个月存入保证金,保证回购资金到位。

(3)超额担保:实际上,这个项目只需要3.4亿元的股权担保,深圳中技3.8亿元的股权质押是一种超额担保。如果到时候因时间问题股权转让价格低一些,由于有了超额担保,即使价格低些也是能被转让方接受。且如果深圳中技放弃受让权时,质押股权作为超额担保,可向第三方转让股权,从而保证偿还投资人的本金和收益。

(4)股权退出安排优先性:在信托持股未全部退出前,未经北京国投的同意,现有股东股权不得转让,从而约束各方股东尽职尽责,确保投资人的利益和投资企业的良好经济效益。

(5)北京国投参与通元高速日常经营管理,要求天津通元对外负债(含或有负债)、对外担保和投资必须经北京国投同意。这样的举措既可保证持股人的股权不被摊薄,也可保证项目公司的重大决策符合投资人的利益。

(七)信托计划的管理

信托计划的管理的根据是:《信托法》、《信托公司管理办法》、《信托业务会计核算办法》、《信托公司集合资金信托计划管理办法》的相关规定。

(1)为防止贷款被挤占或挪用,北京国投为信托计划资金设立银行专用账户。信托计划资金单独记账,不同投资人的信托资金按其占信托计划资金的比例分别记账。信托计划资金与北京国投信托自有资金和其他信托财产分别管理,北京国投固有财产运用部门与本信托资金运用部门由不同的高级管理人员负责管理,并指派专门的信托执行经理处理信托项目下的信托事务。北京国投办理信托事务的管理机构在业务上独立于北京国投的其他部门,其工作人员不与公司其他业务部门相互兼职,具体业务信息不与公司的其他业务部门共享。

(2)北京信托严格按照约定进行,将管理情况充分披露给本信托计划的委托人和受益人,按月编制信托资金运作及收益情况表、信托财产管理报告,投资者可采用下列方式获得相关披露信息:在受托人营业场所索取;来函索取邮寄;在受托人公司网站在线查看电子版的管理报告。

五、经验总结

京沪高速公路天津段一期建设项目信托融资以股权质押获得信托资金的股权投资,达到注册资本金要求后,再将收费权押给银行获得贷款。这次融资方案被认为是灵活运用信托和银行这两种融资工具的典范。

此次信托融资的成功实施,与它良好的安全保障是分不开的,采取了股权回购、股权质押、超额担保、股权退出安排优先性的保障措施。北京国投还亲自参与通元高速日常经营管理,这样既可保证持股人的股权不被摊薄,也可保证项目公司的重大决策符合投资人的利益。总的来说这个信托计划在建设上几乎是没有风险的,主要的风险来自于有没有回购的风险。不过由于这个项目的优势,有意收购股权的机构不在少数。并且为保险起见,北京国投还要求深圳中技在回购期前两个月存入保证金,一旦北京国投发现深圳中技存入保证金有困难时,便可以对股权进行处置。这些保障措施都值得借鉴。

不足之处在于北京国投主要参与到的只是到该公路项目的财务方面,具体的项目实施工作参与较少,这不利于对工程的督促和控制。另外因本次信托融资采取的是股权投资信托,流动性较差,受让人在信托期限内虽然可以转让但是不可赎回,这让有些投资者望而却步。

案例2 四川高速优质债权受让项目集合资金信托融资

一、引言

信托融资是将公司股权或债权通过信托计划发行转让给投资者,信托将投资人与公司隔离开,投资人享有公司收益权,公司仍由原管理者管理,不丧失对公司的控制权。信托融资的主要特点有:

(1)报批程序和后续管理较债券、股票相对便捷、灵活,有利于统筹协调。众所周知,企业债券是由国家发改委审批,规模有限制,可持续融资能力较弱;股票上市的程序更复杂、环节更多,后续经营和资金调剂更是受到证监会等有关部门的严格监管。而从信托产品的管理方面来说,目前银监会对信托的管理是比较市场化的,因此信托业的创新可以与货币市场、资本市场和实物市场自如对接。在产品设计上,信托公司还可以创新出各种不同的产品以适用于不同的投资者。

(2)信托的独立性和隔离原理可以使优质资产受《中华人民共和国信托法》保护。

(3)收益分配政策可以根据整个金融市场和投资者的预期反映来统筹安排,既可以不承诺保底收益,也可以自行享有超额部分的收益。实际操作中,综合融资成本控制在银行存款利率与贷款利率之间。

(4)信托融资对募集资金的使用方向没有硬性的规定,甚至可以作为项目资本金,使用起来更为灵活。

二、案例介绍及分析

金融机构针对四川省高速公路的特点,设计了"四川高速优质债权受让项目集合资金信托计划",四川高速公路建设开发总公司(以下简称"川高公司")作为对四川省高速公路国有资产进行经营和监管的集团性控股公司,经四川省交通厅批准,承担此次信托融资计划的发行工作。

(一)信托融资计划项目主体的选择

实施信托计划,首先要选择一条效益优良的高速公路项目,将其债权作为信托财产。在本案例中,川高公司选择参股的成绵高速公路作为信托发行的项目主体:

(1)成绵高速公路是四川省第二条通车的高速公路,在社会上有很高的知名度和良好社会效益。成绵路辐射的成都—德阳—绵阳经济圈,是四川省经济最为发达的地区。

(2)成绵路的年通行费收入约2.5亿元,是全省经济效益最好的高速公路之一。

(3)川高公司对成绵路持有40%的股权和4亿元的债权,每年(从2004年起)可获得

8 000万~1亿元的现金分红,将其作为信托计划的收益分配给投资者,是非常有保障的。

(二)信托融资计划的规模、期限、投资回报率等设计要素

发行规模:根据川高公司持有的成绵路债权规模,考虑到市场的接受能力,发行规模确定为人民币3.5亿元。

发行期限:根据川高公司的资金需求和周转能力,发行期限确定为一年。

信托收益率:参考国内同类信托产品的发行经验,结合银行同期存贷款利率水平,为更好地吸引投资者,信托收益率定为4%,高于同期银行存款利率2个百分点,较同期银行贷款利率低1.5个百分点。

信托融资计划的回购:信托计划期满后,由川高公司对信托财产进行溢价赎回,溢价部分即作为投资者的信托受益。

信托计划期间的转让:为降低投资者的风险,信托存续期间内,投资者可根据自己的意愿,对持有的信托产品进行转让。

(三)信托风险控制

作为一种新型融资工具,为控制产品风险,以更好地吸引投资者,除利用成绵路本身的良好效益和川高公司承诺到期回购外,川高公司还与中国民生银行达成合作协议,由民生银行对此次信托计划提供全额不可撤销担保,川高公司如不能履行到期回购义务,民生银行将承担连带保证责任。

(四)信托融资程序

1. 实施方案

信托公司按照"四川高速优质债权受让项目集合资金信托计划"的设计,遵照《中华人民共和国信托法》的有关规定,通过银行等发行系统,向社会投资者募集资金3.5亿元,用于收购川高公司将其拥有的成绵高速公路4亿元债权,期限一年。一年后由川高公司对该债权进行溢价赎回,溢价部分即作为投资者的信托受益。预计投资者年收益为4%,而信托融资单位川高公司的融资总成本约为5%。

2. 操作流程图(图8-3)

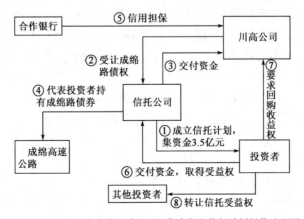

图8-3 四川高速优质债权受让项目集合资金信托计划操作流程图

3. 流程详解

(1) 信托公司通过"四川高速优质债权受让项目集合资金信托计划",募集资金3.5亿元。

(2) 信托公司与川高公司签订信托合同,受让川高公司持有的成绵路债权,一年后由川高公司对债权进行溢价回购。

(3) 信托公司向川高公司交付受让债权资金。

(4) 信托公司代表投资者持有成绵路债权。

(5) 中国民生银行为川高公司到期回购信托受益权提供全额不可撤销担保。

(6) 投资者交付资金,取得信托受益权。

(7) 转让满一年后,川高公司一次性回购信托受益权。

(8) 转让期内,信托公司为社会投资者提供信托受益权转让服务。

(五) 信托融资结果

按照上述信托产品的设计和流程安排,经过详细的市场调查,川高公司联合成都衡平信托公司和中国民生银行,于2005年2月15日开始进入信托发行推介期,针对较大的机构客户和有实力的个人投资者,进行信托产品的介绍和预约活动。于3月15日圆满完成了信托计划的发行工作,成功募集资金3.5亿元。

(六) 募集资金的安排

通过信托融资募集来的资金,可以自主安排用途,可以作为项目资本金。因此,结合四川省高速公路资本金普遍不足、财务费用过高的现状,川高公司将募集来的信托资金用于川高公司控股的内宜高速公路,进一步提高其经营效益,为今后滚动融资打下基础。2005年6月20日,3.5亿元信托资金已全部作为项目资本金投入内宜高速公路,标志着此次信托发行阶段性工作告一段落。

三、启示与展望

目前,新的国家高速公路网规划已正式形成,规划高速公路里程8.5万km,其中在建和待建6万km。按静态投资匡算,今后完成国家高速公路网建设资金需求约2.2万亿元,其中西部地区需求高达1.2万亿元。与高昂的投资需求相比,单一的资金来源远远不能满足建设要求。地方财力有限,政府投资捉襟见肘,银行信贷规模的收缩,使得高速公路建设面临巨大的资金压力。因此,寻找新型融资工具、拓宽高速公路融资渠道就成为当务之急。

国务院《关于推进资本市场改革开放和稳定发展的若干意见》明确提出"建立以市场为主导的品种创新机制,健全资本市场功能,完善资本市场体系,丰富证券投资品种",央行多次鼓励直接融资的态度也表明,新的直接融资产品必然在规范有效的产品交易市场中得到大的发展。股票市场从无到有到今天的发展规模,启示我们要抓住机遇取得先发优势,从小规模短期限做起,在摸索经验的同时确立适合我国高速公路现状并能与今后流通市场对接的直接融资工具,为下一步长期的、规模更大的融资打下基础。

在四川省的高速公路建设中,除已实现的H股上市、中外合作等方式外,今年还将开展A股上市、BOT、TOT等直接融资方式的探索。作为贴近当前市场发展品种、融资程序相对简便的信托融资,可以视为打破高速公路融资瓶颈的有益尝试。信托融资计划的成功实施,改变了单一依靠银行贷款的局面,实现了间接融资到直接融资的转变。在大量吸纳民间资金的同时,还可确保交通主管部门行业管理力度不减,保持了高速公路的公益服务性质,达到了国家、社会、企业共赢的效果。

信托融资的实施,还为其高端产品——资产证券化的推进积累了经验。自2003年以来,国内外的投资银行与信托公司纷纷介入资产证券化和信托市场,开始出现市场竞争的态势,在信托产品创新、形象宣传、转让回购方式、回报预期等方面趋于成熟。

近年来,中国资本市场上尽管还没有出现实质意义上的资产证券化操作,但信托的创新和开拓为资产证券化在中国的发展创造了有利条件,某些信托产品已具有"准资产证券化"性质。在我国比较有可能证券化的资产主要有房地产抵押贷款、基础设施收费、出口应收款和银行不良资产等。而国务院《关于推进资本市场改革开放和稳定发展的若干意见》也将极大地推动资产证券化的发展。2003年,财政部、人民银行、证监会、银监会联合成立推进资产证券化的工作小组,在完成前期调研工作后将提交立法草案,专家预计《资产证券化法》不久将出台。可以肯定,信托融资计划作为一种资产证券化的主要形式会随着法律环境的完善,在市场流通、发行规模、融资成本控制、交易效率等方面得到快速的发展,在交通等基础设施领域的应用也将发挥更大的作用。

案例3　浏阳制造产业园基础设施信托融资

一、案例背景

浏阳制造业产业园区成立于2003年,是湖南省级工业园区—浏阳市工业园的现代制造产业基地,园区位于浏阳市西北部的全国小城镇建设重点镇永安镇,距长沙市区22km,距湖南省黄花国际机场8km,距浏阳市区30km,距武广高速铁路长沙站18km,区位优势十分明显,发展势头很好。但是随着经济全球化进程的不断加快,我国社会经济的方方面面都发生了深刻的变革。浏阳制造业工业园区和我国许多地方工业园区一样,发展所面临的最大问题就是融资问题,以基础设施融资尤为突出。

二、浏阳制造产业园基础设施信托融资具体方案

为了更好地设计浏阳制造产业园基础设施信托融资方案,本文将其具体设计为三个方案,并通过比较各方案的风险与优势,从中选取最优方案。具体三个方案分别是:

方案一:集合股权信托方案。
方案二:集合资金贷款信托方案。
方案三:单一信托方案。

前两个方案属于集合资金信托计划。集合资金信托计划是由信托这一概念派生出的新型信托方式,属于信托的衍生品,是我国资本市场金融创新中出现的一种新兴的融资方式,发展势头强劲,受到了投资者的极大关注。浏阳制造产业园基础设施信托融资方案运作简要流程如图8-4所示。

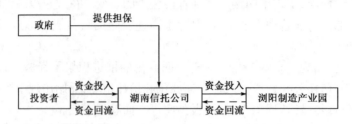

图 8-4　浏阳制造产业园基础设施信托方案运作流程图

在确定不同信托融资方案各主体的收益率时,由于受到发行地区、存续期限、资金投向、担保方式的影响,信托产品的预期收益率表现形式和水平高低均差别较大。所以我们借鉴了 2007 年全国集合信托产品预期收益率,将 2007 年收集的集合资金信托产品的预期收益率与存续期限进行对比分析,统计结果如表 8-6 所示。从信托产品平均预期收益率来看,由于 2007 年加息频繁,加息预期明显,相当多的集合资金信托产品都设计了有浮动的区间收益率,保证了投资者的收益。

2007 年集合资金信托产品预期收益区间与期限一览表　　表 8-6

期　　限	产 品 数 量	最高预期收益率(年化)(%)	最低预期收益率(年化)(%)
$N<1$ 年	1	9.60	3.60
$N=1$ 年	186	30.00	3.70
1 年 $<N<2$ 年	57	37.5	-5.00(有限保本型)
$N=2$ 年	96	19.00	3.69
2 年 $<N<3$ 年	22	8.00	4.50
$N=3$ 年	47	25.00	4.38
$N>3$ 年	68		
开放式	47		
合计	524		

注:两年以上期限产品多为基础设施,工商企业等传统信托产品,1~2 年期限产品多为证券投资类产品。股预期收益形态和含义均有差异,因此出现期限和收益率不匹配现象。

1. 集合股权信托

集合资金股权信托是指集合两个或两个以上委托人的资金以股权形式进行投资的信托产品,包括基于信托股权的受益权转让。在集合股权信托计划中,委托人是指多个投资者的集合,投资者可以是社团法人,也可以是自然人。按照《中华人民共和国信托法》的规定,委托人基于对受托人的信任,自愿将其合法所有的资金委托给受托人进行经营管理,由受托人本着"受人之托、代人理财"的理念集合运用。在实际操作中,委托人可指定受托人以到期回购股权赎回资金方式投资,也可指定受托人以到期转为普通股股权方式,前者收取投资分红和溢(折)价转让收益、后者收取长期股权投资收益。

具体融资方案如下:

湖南信托有限责任公司（以下简称"湖南信托"）向浏阳制造产业园投资有限公司（以下简称"项目公司"）以增资扩股的方式进行融资。首先湖南信托以浏阳制造产业园基础设施建设项目发起集合股权信托计划，然后将募集而来的资金以增资扩股的方式投入项目公司，信托到期项目公司以双方约定的价格将湖南信托以信托资金持有的股权购回，信托终止。

本次浏阳制造产业园基础设施拟需融资1亿元，融资期限为2年。湖南信托与项目公司以协议约定融资成本为12%/年，即项目公司在信托到期后，需以124%的价格回购湖南信托以信托资金持有的公司股权。根据上述设计的融资方案，湖南信托首先以浏阳制造产业园基础设施建设项目发起集合股权信托计划，然后将募集而来的1亿元信托资金以增资扩股方式投入到项目公司，并办理工商变更手续，正式成为该公司的股东。项目公司的主要还款来源是该园区税收返还及项目土地出让收入等，抵押方式为商服土地抵押（抵押率为50%），担保方式为浏阳市政府出具将信托到期项目公司回购股权资金纳入当年财政预算的函。

根据上文所提出的收益率的设定（$N=2$年的收益率区间为3.69%~19.00%），湖南信托将给投资者6%/年的投资收益，除去营销费、银行保管费等，约为1.3%/年的固定支出，湖南信托可收取4.7%/年的信托报酬。不难算出，浏阳制造产业园融资1亿元，2年期限需支付的股权溢价款为$10\,000\times12\%\times2=2\,400$万元，投资者得到的收益为$10\,000\times6\%\times2=1\,200$万元，除去营销费、银行保管费等费用，湖南信托通过该信托计划可得到的信托报酬为940万元。

2. 集合资金贷款信托

集合资金贷款信托是指以货币形态的资金作为信托财产的信托业务，由委托人把货币资金交付给受托人，当信托终止时，受托人将仍以货币资金的形式向收益人支付本金和收益。在实际操作中，受托人可以设定1年期、2年或更长周期的信托计划，委托人可选择不同期限的信托投资计划品种。与现行的定期存款利率和国债利率相比，委托人持有信托贷款的投资收益明显高于前两者。

集合贷款信托与集合股权信托的区别在于受托人持有的权利不同，前者在被投资主体中表现为股东权利，委托人通过受托人从被投资主体方收取分红；而后者则表现为债权关系，委托人通过受托人从被投资主体方收取贷款利息。

该方案也属于集合信托计划，具体融资方案：

首先，湖南信托以浏阳制造产业园基础设施建设项目发起集合资金信托计划，然后将募集而来的资金以贷款的方式投入项目公司，信托到期项目公司归还信托公司贷款，信托终止。

我们也可以按照方案一对各主体方利率的设定，项目公司的融资成本为12%/年，即湖南信托公司收取浏阳制造产业园12%/年的贷款利息；湖南信托向投资者支付6%/年的投资收益。湖南信托首先以浏阳制造产业园基础设施建设项目发起集合资金信托计划，然后将募集而来的1亿元信托资金以贷款的方式投入到项目公司。项目公司的主要还款来源是该园区税收返还及项目土地出让收入等，抵押方式为商服土地抵押（抵押率为50%），担保方式为浏阳市政府出具将信托到期项目公司回购股权资金纳入当年财政预算的函。

由于此方案与方案一在利率设定及固定开支一致，所以，不难算出，浏阳制造产业园融资1亿元，2年期限需支付的贷款利息为$10\,000\times12\%\times2=2\,400$万元，投资者得到的收益为$10\,000\times6\%\times2=1\,200$万元，湖南信托通过该信托计划可得到的信托报酬为940万元。

浏阳制造产业园集合资金贷款信托计划融资过程设计见图8-5。

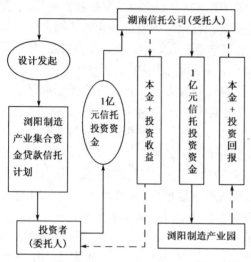

图 8-5 浏阳制造产业园集合资金贷款信托
计划融资过程设计

3. 单一信托

单一信托是针对集合信托而言的,指一个合格投资者将合法拥有的资金委托信托公司指定进行某项投资的信托产品。在此方案中,信托公司只是充当平台的角色,收取一定的平台费,与集合信托相比,湖南信托公司收益率较低,风险较小。

具体融资方案:

某合格投资者(以下简称"委托人")将合法拥有的1亿元资金委托给湖南信托,指定贷款给浏阳制造产业园用于该园区的基础设施建设。该园区的融资成本由委托人与项目公司商定,湖南信托在此只收取平台费。

浏阳制造产业园基础设施拟需融资1亿元,融资期限为2年。委托人与项目公司商定的融资成本仍为12%/年。项目公司的主要还款来源仍是该园区税收返还及项目土地出让收入等,抵押方式为商服土地抵押(抵押率为50%),担保方式为浏阳市政府出具将信托到期项目公司回购股权资金纳入当年财政预算的函。

在此方案中,项目公司融资成本不变,仍为2 400万元;湖南信托由于只充当了融资平台作用,信托报酬仅为200万元;委托人在此方案中由于承担风险较大,因此,收益为2 200万元(在此方案中没有营销费用及银行保管费)。

三、浏阳制造产业园基础设施信托融资方案选择

信托是吸收民间资金的有效投融资工具,产业园基础设施建设信托融资可以将信托投资机构作为融资母体,以集合资金信托为融资手段,通过构建信托融资平台启动民间投资。信托投资机构必须把握产业园基础设施建设投资的关键,通过参与各主体的协调,设计出好的融资计划、风险控制方案、收益共享方案,甚至还可以积极参与发起项目公司,成为项目的主办人并作为项目的投融资中介,接受分散投资者资金信托,以贷款信托或股权融资的形式参与基础设施建设项目。

湖南信托公司作为非银行金融机构,具有一定的综合优势,可以使投资者与项目发起人建立起比较清晰的产权或债权关系,隔离项目资产,并可以在多个参与主体之间描绘出比较清晰的法律关系,以便各关系人正确行使权利并履行义务。对融资企业而言,选择投资预期前景良好的开发项目,根据开发进度灵活配置信托品种,可实现企业融资效率和效益的优化配置。

方案一和方案二属于集合信托方案,采用集合信托方式投资产业园基础设施建设。好处在于:第一,仍可以使多元化投资战略继续实施,项目资金需求通过社会融资渠道得以满足;第二,为社会上企业和个人的闲散资金拓宽了投资领域,避免单一投资者话语权过大以及利益外流等问题,保证了经营权不致遭到分解;第三,由于信托公司承担的风险较大,投资收益也较高。与此同时,集合信托应用于基础设施融资的法制环境也在逐步完善。

方案一中,湖南信托公司收益高,风险大。在实际操作中,可能涉及到国有资产转让等复

杂的问题。方案二中,湖南信托公司收益高,风险大。但是,如果需要筹资,公司倾向于首先采用内部筹资,因此不会传播任何可能对股价不利的信息;如果需要外部筹资,公司将优先选择债权筹资,再选择其他外部股权筹资,这种筹资顺序的选择也不会传递对公司股价产生不利影响的信息。由于浏阳制造产业园基础设施项目是地方政府性工程项目,在很大程度上有地方财力做后盾,安全性方面可满足投资者规避风险的需求。所以在方案一和方案二中,本文选择方案二:集合资金贷款信托。

方案三中,湖南信托收益低,风险小。但是基于政府的担保与浏阳制造产业园的土地抵押等,融资方案本身的风险也可以得到控制,收益低的不足使得方案三不予采纳,所以不选择方案三。

综上所述,不同方案存在不同的优势和潜在风险,我们在最优方案选择时,考虑到现实中不同主体:政府、信托公司、投资者、项目公司(浏阳制造产业园)的风险共担,利益共享,从而选择集合资金贷款信托方案,即方案二。

延伸阅读

信托融资 10 亿招商地产开启业界融资新竞赛

刘晓云

很久未有融资举措的招商局地产控股股份有限公司(以下简称"招商地产",000024.SZ)刚迈入 2008 年门槛便迫不及待地启动了融资计划,凭借其拥有的物业优势,计划以资产通过信托方式实现融资,成为继万科 A(000002.SZ)、金地集团(600383.SH)后又一家发行资产信托产品的地产公司,亦成为招商地产进行股权融资、公司债融资等方式后另一个新的融资渠道。

2007 年 1 月 16 日,招商地产公告称,将与上海国际信托有限公司设立资产支持信托,信托品种为期限不超过 3 年的 10 亿元资金。

"现在股权融资基本叫停,招商一直在寻找新的融资方式,所以考虑做纯资产融资来得到后续资金。"招商地产董秘处主任刘宁说。

联合证券分析师认为,在货币紧缩政策下,招商地产的信托融资很有可能引发地产上市公司的"第四种融资"竞赛。

出租物业支持信托融资。

这份刚刚公告的信托融资计划,在资产支持信托设计上,分为优先级受益权和次级受益权。其中次级受益权由招商地产享有,优先受益权则由资金提供方,即信托单位的购买者来享有。按照计划,招商地产专门将旗下包括深圳招商地产有限公司和深圳招商新安置业有限公司部分物业产权的资产包打包作为该信托的支持财产。招商地产将与上海信托设立上信国瑞·招商地产资产支持信托,并发行上信国瑞·招商地产资产支持信托优先级信托单位。

招商地产取得设立上信国瑞·招商地产资产支持信托的信托对价,包括上信国瑞·招商地产资产支持信托优先级信托单位发行资金和上信国瑞招商地产资产支持信托的次级受益权。

按照东方证券的分析,招商地产此次计划将位于深圳蛇口较成熟的出租物业未来租赁收益权的优先受益权,转让给社会投资者,并在三年内按约定价格回购优先受益权,从而达到融资的目的。公司仍旧拥有出租物业的所有权,通过信托方式融资增强了公司投资性物业资产的流动性,并获得了企业发展所需的资金。

招商地产的业务分为出租和销售业务。目前,其销售业务已在全国发展,而出租业务则集中在深圳蛇口。

据了解,招商地产的物业租赁业务是一笔不菲的收入。2007年招商地产出租面积约为80万 m^2,价值约120亿元。租赁收益约占到公司全部收益的15%。大量持有物业为招商地产带来了更低的融资成本,即使以抵押融资也可以获得低息贷款。

"出租收益的稳定,可保障公司业务发展的稳健性和可持续性,增强抗风险能力。"刘宁说。

招商地产的开发业务也带来丰厚的回报。

2007年1月10日招商地产发布年报预告,公司2007年年度净利润与2006年同期相比,增长约100%。

"按照预增100%测算,公司2007年净利润在11.36亿元左右,再加上公司土地储备全面进入开发收获期,因此,公司未来业绩快速增长有保障,预计未来3年净利润将保持60%以上的复合增长。"国信证券房地产行业首席分析师方焱分析说。而这些,均为招商地产的融资计划带来新的希望。

2007年,除延续完成去年的23亿元定向增发外,招商地产一直没有新的增发或融资计划。"去年我们只做了一次资本市场的股权融资。"刘宁说。

而与此相对应的是,招商地产的扩张步伐却愈迈愈大,其土地储备在2007年下半年以来数量猛增,几度拿下巨幅土地。

回头看招商地产去年的融资情况,便可发现,实际上招商地产的资金已经捉襟见肘。在2007年12月11日,大股东招商局蛇口工业区有限公司通过招商银行新时代支行向招商地产提供了2亿元的一年期委托贷款。更早些时候,招商地产以同样的方式取得了3亿元、一年期委托贷款。

2007年8月10日,招商地产全资子公司香港瑞嘉投资实业有限公司向蛇口工业区全资子公司达峰国际股份有限公司分4次借款2 400万美元。

由于每次融资的资金量都以亿元计,因而招商地产2007年12月28日所获的近3 600万元现金就显得微不足道。而另一方面,招商地产通过关联交易,向大股东出售了部分租赁物业,进行回款,回流资金2.8亿元。

"由于是国有企业,在资本市场上融资难度较大。"招商地产内部管理人员表示,公司主要的融资方式仍然为传统的银行贷款。

随着金融紧缩,之前一直通过股权融资上市的房地产公司在资本市场的路上愈走愈艰难,自泛海建设的增发方案被否决后,上市公司的股权融资在短时间内基本看不到希望,股市直接融资的模式就显得比较艰难,因而只能考虑其他的融资方式。

而此次通过信托进行融资,无疑是招商地产应对近期资金链绷紧的一个最新举措,也使其他的房地产公司看到了新的希望。

据了解,信托产品具有融资成本低、融资速度快的特点。一旦出现中央严控房贷,增发等融资渠道不畅时,信贷融资就成为房地产公司获取资金的重要渠道。2004年、2005年万科、金地发行信托产品也具有这样的宏观背景。

"不放弃一切可以利用的融资机会",不仅是招商地产,也是所有房地产企业的共同想法。联合证券分析师认为,房地产上市公司此前主要围绕定向增发、公开增发和公司债进行,而在此次招商地产进行的信托融资后,很可能再次拉开继定向增发、公开增发和公司债之后的"第四种融资"竞赛。

思 考 题

1. 简述信托融资的基本原理。
2. 试述股权信托融资的主要运作程序。

第九章 杠杆租赁融资

学习目的

杠杆租赁是融资租赁的一种特殊方式,又称减租租赁,即由贸易方政府向设备出租者提供减税及信贷刺激,而使租赁公司以较优惠条件进行设备出租的一种方式。在杠杆租赁中,出租人只需承担小部分设备购置成本,其余大部分成本由银行等金融机构提供贷款补足。通过本章案例学习,掌握杠杆租赁的基本思路、典型运作程序和主要优缺点。

案例 法国迪斯尼乐园项目融资

一、项目背景

欧洲迪斯尼乐园位于法国首都巴黎的郊区,筹划于20世纪80年代后期,是一个广受注意同时又备受争议的项目。一方面,美国文化与欧洲传统文化的冲突,使得这个项目经常成为新闻媒体跟踪的目标;另一方面,不时传来有关项目经营出现困难的消息也在国际金融界广受关注。

然而,从项目融资的角度,欧洲迪斯尼乐园项目具有很强的创造性和典型意义。首先,欧洲迪斯尼乐园完全不同于传统的项目融资工作的领域,即资源型和能源型工业项目、大型基础设施项目等,其项目边界以及项目经济强度的确定要比工业和基础设施项目复杂得多,因而其融资结构走出传统的项目融资模式也成为必然的发展结果;其次,作为项目的发起人美国迪斯尼公司,欧洲迪斯尼乐园项目融资是一个非常成功的结构,这不仅体现在美国迪斯尼公司只用了很少的自有资金就完成了这项复杂工程的投资和融资(以项目第一期工程为例,总投资为149亿法郎,按当时汇率折合23.84亿美元,美国迪斯尼公司只出资21.04亿法郎,仅占总投资的14.12%),而且表现在该公司对项目的完全控制权上,这在一般项目融资结构中是很难做到的,因为贷款银行总是要求对项目具有一定的控制能力。

二、欧洲迪斯尼乐园项目的投资结构

1987年3月,美国迪斯尼公司与法国政府签署了一项原则协议,在法国巴黎的郊区兴建欧洲迪斯尼乐园。

法国东方汇理银行被任命为项目融资的财务顾问,负责项目的投资结构和融资结构的设

计和组织工作。美国迪斯尼公司对结构设计提出了三个具体要求:

(1)融资结构必须保证可以筹集到项目所需资金。

(2)项目的资金成本必然低于"市场平均成本"。

(3)项目发起人必须获得高于"市场平均水平"的经营自主权。

法国东方汇理银行一直不认为第一个要求是一个重要问题;然而,其第二和第三个要求,则是对项目融资结构设计的一个重大挑战。首先,欧洲迪斯尼乐园项目是一个极为复杂的工程,其开发时间前后长达20年,在一个2 000hm^{2}的土地上不仅要建设迪斯尼乐园,而且还要开发饭店、办公楼、小区式公寓住宅、高尔夫球场、度假村等设施,与传统的项目融资结构不同,它没有一个清楚的项目边界的界定(如项目产品、生产和原材料供应),并且与项目开发有关的各种参数、变量也是相对广义而非具体的,在这种条件下要实现低于"市场平均成本"的项目融资,无论是从融资结构的复杂性还是从成本控制的角度,其难度是可以想像的。其次,由于在美国迪斯尼公司与法国政府签署的原则协议中规定欧洲迪斯尼项目的多数股权必须掌握在欧洲共同体居民手中,这样限制了美国迪斯尼公司在项目中的股本资金投入比例,同时也增加了实现其要求获得高于"市场平均成本"的经营自主权目标的难度。

法国东方汇理银行通过建立项目现金流量模型,以20年期的欧洲迪斯尼乐园及其周边相关的房地产项目开发作为输入变量,以项目税收、利息成本、投资者收益等为输出变量,对项目开发作了详细的现金流量分析和风险分析,在大量方案筛选、比较的基础上,最后确定出建议美国迪斯尼公司使用的项目投资结构。

欧洲迪斯尼项目的投资结构由两个部分组成(图9-1):欧洲迪斯尼财务公司(Euro Disneyland SNC)和欧洲迪斯尼经营公司(Euro Disneyland SCA)。

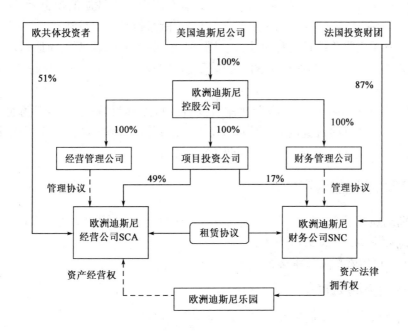

图9-1 欧洲迪斯尼乐园项目的投资结构

欧洲迪斯尼财务公司的设计是为了有效地利用项目的税务优势。欧洲迪斯尼项目，与所有利用项目融资方式安排资金的大型工程项目一样，由于其初期巨额投资所带来的高额利息成本以及由于资产折旧、投资优惠等所形成的税务亏损无法在短期内在项目内部有效地消化掉；更进一步，由于这些高额折旧和利息成本的存在，项目也无法在早期形成会计利润，从而也就无法吸引外部投资者。

为了有效地利用这些税务亏损，降低项目的综合资金成本，在欧洲迪斯尼项目的投资结构中部分地使用了类似杠杆租赁融资结构的税务租赁模式。欧洲迪斯尼财务公司所使用的SNC结构，是一种近似于我们在项目投资结构中所介绍的普通合伙制结构。SNC结构中的投资者（合伙人）能够直接分享其投资比例的项目税务亏损（或利润），与其他来源的收入合并纳税。在项目融资结构中，欧洲迪斯尼财务公司将拥有迪斯尼乐园的资产，并以一个20年期的杠杆租赁协议，将其资产租赁给欧洲迪斯尼经营公司。根据预测，在项目的头10年中，由于利息成本和资产折旧等原因，项目将产生高额的税务亏损，而这些税务亏损将由SNC投资结构中的合伙人分担。在20年财务租赁协议中止时，欧洲迪斯尼经营公司将从SNC结构手中以其账面价值（完全折旧后的价值）把项目购买回来，而SNC结构则被解散。

欧洲迪斯尼经营公司的设计则是为了解决美国迪斯尼公司对项目的绝对控制权问题。由于前述原因，美国迪斯尼公司被限制只能在项目中占有少数股权，同时项目融资结构又往往对项目的投资者和经营者有种种的限制和制约，在这种情况下，项目融资顾问建议美国迪斯尼公司选择SCA投资结构。

SCA结构是一种与有限合伙制相似的投资结构，其投资者被分为两种类型：一类是具有有限合伙制结构中的普通合伙人性质的投资者，这类投资者负责任命项目管理班子，承担项目管理责任，同时在项目中承担无限责任；另一类具有有限合伙人性质的投资者，这类投资者在项目中只承担与其投资金额相等的有限责任，但是不能直接参与项目管理，即在没有普通合伙人同意的前提下无权罢免项目管理班子。从图9-1中可以看出，由于美国迪斯尼公司是SCA结构中唯一的普通合伙人，尽管其在欧洲迪斯尼公司中只占有少数股权，但也完全地控制着项目的管理权。

同时，SCA结构还具备一种有限合伙制所没有的特点，即具备在证券市场通过发行股票方式筹资的能力。通过项目直接上市筹集资金，不仅成为欧洲迪斯尼项目融资结构中主要的股本资金来源，而且也成为这个融资结构的一个重要特征。

三、欧洲迪斯尼项目的融资模式

欧洲迪斯尼项目的第一期工程（即迪斯尼乐园主体工程）耗资149亿法郎，其融资结构和资金构成分别如图9-2和表9-1所示。

从表9-1中可以看出项目资金是由四个部分组成的：

（一）SNC结构股本资金

以SNC结构组织的20亿法郎"税务股本资金"，具有以下三个特点：

（1）其资金投入是一种不可撤销的承诺，并且是一种具有极强股本性质的从属性债务，从属于其他任何形式的债务资金。

(2)由于杠杆租赁结构可以有效地吸收项目前期巨额税务亏损,所以这部分资金具有低成本的特性。在20年的项目融资期间,这部分资金的平均成本低于7%,在整体上降低了项目的综合资金成本,即在总体上增强了项目的经济强度。

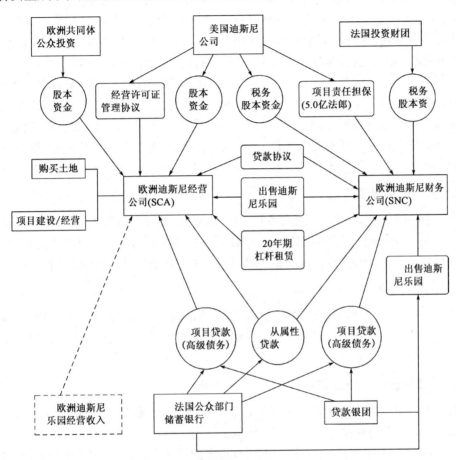

图9-2 欧洲迪斯尼乐园项目融资结构

表9-1 欧洲迪斯尼项目第一期工程项目资金构成

资金构成	百分比(%)	SNC结构资金	SCA结构资金	总资金
股本资金	38			
SNC结构的股本资金		2 000		2 000
SCA结构的股本资金			3 600	3 600
SCA结构对SNC结构的贷款		1 000	-1 000	
从属性债务:	19			
法国公众部门储蓄银行		1 800	1 080	2 880
高级债务	43			
项目贷款银团和法国		4 219	281	4 500
公众部门储蓄银行		1 200	720	1 920
总计	100	10 219	4 681	14 900
		69%	31%	100%

(3)这部分资金使用比较灵活,在税务亏损产生之前,这部分资金即可被提取(在普通合伙人可以实际吸收税务亏损之前,其资金使用需要收取正常的贷款利息),而在通常以税务为基础的杠杆租赁结构中,股本参加者的资金一般是在项目商业完工时才投入项目的。

然而,由于 SNC 结构中的投资者同样具有普通合伙制结构中合伙人的特性,即在 SNC 结构中承担着无限责任,尽管他们根本不参与项目的任何管理,SNC 结构投资者也同样面临着一定的潜在项目风险。这些风险来自两个方面:银行债务风险(在项目第一期工程中 SNC 结构的高级债务和从属性债务就高达 72 亿法郎)和项目责任风险(由原则协议继承下来)。为了吸引以税务利益为主要目的的投资者参加 SNC 结构,在融资结构设计上作了以下两方面的安排:第一,对于银行债务风险,通过在 SNC 结构与贷款银团之间的无追索贷款协议,以银行放弃对普通合伙人法律责任的追索权利的方式解决;第二,对于项目责任风险,则以由美国迪斯尼公司出具的担保上限为 5.0 亿法郎的针对原则协议中主要项目责任的有限担保来解决。

(二)SCA 结构股本资金

在 SCA 结构下的股本资金中的大部分(51%)是通过在证券市场上公开发行股票筹集的,其余 49% 的股本资金则是由美国迪斯尼公司投资。尽管欧洲迪斯尼项目结构复杂,但是股票发行却获得超额认购,取得成功,说明在当时资本市场上这个项目是很受欢迎的。

(三)从属性债务

项目第一期工程中的 28 亿法郎从属性债务是由法国公众部门储蓄银行提供,是项目开发原则协议的一个组成部分。这部分资金的成本是很优惠的,同时,法国公众部门储蓄银行也为项目提供一部分高级债务。

(四)项目贷款——高级债务

占项目第一期工程总资金需求量 43% 的项目贷款,是一种无追索的高级债务,由项目贷款银团和法国公众部门储蓄银行两个部分组成。

欧洲迪斯尼项目融资结构通过以上四部分资金的安排和组合,实现了两个重要的目标:第一,提高项目的经济强度。从贷款银行的角度看,项目第一期工程所需要的 149 亿法郎资金中,有将近 60% 的比例是股本资金和准股本资金,从而在很大程度上降低了项目的债务负担;第二,由于项目经济强度的增强,实现了一个资金成本节约的正循环,即 SNC 结构税务股本资金以及法国公众部门储蓄银行贷款的低成本,增强了项目的债务承受能力,从而使得项目有可能获得条件优惠低成本的银团贷款;而总体的低债务资金成本又可以帮助项目在市场上筹集大量的股本资金;股本资金的增加又进一步降低了项目的债务资金比例。

四、融资结构简评

(1)作为项目发起人,从美国迪斯尼公司的角度出发,欧洲迪斯尼项目的融资安排是一个完整的有限追索项目融资结构,并且美国迪斯尼公司所投入的股本资金在项目第一期工程全部资金中只占 14.16% 的比例。

欧洲迪斯尼项目融资开创了一个先例,即在非传统项目融资领域如何利用公众资金以及如何利用项目的部分内存价值(如税务亏损)来安排结构复杂的项目融资,而这样的融资结构若单独依赖于项目发起人的公司资信或资产负债表是无法组织起来的。

（2）这一案例说明，项目的投资结构设计在实现项目投资者目标要求的过程中，以及在项目整体融资结构设计的过程中可以起到关键性的作用，这些作用有时是通过其他方式不可能达到的。

（3）近几年来，采用欧洲迪斯尼项目概念的项目融资结构正在西方工业国家的一些大型工程项目和基础设施项目中获得重视和运用。例如，1996年上半年，在澳大利亚就同时有两个大型工程项目，即悉尼2000年奥林匹克体育场和墨尔本市区高速公路网项目采用了类似的投资结构和融资概念。这两个项目均使用一种信托基金结构来拥有项目资产，吸收项目前期的巨额税务亏损，并将项目资产以长期财务租赁的形式租给项目经营公司。同时，项目经营公司将在澳大利亚股票交易所上市，采用有限追索项目贷款、税务股本资金和公众股本资金三者相结合的方式，可以同样发挥欧洲迪斯尼项目融资结构的作用，即增强项目的经济强度，增加项目的资金成本，同时，项目发起人只需要投入有限的资金。这种项目融资结构的使用于项目生命期长、前期资本量大、前期税务亏损额高的非生产型项目（如基础设施项目、公益设施项目）的开发有着一定的普遍意义。

五、优势与不足分析

该融资方案首先解决了投资需要的巨大的资金缺口，同时使美国迪斯尼公司对资产拥有绝对控制权。使用这种杠杆租赁的方法可以有效地吸收项目前期巨额税务亏损，所以这部分资金具有低成本的特性。这样就可以降低由于过大规模固定资产投入而带来的亏损，从而打击投资者的信心。同时以支付租金的形式，使法国迪斯尼有效地利用了税务杠杆的优势。

如果没有对各方信用进行良好的评估提供相应的担保，这样的融资租赁方式必然会以失败而告终。同时，如果存在经济不景气或经济不稳定现象，那么在长期内将存在很大的风险。如果投资者对短期现金流和潜在的经营损失存在过多疑虑，也不会对项目给予强大的支持。

思 考 题

1. 什么是杠杆租赁融资？
2. 杠杆租赁在杠杆租赁融资中的作用是什么？

参考文献

[1] 国家发展改革委员会,建设部.建设项目经济评价方法与参数[M].3版.北京:中国计划出版社,2006.

[2] 周惠珍.投资项目评估[M].大连:东北财经大学出版社,2005.

[3] 建设部标准定额研究所.建设项目经济评价案例[M].北京:中国计划出版社,2006.

[4] 徐锐.地铁建设项目经济评价研究[D].成都:西南交通大学,2009.

[5] 汤伟钢,李丽红.工程项目投资与融资[M].北京:人民交通出版社,2008.

[6] 赵华,贺云龙.工程项目融资[M].2版.北京:人民交通出版社,2010.

[7] 王守清,柯永建.特许经营项目融资(BOT、PFI和PPP)[M].北京:清华大学出版社,2008.

[8] 张极井.项目融资[M].2版.北京:中信出版社,2003.

[9] 李曜.资产证券化[M].上海:上海财经大学出版社,2001.

[10] 段世霞.项目投融资管理[M].北京:对外经济贸易大学出版社,2007.

[11] 严健.铁路客运专线BOT项目融资风险管理研究[D].成都:西南交通大学,2008.

[12] 曾庆云.北京地铁奥运支线运用BT投融资模式的创新研究[D].北京:北京交通大学,2007.

[13] 张建斌.城市轨道交通项目融资模式研究——以深圳地铁三号线为例[D].重庆:西南大学,2010.

[14] 刘家聪.基础设施项目利用信托融资的模式研究[D].北京:北京交通大学,2009.

[15] 潘峰.信托融资——高速公路直接融资方式探索及案例分析[J].北京:交通财会,2006(7):60-62.

[16] 肖萍.浏阳制造产业园基础设施信托融资运用研究[D].长沙:中南大学,2009.

[17] 刘晓云.信托融资10亿招商地产开启业界融资新竞赛[N].中国房地产报,2008-1-21(13).